乐读活学

深度学习理论指导下的幼儿园图画书阅读教学的研究与实践

张红玢　马福生 —— 著

上海教育出版社
SHANGHAI EDUCATIONAL
PUBLISHING HOUSE

图书在版编目（CIP）数据

乐读活学：深度学习理论指导下的幼儿园图画书阅读教学的研究与实践 / 张红玢，马福生著. — 上海：上海教育出版社，2024.11. — ISBN 978-7-5720-3132-8

Ⅰ. G613.2

中国国家版本馆CIP数据核字第202436KX89号

策划编辑　刘美文

责任编辑　周　伟　潘　佳

封面设计　王鸣豪

乐读活学——深度学习理论指导下的幼儿园图画书阅读教学的研究与实践

张红玢　马福生　著

出版发行　上海教育出版社有限公司

官　　网　www.seph.com.cn

地　　址　上海市闵行区号景路159弄C座

邮　　编　201101

印　　刷　启东市人民印刷有限公司

开　　本　700×1000　1/16　印张 16.5

字　　数　268 千字

版　　次　2024年11月第1版

印　　次　2024年11月第1次印刷

书　　号　ISBN 978-7-5720-3132-8/G·2777

定　　价　65.00 元

如发现质量问题，读者可向本社调换　电话：021-64373213

本书编写委员会

"向前一步"

——幼儿园图画书整体式深度阅读的探索与实践

2002 年，我从内地的一所师范学校通过竞聘来到上海市青浦区晨星幼儿园（下简称"晨幼"）工作，担任副园长。刚踏入园所熟悉环境，就被班级里布置温馨、材料丰富的语言区所吸引，而后又在亲子图书馆看到家长带着孩子借书的场景。看到一家普通的幼儿园这样扎扎实实、安安静静地进行着早期阅读的探索，我被深深打动了。虽然之前知道早期阅读活动，但接触到实践样态，这还是第一次。由此，我加入了晨幼大家庭，开始了解晨幼的早期阅读探索历程。其实，晨幼早在 1995 年就涉足早期阅读领域了，坚持以课题研究为引领进行探索，在亲子阅读指导、早期阅读中培养幼儿创造性思维方面形成了研究成果，积累了教育教学经验。在基层园所里开展早期阅读实践，它是最早的"尝试者"。

一年后我调至另一所幼儿园工作，但时常关注晨幼早期阅读的发展，事实上，晨幼对早期阅读的探索一直没有止步。随着研究的深入，他们将早期阅读融入新课程，渗透于幼儿一日生活中，并且创设了阅读嘉年华、亲子图书馆、晨星大舞台等特色活动，直至构建出"生活·阅读·分享"阅读特色课程，不但提升了办园质量，而且在区域内发挥了辐射作用，产生了良好影响。

2016 年我再次回到晨幼工作，担任园长。管理者的岗位职责驱使我不得不思考晨幼进一步发展的方向和如何深化特色建设。当我们回顾并审视晨幼的阅读课程，发现经过十几年的实践，晨幼阅读教学的内容和方式方法逐渐固化，与许多幼儿园一样出现了一些问题：图画书虽然已经成为阅读教学的主要素材，但伴随着 PPT 等软件的普遍使用，幼儿人手一本图画书阅读的机会减少了，教师不大关注摆放在角落的图画书幼儿是否还会翻阅；幼儿作为阅读的主体没有得到有效保障。集体教学常用的形式是教师围绕 PPT 边讲边说，"一问到底"，而幼儿被动回应。由此导致图画书使用不充分。

为解决阅读活动的现实问题，推动晨幼的阅读课程"向前一步"，促进幼儿积极、主动、有意义地学习，通过阅读推动教学全面优质发展，我们将眼光投向了深度学习——这是 21 世纪以来教育变革的新方向，试图以深度学习理论来指导幼儿园图画书阅读教学实践的改革、创新，培养更多能适应未来挑战的"现代中国人"。我带领团队开展了"深度学习理论指导下提升幼儿园图画书阅读教学品质的研究"，先后成为区、市级课题，在此基础上，形成本书成果。

我们的研究主要有以下三个特点：

先进性：在新时代教育改革的浪潮中，深度学习作为一种新兴的学习理论，对幼儿教育发展具有深远影响。我们的研究以幼儿园图画书阅读为对象，探索面向深度学习的教学改革。在一本图画书的连续阅读过程中，将深度学习理论融入阅读教学，推动阅读教学"向前一步"——由零散的、被动的、浅层的阅读走向整体的、主动的、深度的阅读，对幼儿深度阅读教学进行理论和实践探索。

主体性：从"主体性学习"出发，我们尊重幼儿的主体地位，倡导幼儿做阅读的主人，使幼儿能充分自主阅读、发表见解、活学活用、体验阅读的快乐；我们重视发挥教师的主导作用，从预读单的设计到共读时的适时追问再到延续幼儿阅读兴趣的体验、探究、表现活动的引导，在教师的推动下，幼儿的阅读走向深层。我们努力做到幼儿主体与教师主导的有机统一。

科学性：作为幼教一线工作者，我们的研究立足于大量实践，从幼儿园阅读教学存在的问题出发，寻求科学的理论做支撑，提出了"整体式深度阅读"的概念并探索出具有较强操作性的教学策略，证明以深度学习为导向的图画书阅读教学是科学的、可行的。

我们期望，本书能为幼儿园教师和学前教育研究者提供有益的参考和启示。同时，我们也真诚地欢迎广大读者提出意见和建议，携手向前迈进，共同为幼儿阅读教育的进步与发展贡献力量。

（上海市青浦区晨星幼儿园　张红玢）

目　录

第一章　课题概述

第一节　课题的基本情况

一、研究意义

(一) 幼儿园图画书阅读教育的现状要求我们必须深入研究

教育部颁布的《3—6岁儿童学习与发展指南》指出："经常和幼儿一起看图书、讲故事，丰富其语言表达能力，培养阅读兴趣和良好的阅读习惯，进一步拓展学习经验。"图画书作为新兴的阅读材料，受到学前教育界的广泛关注，在幼儿园中普遍运用。但由于教师普遍缺乏对图画书及其阅读教学的深入了解，导致实践中存在误区与困惑，主要表现为：（1）忽略了图画书整体带来的意义；（2）忽略了个体阅读蕴含的价值；（3）忽略了阅读的输出对文本阅读的作用。由此造成的结果是阅读教学停留在浅层：以单幅或多幅画面看图讲述替代整本书阅读；以PPT共读取代个体自主阅读；教师封闭式提问与归纳限制了幼儿的思辨与表达；一本书翻阅之后即不再关注，图画书的阅读功能和育人效益大打折扣。深度学习理论强调，幼儿能通过自己特有的学习和活动方式，积极主动地探索周围世界，构建、理解新的知识经验，并将这些知识经验纳入原有的认知结构和运用到新的情境中，以解决新问题或发现新事物。这为我们重构图画书阅读教育体系，充分发挥其价值提供了理论基础。

(二) 深度学习理论指导下的图画书阅读教学研究能进一步提升早期阅读课程的品质

作为一家以早期阅读教育为特色的幼儿园，我们自1995年开始，先后开展了家庭亲子阅读、集体阅读教育活动、集体教学活动中创造性思维的研究、幼儿阅读生活化、生活化阅读教育活动、多元阅读教育活动等，经过长达20多年的不懈探索，形成了我园"阅读·生活·分享"早期阅读课程体系，出版了《幼儿阅读指导手册》等教学指导用书，相关研究成果分别获得了国家、市、区级奖项，有效促进了我园内涵的发展，赢得了幼儿、家长、教师和社会的赞誉。在深度学习等理论和早期阅读研究不断发展的背景下，在上海市教委出台"幼儿园集体教学不得超过 30 分钟"的指导意见下，我们对已有的早期阅读课程教学进行了重新审视。面对日益丰富的图画书资源，我们怎样才能在 30 分钟、25 分钟、20 分钟内发挥其正向价值？什么样的图画书阅读模式才能保证集体活动的效益、提升幼儿持续、投入、主动等学习品质，以实现"在阅读中学习"和"学习阅读"？这些需求为我们开展以深度学习为导向的图画书阅读教学活动提供了研究契机。

（三）深度学习理论指导下的幼儿园图画书阅读教学研究能促进教师的专业发展、发展幼儿的核心素养、促进幼儿全面发展

深度学习是一种整体性的学习，既关注学习的方式又关注学习的过程和结果，围绕深度学习开展图画书阅读教学能提升教师对语言学科特点和本质、幼儿认知特点和学习规律、教学规律等方面的认知、研究和探索能力，进而从培养幼儿核心素养的课程目标出发，重新设计教学过程，让幼儿在关键能力、必备品格和价值观塑造等方面获得发展，成为有"根与魂"的时代新人。

二、研究的核心概念、目标与内容

（一）核心概念

1. 深度学习

深度学习是一种以发现新问题或新事物的主动态度进行的富有意义的学习。幼儿园深度学习是指在教师的教学设计和引导下，幼儿全神贯注的学习活动，旨在以解决问题为导向，与现实世界联系，关注幼儿的思维发展，重视学习过程的迭代推进（如联系与建构、理解与反思、迁移与运用）。

2. 深度学习理论指导

深度学习理论指导以深度学习的基本理论为支撑和指引，依据幼儿的年龄特征和发展规律，引导幼儿在图画书阅读学习活动中积极主动探索、建构、迁移运用。

3. 深度学习理论指导下的幼儿园图画书教学

深度学习理论指导下的幼儿园图画书教学是指在深度学习理论指导下，围绕一本图画书开展的整体性阅读活动。该活动主要通过自主性的预读环节、互

动性的集体阅读环节、拓展性的延读环节三个模块来展开，是幼儿园集体阅读教育模式的拓展和深化，以促进语言和阅读核心素养、个性化创造性思维素养、社会性发展核心素养的协同发展，实现学会阅读、学会学习和学会做人的整体发展。

（二）研究目标

希望通过本研究，能提升教师对深度学习内涵和特征的理解，掌握在图画书教学中运用深度学习的方法和策略，提高幼儿园图画书阅读教学质量，提升幼儿快乐阅读、充分阅读、自主阅读能力，从而达成师生在图画书教育中教学相长的目的，促进教师的专业成长。

（三）研究内容

（1）深度学习理论指导下的幼儿园图画书阅读的现状、问题和改进建议研究。

（2）深度学习理论指导下的幼儿园图画书阅读教学设计的基本要素和优化研究，包含："文本解读与预读单设计"案例研究、"预读单解析与共读活动设计"案例研究和"延读活动的个性化表征"案例研究。

（3）深度学习理论指导下的幼儿园图画书阅读教学的支持策略研究，包含："预读活动"的支持策略研究、"共读活动"的支持策略研究和"延读活动"的支持策略研究。

（4）深度学习理论指导下的幼儿园图画书阅读教学的教师指导力架构与质性的案例研究。

三、研究思路与方法

（一）研究思路

1. 确立理论基础

梳理深度学习理论研究成果、学前儿童语言发展核心经验、学前儿童身心发展阶段、图画书深度阅读的发展现状、图画书深度阅读的理论基础。

2. 归纳主要问题

以文献研究为基础，设计调查问卷，分析幼儿园教师阅读教学的现状，归纳出图画书阅读存在的主要问题。

3. 开展实践研究

依托深度学习理论对阅读教学环节和流程进行再优化，通过个体自主阅读、师幼共读阅读、共读后的教学设计和实践，寻求改善图画书阅读现状和解决问题的策略。

4. 分析与讨论

选择图画书进行整体性阅读，开展过程性案例收集与分析，梳理总结过程性研究经验并加以验证、改进，尝试回应研究中新发现的和实践中面临的问题，提出解决对策。

5. 总结与梳理

组织课题结题研讨活动，梳理过程中专题讲座、教学展示、案例分享、经验交流等内容，整合阶段性研究资料，撰写课题研究报告。课题研究报告经多轮修改后定稿，形成《深度学习理论指导下的图画书阅读教学的研究成果集》。

(二) 研究方法

1. 文献研究法

首先以"深度学习""图画书中的深度学习"等关键词进行文献检索，广泛搜集与研究主题相关的前沿信息和优秀研究成果。然后筛选出关键文献进行深入研读，吸收既有研究经验，聚集研究重点。

2. 观察法

在自主阅读、集体教学活动、阅读拓展活动中观察幼儿的阅读状态、与阅读有关的言语及行为，归纳其规律，发现其问题。

3. 案例研究法

通过对案例、课例的实践研究，揭示幼儿阅读学习的特点，提出面向深度学习的阅读教学指导策略。

4. 行动研究法

本课题历经三年的实践研究，对行动策略和方案做了两轮优化，形成操作性强的活动方案。

第二节　调查与分析

课题组依据课题需要编写《幼儿园图画书阅读教学的调查问卷》。该问卷分为 3 个部分，共有 28 个题项，具体包括调查对象的基本信息、教师对图画书的了解与运用、阅读教学实施状况和教学建议（开放式提问，需要教师用文字回答）。课题组对区域内公办幼儿园教师做了调研，梳理各级幼儿园教师在开展阅读教育中存在的问题。

2023 年 11 月，课题组面向全区公办幼儿园教师，采取分类抽样的方法，选取青浦区 11 所幼儿园的 245 名一线教师作为调查对象，共发放了 245 份调查问卷，回收了 238 份有效问卷，回收率为 97%。

一、第一组数据：关于教师基本情况的统计分析

调查数据显示：教师队伍偏于成熟，11 年及以上教龄占 47.06%，6—10 年（含 10 年）教龄占 18.07%，表明大部分教师具有丰富的教学经验；非学前专业毕业的教师占 53.36%，同时未评职称的占 43.28%，表明虽然受访教师具有丰富的教育教学实践经验，但其专业水平有待进一步提升。从教师所在的园所情况来看，66.81% 属于农村园所，62.18% 属于二级园，83.61% 不是以阅读为特色的园所（见表 1）。

表 1　调查对象基本情况

项　　目	类　　别	教师数量（人）	百分比（%）
所在幼儿园级别	示范园	8	3.36%
	一级园	77	32.35%
	二级园	148	62.18%
	未定级	5	2.11%

项　目	类　别	教师数量（人）	百分比（%）
所在幼儿园城乡属性	城区幼儿园	79	33.19%
	农村幼儿园	159	66.81%
是否为阅读特色幼儿园	是	39	16.39%
	否	199	83.61%
教龄	0—2 年（含 2 年）	34	14.29%
	3—5 年（含 5 年）	49	20.59%
	6—10 年（含 10 年）	43	18.07%
	11 年及以上	112	47.06%
职称	未评	103	43.28%
	小学二级	69	28.99%
	小学一级	66	27.73%
	中学高级	0	0%
初始学历	学前教育	111	46.64%
	非学前教育	127	53.36%

二、第二组数据：关于教师对图画书了解及选用情况的统计分析

调查数据显示，教师每年阅读图画书 21—50 本的人数占 43.28%，20 本及以下的占 32.35%，相较于教师所在园所每周都有（49.16%）甚至每天都有（28.15%）阅读活动的频次，教师图画书的阅读量还是偏低的（见图 1、图 2）。

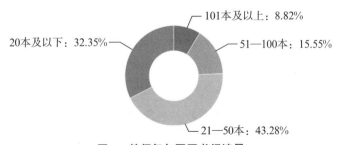

101本及以上：8.82%

51—100本：15.55%

20本及以下：32.35%

21—50本：43.28%

图 1　教师每年图画书阅读量

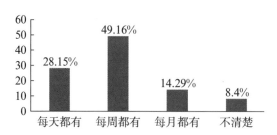

图 2 幼儿园运用图画书开展阅读活动的频次

大量的阅读能够促进对图画书的理解，这是教师运用图画书进行阅读教学的前提与基础。图画书成为阅读教学资源需要遴选运用，这对教师的专业素养有较高要求。因此增加教师自身图画书的阅读量是组织幼儿园阅读教学活动的首要问题。

在图画书选用途径方面，以教师自己通过各类平台（如小红书、抖音、淘宝、当当网等）搜索（占比 75.63%）和幼儿园提供（占比 67.23%）为主，同时还有 27.73% 的教师认为"找到合适的图画书用于幼儿园教学"比较不容易，0.84% 的教师认为非常不容易（见表 2、图 3）。因此，如何为教师提供数量充足、种类丰富的图画书是需要引起重视的问题。

表 2 教师了解选用图画书的途径

类　别	教师数量（人）	百分比（%）
通过各类平台搜索	180	75.63%
根据所在幼儿园提供的图画书来选用	160	67.23%
专家、学者的推介	138	57.98%
同行介绍	108	43.38%
上海市教委教研室推荐的 100 本	105	44.12%
二期课改配套教材里的图画书	89	37.39%
教育部官网推荐	85	35.71%
其他	2	0.84%

受访教师选择图画书作为阅读教学素材的依据，由主到次依次为：与正在进行的主题内容与要求相符合；有相关可参考资源（如教案、PPT、视频等）；幼儿感兴趣；符合孩子的年龄特点；能够丰富幼儿的阅读经验；具有特定教育意

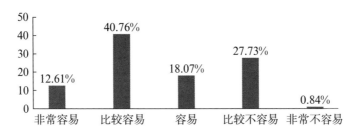

图3 找到合适的图画书用于幼儿园教学容易程度

义；故事情节、人物形象有趣味；知名度高，曾获奖或受到广泛好评；教师自己喜欢；绘画、排版、装帧精美有创意；文字精彩。可见，图画书具有的教育性（与正在进行的主题符合）、便捷性（有可参考的教学资源）和幼儿喜欢是教师选择图画书的主要原因。而图画书的品质（是否有影响力、较高的艺术性）则不为教师关注。

三、第三组数据：关于图画书阅读教学实施现状的统计分析

在图画书阅读教学观念方面，"组织图画书阅读教学时，最想让幼儿获得什么样的发展"，受访教师的选择由主到次依次为：培养良好的阅读习惯；身心获得快乐；掌握翻页、观察画面等阅读方法；领悟一定道理；思辨能力的提高；学习优美的语句；知识技能方面的学习；认识一些汉字。可见，教师注重幼儿在阅读中情感、方法、品德、思维的培养，不过分追求对于知识技能的学习，教育理念是科学的。

在阅读教学方式方面，常用的方法由多到少依次为：师生共同观看图画书PPT，教师边讲边问；幼儿人手一本图画书翻看；引导幼儿交流辩论；组织幼儿进行角色扮演；开展游戏体验；幼儿提出问题，教师组织回答。可见，围绕PPT边讲边问是幼儿园图画书阅读教学的主导方式，围绕幼儿问题开展阅读教学尚未普及。

至于教师提问的内容按照使用频率从高到低依次为："猜测推理：'猜一猜接下来会发生什么？'""观察画面：'这是哪里？''你看到了什么？'""描述细节：'你从哪里看出来的？'""表达感受：'你喜欢这本书吗？'""联想应用：'你还在什么地方见过这种动物？'""归纳小结：'这本书告诉我们一个什么道理？'""创造表现：'如果让你写（画）这个故事，哪些地方会不一样？'"

"评价判断：'你为什么觉得这只动物不适合做宠物？'""掌握内容：'谁能把这本书的内容告诉大家？'"布鲁姆分类法（修订版）将人的认知由简单到复杂依次分为知识、理解、应用、分析、综合、评价六个认知层级，以此为参照，教师在阅读教学中经常提出的这些问题属于知识、理解、应用、分析层级，更高的认知层级的提问不多。分析其原因：一是可能受课时所限，一本图画书要在一节课中阅读，以让幼儿了解内容为主；二是教师对鼓励幼儿高水平思考的认知不清晰，阅读中也就不会主动运用高水平提问来促进幼儿深度学习。

在组织阅读教学的流程方面，高达80%以上的教师认可在组织集体性阅读活动之前（见表3），提前让幼儿阅读图画书，但在实际教学中只有59.25%的教师这样操作（见图4），而开展阅读之后的延伸活动比较普遍（占比75.63%）。此外，让幼儿提前自主阅读尚未成为教师组织阅读活动的普遍举措。

表3　在组织集体性阅读活动之前，有无必要提前让幼儿阅读图画书

类　　别	教师数量（人）	百分比（%）
没有必要，课堂上、课后幼儿都有机会阅读	29	12.18%
没有必要，幼儿已经知道了图书的内容会增加教师组织教学的难度	32	13.45%
有必要，可以培养幼儿自主阅读的能力	192	80.67%
有必要，能够帮助教师根据幼儿的兴趣点或问题来设计集体性阅读活动	194	81.51%

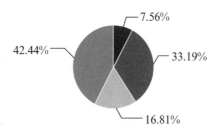

- ● 选用图画书—进行教学设计—组织集体教学
- ● 选用图画书—进行教学设计—组织集体教学—开展延伸活动
- ● 选用图画书—让幼儿自主阅读—进行教学设计—组织集体教学
- ● 选用图画书—让幼儿自主阅读—进行教学设计—组织集体教学—开展延伸活动

图4　教师组织阅读教学活动的方式

在开展集体性图画书阅读中的问题和困惑方面，由重到轻依次为：判断图画书的价值（主题的挖掘）；教学目标的制定；如何根据图画书内容预设有效提问；如何了解幼儿已有阅读经验；教学过程中如何回应幼儿。可见，从分析文本（图画书）到设计教学活动再到教学实施，教师对于开展图画书阅读教学实践有一定难度。

在评价图画书阅读教学的效果方面，受访教师认可程度由强到弱依次为：教学过程中幼儿的态度、情绪反应；幼儿能够主动提问；教学活动中幼儿回答问题的质量；幼儿能够说出图画书的主要内容；幼儿懂得图画书的主旨（领悟道理）；日常活动中幼儿是否出现与图画书内容相关的聊天、制作、绘画、表演、建构等行为；教学活动后幼儿是否愿意反复阅读该图画书；幼儿掌握阅读的方法；幼儿学会图画书中的词句。可见，教师最为认可的是教学过程中幼儿的态度、情绪反应，幼儿能够积极参与、听懂学会依然是教师判断阅读教学成效的主要指标。

四、基于现状调查的建议

依据调查中存在的现实问题，结合受访教师提出的"优化幼儿园图画书阅读教学建议"，课题组建议如下：

（一）开展图画书阅读教学需要专业储备与资源保障

教师对如何判断图画书的价值最为困惑，这与教师自身对于图画书的熟悉程度有关。为此，一方面需要增加教师的图画书阅读量；另一方面要增强教师对图画书的解读能力，比如可以通过教研活动分析图画书的特质、主旨等。这是开展阅读教学的前提。在海量的图画书中挑选到适合的阅读教学素材，对于教师的挑战很大，可以以上海市教委教研室推荐的 100 本图画书为主体，兼收教育部推荐的 347 本图画书，以确保图画书选择的思想性、广泛性、教育性和艺术性。鉴于目前上海市的幼儿园课程以主题方式推进，还要注重与主题相匹配的图画书，使主题活动实施与图画书内容相得益彰。同时，要提供活动设计、课件、教学具、背景音乐等配套的教育资源，以支持阅读教学活动的便捷开展。

（二）拓展时空，增加幼儿阅读机会

幼儿园存在着"把图画书阅读当成单一、集中的教育活动来完成而不是一个具有延续性的过程"的问题，我们的调查也证实了存在这种现象。集中性的阅读教育活动受限于时间（一次教学活动不超过 30 分钟）、空间，幼儿自主阅读的机

会少，活动的样态比较单一。为克服过于倚重集体性阅读教学的弊端，促进幼儿图画书阅读的充分性、自主性、持久性，在浅层学习基础之上能够发生深度学习，要拓展图画书阅读的时空：将家庭中的阅读与幼儿园中的阅读联结；将集体阅读教学活动与个别化阅读、探索活动联结；将文本阅读与生活体验联结；将单一文本与同类文本联结。

（三）优化图画书阅读教学中的提问策略导向深度学习

美国学者贾尼斯·斯特拉瑟（Janis Strasser）、莉萨·穆夫森·布雷森（Lisa Mufson Bresson）鼓励教师在幼儿有准备的前提下尽可能适宜地提出高水平问题，促进幼儿的思考与学习，培养幼儿的高级思维。她们举例说："当你问幼儿一些基本的回顾性问题时，比如《三只小猪》（The Three Pigs）故事里有几只小猪或者老狼是什么颜色的，幼儿不需要太多思考就能回答出来。""但是，如果你想让幼儿进行丰富的认知活动，并且想了解她们是如何思考的，那么你可以问：'你能描述一下这只老狼吗？'或者'如果这三只小猪是三条鱼，它们怎样建造房子呢？'"教师在图画书阅读活动中应当积极尝试高水平的提问以推动幼儿思维发展，还可以让幼儿围绕图画书进行提问，通过生生互动、师生互动展开讨论激发幼儿发现问题、解决问题、质疑思辨的能力。

第三节　教学实践

在理论学习、文献研究和问卷数据分析的基础上，结合我园早期阅读园本课程的实践优势和亟须解决的问题，我们提出整体式深度阅读的实践构想，并把"整体式深度阅读"作为我们的实践方向，主要从以下三个方面进行实践：

一、深度学习理论指导下的幼儿园图画书阅读教学设计的基本要素和优化研究

为了推动深度学习在图画书阅读教学中发生，我们以集体共读活动为突破

口，从幼儿的经验出发，围绕"文本解读与预读单设计""预读单解析与共读活动设计""延读活动的个性化表征"三个方面进行了研究，以期促进幼儿阅读核心素养的提升。

（一）文本解读与预读单设计

图画书解读是我们"整体式深度阅读"教学中关键的一环，解读得深刻与否，直接影响着预读单的设计，进而影响预读活动的有效展开。为了充分发挥大家的智慧，掌握正确的解读方法，设计合理的预读单，我们采用团队"头脑风暴"和专家引领相结合的方法展开。首先，活动主持人围绕着"1. 读了该图画书后，印象最深刻的是什么？（用一两个关键词描述）""2. 你觉得该图画书的核心价值是什么？对孩子最大的挑战是什么？我们可以提供哪些支持？"等问题展开研讨，带领教师展开共读并分享，最后请专家给予引领和提升。

两种视角下的图画书解读

——以图画书《一粒种子改变世界》为例

问题1：读了该图画书后，印象最深刻的是什么？（用一两个关键词描述）

问题2：你觉得该图画书的核心价值是什么？对幼儿最大的挑战是什么？我们可以提供哪些支持？（分三组研讨）

第一组分享：核心价值是一个人物的精神，即坚持不懈的精神。对于幼儿来说，人物比较陌生，科学名字也是陌生的。可以从幼儿的生活经验出发，从米饭开始，探索水稻的生长过程，并进行实地考察。也可以和家长进行共读，深挖图画书中的一个点。在区角里有生生的互动。

第二组分享：核心价值是坚持不懈、科学家的精神。对于幼儿来说，他们对于饥荒不熟悉，可以让其观看饥荒时代的影像、采访，加深体验。专业词汇对于幼儿也是有一定的挑战的。

第三组分享：我们要向幼儿传递民俗自豪感。可以通过家园合作，请幼儿回去采访以加深对饥荒时代的认识；也可以和幼儿聊一聊对于这本图画书有什么问题和兴趣，然后再确定讨论主题。

小结：图画书解读包含三个方面：要从作者的生活经历、文化背景、情感体验、价值观等方面去理解作者创作图画书的初衷，尽可能地获取图画书创作的背景信息，从整体上把握图画书传递的主题思想；要基于幼儿的生活和身心发展水平综合运用哲学、心理学、教育学、艺术学等学科知识去解读图画书内容，选择那些具有适宜性的图画书来开展教学；要从图画书的构图、色彩、线条、角色设置、语言、故事情节等方面来解读图画书内容，从整体上把握图画书所蕴含的教育信息；要运用相关的学科知识去具体分析图画书所蕴含的知识点，从幼儿具体的发展领域去梳理图画书内容。

预读单设计
——以图画书《花木兰》为例

（一）教研活动目标

（1）掌握图画书解读的基本方法，能在共同解读中了解图画书的核心表达。

（2）能在共同解读的基础上设计预读单，掌握预读单的设计要素。

（二）教研活动研讨片段

第一组交流：

俞：因为这个故事很难理解，需要有亲子指导，要有一个文化的铺垫，了解这个图画书中人物的文化背景。在对图画书的观察中发现，单页中人物的出现频率比较多，在人物出现的同时，其衣物是有变化的，因此第二天我们就去找一找木兰在哪里。然后穿不同衣服的木兰做的事情也不一样，因此第三天，去找花木兰在干什么。接着有一个递进，最后用白话文来理解。

第一天：了解花木兰人物。

第二天：找每一页的木兰在哪里。

第三天：去找木兰在干什么。

第四天：了解木兰为什么去打仗。

第五天：了解《木兰辞》，用辞串联起来。

马：从人物的理解出发，围绕时间、地点、事件来进行设计，最后提升，不错的设计。

第二组交流：

潘：我们从三个环节进行设计，欣赏、感知、感受，要提前准备四样东西：书、动画片、《木兰辞》、相框贴纸。

第一次阅读：家长和孩子一起欣赏动画片、听《木兰辞》。

理由：对于孩子来说，这里面的语言是很难理解的，故事语言不一样，看画面很难理解，因此可以借助动画片拉进孩子的距离感，然后再一起听《木兰辞》，进而理解表达的不同之处。

第二次阅读：家长和孩子一起看书，在感兴趣的画面做适当的停留。

第三次阅读：家长和孩子一起念念《木兰辞》，然后再一起翻着图画书来念《木兰辞》。

理由：孩子很喜欢这种有韵律的语言，也喜欢和家长一起翻着读。

第四次阅读：家长和孩子一起找一找画面中的花木兰，用到贴纸相框。说一说每一次花木兰的出现有什么不一样，分别在做什么。

理由：提供了相框以后，等到孩子下一次到班级里来再翻这本书，就能够很精准地找到这个画面。

第五次阅读：家长一起完整地阅读，聊一聊对这本书的感受。

你喜欢花木兰吗？为什么？你觉得花木兰是一个什么样的人？

马：相框的作用是什么？

蒋：方便寻找花木兰，让阅读更有乐趣。

马：对于"辞"这种特殊的图画书表达，我们可以通过背景切入、增加游戏趣味等提升孩子亲子阅读的效果，同时也提供一个新的操作视角。

第三组分享：

第一天：家长和孩子一起听故事（找音频故事）。

理由：故事离孩子的生活经验比较遥远，历史比较浓厚。

第二天：看花木兰的动画片。

理由：在看的过程中对花木兰这个形象有立体的感知。

第三天：亲子共同完整读故事，找一找花木兰在哪里。

第四天：继续找花木兰在干什么。

第五天：最喜欢哪个画面？有什么不理解的地方？

马：人物是一个关键的线索，找找人物以及人物在干什么。

大王：动画可以反复看，第三天、第四天要回到书上了。

马：看上去是三个视角，那么视频的作用是什么？

顾：帮助孩子理解花木兰这个任务。

马：（总结，将视频、音频做成二维码）第一天，听故事，认识、知道这个人物；第二天，看视频，了解花木兰；第三天，阅读图画书，借助相框找花木兰，看一看她穿什么样的服装；第四天，阅读图画书，从花木兰的着装，看花木兰在做什么；第五天，找一找你最喜欢的画面（备注：不理解、有困惑的画面）。

顾：那么这个《木兰辞》要放在里面吗？

马：可以作为一个欣赏。

马：第三天和第四天读的方法一样吗？

顾：第三天回顾前期的思考，第四天是把想法说出来。

张：突出语言的熏陶。

黄：有感情地、有背景音乐地让孩子去感受。

从图画书解读的角度来看，教师们的经验比较丰富，能借助"教师视角"和"幼儿视角"两个视角对图画书进行解读，并能从整体到细节再到重点进行解读，从而构建整本书的阅读架构，为接下来的预读单设计提供了很好的支撑。设计预读单采用了先有初稿然后讨论的方式，并且通过分组研讨和集中分享的方式来演绎，教师之间和小组之间的经验共享和重新组合作用大大展现，让预读单的作用更加优化。

（二）预读单解析与共读活动设计

1. 分析预读单，梳理共性和难点问题

在亲子阅读一周后，教师对各班的亲子预读记录单进行了梳理与分析。教师针对幼儿对《火焰》这本图画书中看不懂、不明白的画面进行了问题的罗列。从整理的情况来看，幼儿在预读之后提出了 27 个问题，可以归纳为 5 个核心问题：

（1）为什么火焰跳上了老山羊的背，猎人就不敢开枪了呢？

（2）为什么要把猎狗带到火车轨道上去？

（3）猎人不是有枪吗，他们为什么还害怕那么多狐狸？

（4）为什么她要等天黑了，才去救宝宝？

（5）狐狸害怕猎狗吗？

为期一周的《火焰》亲子阅读活动，为幼儿提供了足够的自主阅读机会和时间。家长在预读单的指引下，确保了幼儿与图画书深度互动，帮助幼儿从图画书中获取不同的信息。同时还发现，幼儿在图画书的解读过程中既有共性的问题，也有显著差异的个性问题。

2. 精准把握图画书价值内涵，促进幼儿深度阅读与理解

教师对阅读材料的内涵和价值的准确把握至关重要。一是要深度阅读，精准把握价值内涵，反复斟酌并预设重难点问题；二是要基于幼儿预读经验，聚焦重点话题，使问题更有意义，更紧扣并有助于教学目标的达成和重难点的解决，更能帮助幼儿理解图画书背后的深刻寓意。

综上考量，最后聚焦两个重点讨论内容：

（1）"火焰是个怎样的妈妈？"——渗透于共读活动全过程。

（2）"火焰已经成功救出了斑点，为什么还要带着孩子们离开它们熟悉的家去别的地方生活呢？"——根据课堂中幼儿的深度阅读和讨论程度适时提出。

幼儿对教师问题"火焰是个怎样的妈妈"的回答如下：

"我觉得火焰是个勇敢的妈妈，因为她连猎人的枪都不怕，要去救小斑点。"

"我觉得火焰是个聪明的妈妈，她利用火车和列车轨道成功地甩掉了可恶的猎狗。"

"我觉得火焰是个坚强的妈妈，她一次又一次地救斑点，一直都没有放弃。"

"我觉得火焰是个伟大的妈妈，因为她很爱很爱自己的孩子，不怕危险都要……"

课堂中无论幼儿提出的问题是什么，在生生互动环节解决问题后，教师都会聚焦"现在你们觉得火焰是个怎样的妈妈"这一重点讨论内容，引导幼儿从当下的问题和分享中，推动幼儿对火焰妈妈的品质和作品内涵做进一步深度思考和解析。从以上幼儿对火焰的评价和辨析可知，他们真实地表达了自己对该图画书及其传递的价值内涵的判断，既对他们自身的发展具有积极意义，也在倾听同伴相同或者相悖观点的过程中，使自身获得了学习和调整的契机。

3. 共读活动教学实践与园本教研

共读活动是整体式深度阅读的第二个阶段，也是最核心的阶段，起着承上启下的作用，也是教师最难以把握的阶段。为此，我们采用园本教研的方式开展研

究，并把执教能力的提升与幼儿的发展评价指标结合起来，同步实践"幼儿学"与"教师教"，使二者相辅相成，用案例的形式来梳理教师质性的影响因素和突破策略。

以图画书《火焰》的现场观摩与教研为例

一、研讨话题

1. 在观摩《火焰》共读活动中，让你印象最深刻的深度阅读表现是怎样的？

2. 教师是用什么样的策略来支持幼儿的深度阅读？

二、研讨实录

马福生：小伙伴好，我们的教研活动正式开始啦，请看我们今天的教研话题："共读活动"中幼儿深度阅读行为表现和教师的支持性策略。（PPT：教研题目）

马福生：请我们带好《幼儿深度阅读行为观察指引》、记录表格和记录设备，一起来观摩傅老师执教的共读活动《火焰》，观摩过程中请重点记录"孩子深度阅读的行为表现和教师的支持性策略"。

三、课堂观摩

（PPT：《火焰》封面）

师：今天我们又一起看了《火焰》这本书，谁来说说有什么不明白的地方吗？

幼1：为什么羊群一打枪就散开？

师：哦，你说的是火焰为救孩子冲进羊群的片段，请问是在第几页？

幼1：在10页！你看，你看，我看见猎人拿着枪。（PPT切换拿猎人枪画面）在第12—13页，羊群散开了。（PPT切换羊群散开的画面）

幼2：不对，不对，我看到的是猎人手里拿着枪，在追赶狐狸，没有开枪。

师：为什么火焰冲进了羊群，猎人就不敢开枪了呢？

幼3：这些羊可能是猎人养的，他舍不得打死他们。

师：有道理，这可能是猎人自己的羊群，一开枪会吓坏羊群的。

幼4：有可能它是一只母羊，小羊宝宝要喝奶的。

师：萍萍你的想法很独特，请问你是在哪里看出来这是只正在喂奶的母羊呢?

幼5:(手指图片)在这里,它是一只生了宝宝、要喂奶的母羊。

(PPT切换上用红色圈出哺乳部位)

师:孟孟的观察真仔细呀,要是枪打到了这只正在喂奶的母羊,猎人的小羊们就要挨饿咯。

师:蓉蓉,听了小朋友们的回答,你的问题解决了吗?

幼1:我知道了,猎人不敢对着羊群开枪,是害怕伤害到自己的母羊和小羊。

师:是呀,火焰真是太聪明了,能利用羊群来保护自己,不受猎人的伤害。现在你们觉得火焰还是个怎样的妈妈?

(PPT切换到《火焰》封面)

幼2:她是一个勇敢的妈妈,因为她不怕猎人的枪,也要把她的宝宝救出来。

师:她是个勇敢的妈妈,为了救出孩子,深入猎人的虎穴。(边说边在黑板上画"+1")

幼1:她是个聪明的妈妈,因为……

师:聪明的妈妈,能利用敌人的弱点保护自己。(边说边在黑板上画"+1")

四、现场教研

组长:刚才我们围绕着"共读活动"中幼儿深度阅读行为表现与支持性策略进行了图画书《火焰》的观摩和记录,接下来请我们老师来谈谈你的观察、发现和思考。

教师1:今天的课堂氛围很好,孩子们都很投入。

组长:你认为深度阅读需要孩子们的积极投入,好棒哦!

教师1:我也有个疑惑的地方,蓉蓉小朋友的提问"为什么一开枪羊群就散开了",这个问题是深度阅读的表现吗?

教师2:吴老师,我觉得这个问题就是深度阅读。当孩子提出这个问题时,孩子们就开始讨论了,有的认为是开枪,有的认为不是开枪,只是猎人手里拿着枪在追狐狸,由此引发了孩子对于同一画面的不同理解,4个小朋友围绕着"为什么火焰冲进了羊群,猎人就不敢开枪了呢"展开了热烈讨论。

组长:所以你认为"深度讨论""一图多解"是孩子深度阅读的重要表现,一个看似简单的问题怎么就引发了孩子的讨论,这当中傅老师做了哪些支持策略？

教师 2：对于有争议的画面，傅老师让孩子重新观察画面，然后理顺了幼儿的观点，并巧妙地引入了追问话题，所以产生了深度讨论的效果。

组长：梳理幼儿观点、适时追问是一种有效的支持策略。

教师 3：我这里记录了两个小朋友对于火焰特征的表达："她是一个勇敢的妈妈，因为她不怕猎人的枪，也要把她的宝宝救出来"；"她是个聪明的妈妈，因为……"我觉得基于自己的理解大胆表达自己的观点也是一种深度阅读的表现。

组长：你认为"表达观点"也是一种深度阅读的重要表现。傅老师用了什么样的策略来支持孩子的观点表达呢？

教师 3：这里傅老师采用了思维导图的方式来呈现孩子的观点，既让孩子感受到自己的表达受到重视，也直观形象地表征了火焰的特点。

组长：思维导图是一种有效的支持策略。其他老师也来谈谈你们的思考和想法。

教师 4：马老师，我觉得深度阅读是表现在小朋友对问题的持续思考上。我先来分享一个家庭中的阅读互动片段。

妈妈：宝贝，今天的睡前故事讲到这里，要睡觉咯。

蓉蓉：可是妈妈，老师让我们在预读单里记录问题，我有好多问题要问你。

妈妈：啊？好吧好吧，你来说，我来记录。

蓉蓉：为什么猎人要抓走火焰？为什么火焰妈妈要晚上去救儿子？为什么羊群一打枪就散开？为什么……

妈妈：怎么这么多为什么啊，妈妈都记不下了，你明天去问老师吧。

蓉蓉：可是我还没说完呢！

妈妈：哎呀，时间不早啦，快睡吧，晚安。

蓉蓉：不开心。

教师 4：从刚才实录的案例我们确实发现蓉蓉的问题没有解决，所以她在本次阅读活动中，再次提出问题后，引发了同伴的热烈讨论，同伴相互表达自己的观点，也解决了蓉蓉小朋友的疑惑，我觉得这就是深度阅读的表现。

组长：持续思考是一种深度阅读的表现，视角非常独特。

教师5：我也在想为什么会出现持续思考这个现象呢，因为今天的阅读是要孩子们通过观察画面提出自己不明白的问题，所以孩子们有机会提出自己的问题，并通过同伴的分享解决了自己的疑问。

组长：傅老师今天的支持策略是什么？

教师5："带着任务去阅读"的支持策略。

组长："带着任务去阅读"，今天是带着什么任务去阅读呢？

教师5：孩子在阅读的时候要"提出自己不明白的地方"的任务。

组长：自主阅读的环节我们还用过什么样的策略？大家回忆一下。

齐声说："带着问题去阅读"。

组长：带着"任务"去阅读，带着"问题"去阅读，两者的区别在哪里？

教师5："带着问题去阅读"是解决老师的问题，"带着任务去阅读"是孩子提出自己的问题，视角不同，主体的角色转换了，孩子的学习更加主动。

组长：基于儿童立场，彰显儿童主体，"带着任务去阅读"是我们开展深度阅读行之有效的策略。

组长：我看张老师研讨过程中一直在记笔记和思考，你有什么样的疑惑和想法，说来听听。

教师6：我真的有一个疑惑，在我执教《火焰》的时候，有的孩子从头到尾都不提问，不提问的孩子就没有深度阅读了吗？

组长：这是一个好问题，不提问的孩子会不会有深度阅读呢？大家怎么理解？

教师7：每一个孩子都是独立的个体，我们应当尊重孩子发展的差异，每个孩子的阅读水平和能力自然也是不一样的。一个孩子如果没有提问，我们也可以从孩子参与的投入程度和回答同伴问题的质量来看看孩子的深度阅读情况。

组长：好问题，巧回应，对于不提问的孩子，我们首先要包容和接纳，另外可以从主动阅读的情绪投入和思维导图的表征来观察孩子的深度阅读行为表现。我也留一个问题供我们大家思考哦：会提问是深度阅读行为表现之一，在孩子的提问当中是不是所有的问题都是"真问题"？我们怎样来辨别、怎样来支持？

组长：今天我们围绕着"幼儿深度阅读行为表现和教师的支持策略"进行了研讨和分享，并用思维导图的方式呈现了我们的研讨成果，非常棒。今天的教研活动暂告一段落，老师们，今天的活动，我们有什么样的思考和启发呢，请大家用一句话来分享自己的收获。

五、共话成长

教师6：世界上没有两片相同的树叶。尊重孩子的每一个问题。

教师3：对！尊重孩子的每一个问题，每个问题的背后都呈现了孩子的深度思考。

教师1：支持孩子，给孩子沉静的时间和空间，走进孩子的世界。

教师2：转变视角，顺应孩子的发展，师幼成长就在这个过程中自然而然地发生着！

教师5：静听孩子，欣赏孩子。

教师4：和孩子一起阅读，一起进步。

教师8：我会陪孩子一起读的，也会耐心回答你的每一个问题。

教师7：我们爱阅读、我们爱思考，我们共成长。

组长：对阅读、对教研的探索一直在路上，一个人可以走得更快，一个团队可以走得更远，让我们行稳致远、精诚合作、勇攀高峰！

（三）延读活动的个性化表征

延读活动是共读活动理解、建构和升华之后的一个迁移运用的过程，它是孩子建构经验和生活经验对接的关键一环，我们本着"理解后的运用"这一理念进行了实践尝试。以图画书《花木兰》为例，我们围绕着"1. 这是我们共读活动之后的一个延读活动，在教师执教的过程中，你的感受是怎样的？2. 如果你来上《花木兰》，你会怎么设计？"两个话题进行了研讨。

教研实录

研讨话题：1. 这是我们共读活动之后的一个延读活动，在教师执教的过程中，你的感受是怎样的？

瑶：我有一个疑问，就是为什么都安排女生？男生表现力不是更好？男孩子去表现这个上战场的动作不是更加能够展现？

蒋：朱老师你安排过男生吗？让女孩子学习男孩子的男装，那男孩子也是可以学女装。

朱：我尝试过让男孩子加进去，但男孩子去表现男装就失去了我这里制定的目标和重点，首先这节课是花木兰，她本身是个女子，然后有一个从女装到男装的变化，因此在设计这节课时，初衷就是要让女孩子们能够去体会这样一个阳刚的变化。

瑶：那么你可以让男孩子来演示阳刚的动作。

黄：对，少叫一点男孩子，主要就是提升这个动作的阳刚之气。

徐：我觉得就是不要男孩子，因为这里有一个转变的。

Yy：我觉得，最后的完整演绎之前的梳理动作，是不是老师完整呈现一遍？还有老师不是重复孩子的动作，而是提升孩子的动作。

黄：可以用她的动作，去精练提升这个动作，比如这里更加优美一点。

朱：这里说到最后一个完整演绎，其实老师是在一次次的过程中帮助提升动作之后，幼儿完整呈现就可以了，我们要把幼儿推在前面，体现了一个幼儿优先。

蒋：那么你可以提升这个节奏，但是这里不要再去说你做了几个动作。

瑶：还有感觉今天一开始孩子们需要放开一点，动作幅度再大一点，第一段里面完整，第二遍分段欣赏，做动作。

黄：是的，他们不怎么兴奋，有点拘谨。场地没放开。

朱：今天孩子们有点慢热，一开始有点紧张，还有一个姑娘哭了，但最后都能够放开。

瑶：还有就是在幼儿完整做的时候老师是不是要站在前面提示？

Yy：前面说了要幼儿优先，其实老师就是要退到后面，不能提示，孩子们之间可以相互提示。

研讨话题：2. 如果你来上《花木兰》，你会怎么设计？

朱：如果是你来上这节《花木兰》，我们解读一下这个图画书，我们会怎么设计教学活动？

黄：我会结合你的音乐来上一节运动类的课，比如可以做战士的基本功——马步打拳。前面温柔的音乐作为上战场之前的热身，跟孩子们说你们的本领慢慢变大了。然后第二段主要是运动的技能：下肢翻墙（鞍马）跳，上肢匍匐，跨跳，投掷。在材料上可以选取垫子、鞍马、小球。最后第三段：模拟对战。放开玩游戏。

徐：我还想到这个图画书可以呈现美术活动，最直观的就是表现花木兰骑马的动作，把这个上战场的情境连贯地画出来。主要是让孩子们有画人的前期经验，并且能提升技能技巧。

朱：两位老师在其他的活动形式上有突破，那么如果还是音乐活动呢？打击乐、音乐游戏、歌词活动？

徐：我觉得更加适合打击乐，可以把那个音乐形式换一下，更有节奏感一些。

蒋：我觉得丰富动作后再进行音乐游戏，所有音乐要符合音乐的节奏。要有情境的进行，柔情的音乐，比如这个号角是一个信号，可以听到号角声有指令地进行游戏。

朱：谢谢各位老师的想法，基本上能够呈现一节全新形式的《花木兰》。

从教研的过程来看，教师们敢于表达自己的观点，并能在观点的思辨中进一步巩固幼儿优先的理念。关于延读活动的呈现方式，教师们提到了运动、美术、舞蹈、音乐等。在音乐的表现方式方面，有教师提出加入打击乐、音乐游戏等形式，起到了聚合思维的作用。当然，延读活动不只是集体活动，一日生活的其他活动也可以巧妙融入，关键是要适合幼儿的个性特征。

二、深度学习指导下的幼儿园图画书阅读教学的支持策略研究

在上述研究基础上，我们尝试提出整体式深度阅读的三个环节：预读活动—共读活动—延读活动，并对三个环节的实践策略进行了详细的探索。

（一）预读的教学策略——前置性"预读"，提高"先学后教"的课堂效率

前置性"预读"，是"生本教育"，即以幼儿为本的教育，遵循先学后教、以学定教的教学要求。教师依据幼儿阅读图画书提出的问题，确定课堂教学的起点。我们把幼儿先学的内容称为"预读"，是指教师向幼儿讲授新图画书内容之前，让幼儿根据自己的理解能力和生活经验所进行的尝试性阅读学习。幼儿通过前置性预学图画书，对新知识有了初步感受和浅层理解，教师更有目的性地收集幼儿的学习信息，了解幼儿的阅读情况，进行集体教学活动的设计，提升图画书

教学的有效性。深度学习理论指导下的幼儿园图画书"预读单"的设计和使用策略如下：

方式一：家庭中进行。由家长和孩子围绕着"预读单"的指导要求，通过亲子阅读的方式逐步深化幼儿对图画书的理解，激发其自主表达，时间在一周左右。

【案例】

图画书《火焰》的亲子预读

通过预读单的运用（见图5），一方面是倡导亲子共读，在家庭中形成阅读的氛围；另一方面为幼儿提供充分的反复阅读机会与时间，家长倾听、收集幼儿在阅读活动中的行为表现，辅助观察并记录预读单，学做高质量的陪伴者。

这样的方式，既有助于家长提升亲子阅读指导能力，更有助于幼儿实现对一本图画书的前深度预读，有助于培育幼儿的阅读兴趣、阅读习惯和阅读能力，成为真正的阅读者。

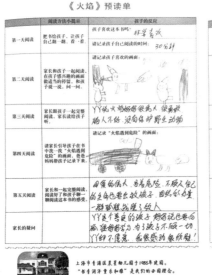

图5 《火焰》预读单

在亲子阅读一周后，教师将各班的预读单做了梳理与分析，发现幼儿对图画书的阅读过程中既有共性的问题，也有显著差异的个性问题。

（晨星幼儿园傅文婷老师供稿）

方式二：在班级阅读区进行。幼儿自主阅读、记录自己的问题，评选出共性问题。

【案例】

图画书《十二生肖》的自主预读

在开展主题阅读"我是中国人"中，我向幼儿推荐了《十二生肖》这本书，放在阅读区供幼儿自主阅读。为了激发幼儿自主阅读的内驱力，培养幼儿发现问题的能力，我用了以下策略：

1. 互动分享，激发幼儿自主阅读的兴趣

教师的参与、积极的鼓励、平等对待每一位幼儿的提问都会使幼儿自主阅读的兴趣大大提高。同时，还须借助榜样的力量，在集体前表扬主动阅读图画书的幼儿，将他们的问题记录呈现在大家面前。在区域活动交流环节将幼儿的问题大声读出来，使该幼儿感受到自己的问题被重视了，其他幼儿也会受到影响，进一步激发提问意识。

2. 提供材料，支持幼儿自主阅读的行为

大班幼儿喜欢用多种方法表征，有幼儿喜欢用笔记录，有幼儿喜欢借助现代工具，有幼儿喜欢找教师帮助。教师要提供丰富的物质材料，方能保证幼儿的自主阅读。幼儿阅读过程中，可以用绘画、录音笔记录自己的问题，也有幼儿用笔写下文字（虽然不全面，但他自己能看得懂），也有幼儿找老师记录问题……

3. 用粘贴星星的方法评选幼儿最想解决的问题

当大多数幼儿阅读图画书都能提出问题后，怎样对待这些问题呢？可以创设环境，以问题墙的形式呈现。另外，鼓励幼儿介绍自己的问题，其他幼儿倾听、回答，这一过程不仅是让幼儿回忆图画书的内容、加深理解，还能推动幼儿对问题、对情节、对局部的思考。最后采用粘贴星星的方法让幼儿挑选出感兴趣的问题。

幼儿对图画书的理解不是一次就完成的，而是处于一个动态建构的过程，幼儿通过一次次的阅读，总是主动地、不断地修正、补充对图画书的理解。比如第一次他可能看的是图片，通过图片认知建立了故事认知；第二次他可能注意的是情节，如故事是怎么发生的；第三次他可能是注意其中的某个细节……但若缺少教师的引导，幼儿与图画书之间就好像缺少了一座"桥梁"，幼儿很难凭一己之力完全地走进图画书，并与其产生深度联系。根据已有研究来看，在进行3—5次重复阅读之后，幼儿的阅读理解能力、阅读流畅性水平以及文字学习水平都得到了适宜的发展，因此，在3—5次的自主阅读后，教师有必要将幼儿前期自主阅读的问题进行梳理，进行集体教学活动，推动幼儿对图画书进行深入思考。

（晨星幼儿园杨琼老师供稿）

（二）共读的教学策略——应答式阅读、提问式阅读、讨论式阅读，培养各年龄段幼儿的阅读习惯和能力

师生围绕图画书展开对话与交流。教师指导幼儿对图画书从细节到整体深入而全面地阅读，鼓励幼儿猜测、质疑、想象，发表自己的见解。不同的共读模式，其教学环节各有不同。

模式一：教师根据图画书的内容，引导幼儿进入故事情境之中，结合自己的生活实际对阅读材料进行体验、感受、理解和想象。教师结合幼儿预读经验进行提问，幼儿应答。该模式适合小班。

模式二：教师提出核心问题，幼儿带着问题自主阅读；或教师提出核心问题，幼儿带着问题完整听讲，再共同阅读。幼儿对看不懂的地方用书签标记，对不理解的画面、内容提出疑问，通过生生互动、师生互动方式进行对话、交流。该模式适合中班。

模式三：幼儿提出问题，同伴回答，教师适时追问，引导幼儿的思考方向。幼儿围绕问题，联系前后画面发表意见，开展小组或集体辩论，相互启发，拓展思路。该模式适合大班。

幼儿的问题产生有两种方式：其一，幼儿在预读阶段以绘画的方式记录自己的问题，通过投票选出3个最想解决的问题；其二，集体阅读教学之后让幼儿自

主阅读，当堂提出问题，小组商议后提出 3 个问题逐一讨论。

【案例】

图画书《火焰》的阅读实践教学片段

幼儿提问："第 37 页，为什么火焰要叫来一群狐狸？为什么火焰不能一个人去救斑点？"

幼儿互动："火焰一个人去救了，她都是一个人去救斑点的。"

"对的，她一个人去救过两次了，都失败了呀，这次是第三次去救了。"

"是的，火焰一个人是斗不过两个猎人的，所以她叫来了她的朋友们。"

"人多力量大，我看到猎人的手都举起来投降了，猎人见到好多好多狐狸很害怕。"

教师追问："你们怎么看出来是好多好多狐狸的呢？"

幼儿互动："我是看着图片数出来的，你看，2、4、6、8……一共 28 只。"

"不对不对，还有更多，你看最左边和最右边的狐狸只有一半，可能后面还有好多好多狐狸呢！"

"是的，我也发现了一个猎人是对着我们投降的，一个猎人是背着我们投降的，有可能还有很多很多数不清的狐狸在书的外面呢。"

教师总结："大班的孩子果然不一样，不仅读懂了画面上的故事，连作者藏在画面之外的事情都能发现，真是了不起。"

教师提问："终于营救成功了，现在你觉得火焰是个怎样的妈妈？"

幼儿互动："了不起，很伟大，她一次又一次失败了，一共救了三次才成功，但是她都没有放弃。"

"是的，火焰很机智，她知道一个人救不了斑点，叫来了数不清的狐狸一起帮忙救，人多力量大。"

"她很爱斑点，不顾危险，终于把斑点救出来了。"

这样的讨论既生动又有趣，幼儿之间的生生互动和观点阐述，既在情理之中又伴随着意料之外。有的幼儿能大胆质疑同伴的问题，积极联系故事前后画面，发现证据并阐述自己的观点；有的幼儿能站在故事角色火焰和猎人的角度，结合自身生活经验，解决同伴的困惑；有的幼儿能观察发现画面中细节之处的信息，从画面上的显性信息，大胆推测可能隐藏的隐性线索，为同伴开拓解决问题的新路径。

（晨星幼儿园傅文婷老师供稿）

（三）延读的教学策略——建设型、表现型、探究型拓展阅读有助于表达阅读体会、迁移运用，解决真实问题

延读是集体性阅读课后的多元表征与探究。课堂教学之后，图画书一般由幼儿自由阅读，教师不再组织相关的衍生活动。为了发挥延读的真实效果，须开展建设型、表现型、探究型拓展阅读活动，即注重一日活动中的渗透、环境浸润、个性化学习，引导幼儿表达阅读体会、运用生活经验、解决真实问题（见表4）。

表4　延读的教学策略

延读的形式	教学策略
建设型拓展活动	围绕图画书中的场景或者故事情节，鼓励幼儿进行搭建活动
表现型拓展活动	围绕图画书中的故事情节，鼓励幼儿进行剧本表演
探究型拓展活动	围绕图画书中的核心内容进行表现表达、个性制作和自主探究

三、深度学习理论指导下的幼儿园图画书阅读教学的教师指导力架构与质性案例研究

教师的阅读教学指导力是指教师指导学生进行阅读教学所必备的能力，包括阅读教学的规划设计、组织实施、反馈评价等技能与素养，具体可以表现为阅读教学设计力、幼儿发展引领力、活动过程反思力等。关于教师指导力的案例研究是与上述两项研究同步展开的。

根据课题研究的需要和教师教学的特点，我们对案例写作提出了规范，课题组成员则真实记录所做、所思和所感，具体包括"活动缘起""活动进程"和"活动感悟"3个部分，既能反映课题研究的关键信息，又方便教师全程真实记录。

【案例】

阅读教学设计力：在预读单中找设计灵感

　　我园每周有亲子借阅活动，选择《和风一起散步》这本图画书是因为里面的"风"就像我们的孩子一样，喜欢陪伴、喜欢游戏，时不时去挠挠人家，时而又乖乖听话，会大声呼喊又会回来说"对不起"。由于该图画书的主角与幼儿生活经验联系密切，因此选了这本，并设计亲子预读单（见图6）。

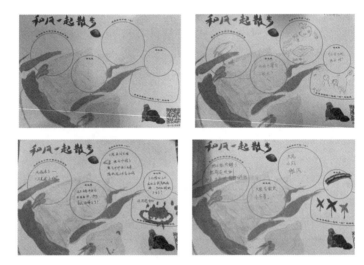

图6　《和风一起散步》预读单

　　提示语言：找找图画书中孩子喜欢的画面；找找图画书中"风"在哪里；我的新发现；和爸爸妈妈一起玩玩"风"的游戏。右下角还有故事音频，扫一扫就能听到整篇故事内容。通过一周的亲子阅读活动，孩子在亲子阅读过程中已经熟悉了图画书故事，发现自己喜欢的画面，能说出自己的新发现，也能提出自己的问题。我们就从亲子预读单中收集孩子对图画书画面的理解以及孩子的兴趣点。

　　活动感悟：每个图画书都蕴含着不同的寓意，教师要善于把握图画书，挖掘图画书中的亮点及所表达的情感，让图画书最大限度地发挥其价值，为音乐教学服务。许多好的图画书故事，内容较长，一节活动是不能完成的。

因此，需要我们在实施前做好充分准备：幼儿准备和教师准备。幼儿准备包括阅读图画书、了解故事、发现兴趣；教师准备包括熟悉图画书、分析图画书、做到有目的地进行删减。只有经过精心挑选、有效斟酌，才能使图画书适合幼儿音乐活动，二者的结合才能使音乐教学变得生动有趣，更好地培养幼儿的创造力和主动性。我们要有目的地选取音乐教学中所需的素材和教学形式，使图画书音乐教学更有效。

幼儿发展引领力：在对话体验中共情

片段1

幼儿1：我想解决2号问题。因为我在《小黑鱼》的书里看到小黑鱼遇到了好多奇迹。

教师：为了躲避金枪鱼的吞噬，小黑鱼游入深海遇到了哪些新奇的好朋友？

幼儿2：小黑鱼遇到了一个像彩虹果冻一样的水母，小黑鱼说："水母你好，你好漂亮。"水母说："谢谢。"小黑鱼很开心。

幼儿3：小黑鱼还遇到了大龙虾。"大龙虾你好呀。""小黑鱼你怎么了？"小黑鱼的心情就变得高兴了。

教师：有人安慰它就变得高兴了。

幼儿4：它看到了怪鱼，怪鱼像被看不见的一条线条牵着，怪鱼也说："小黑鱼你也有这么大的身体就好了，就能吓跑金枪鱼。"小黑鱼说："你的想法很好。但是我就是这么小呀。"不过小黑鱼的心情也变得很好了。

教师：小黑鱼在深海里遇到了一个又一个的生命奇迹，它变得不孤单、不伤心了，它慢慢地高兴起来了。

幼儿5：小黑鱼的心情变得美滋滋的。

幼儿6：小黑鱼乐呵呵了。

片段2

幼儿：为什么小红鱼躲在礁石和海草的影子里？因为它们怕被大鱼吃掉，所以躲在礁石和海草的影子里面。

教师：小黑鱼会对小红鱼说什么？

幼儿：小红鱼小红鱼，你们为什么老躲在后面，不出来跟我玩呢？看看外面的世界很精彩，你们看到水母、大龙虾、海鳗心情也会变好的。（第一次课堂上没有回答的维度：新朋友）

幼儿：快出来玩，我们到处去看看。我讲的这段话是书上的哦，一模一样。（第一次课堂上没有回答的维度：图画书语言）

幼儿：小红鱼，你们快出来玩，大海里有很多好玩的。（第一次课堂上没有回答的维度：精彩的世界）

幼儿：我们只要变成一条大鱼就能打败他们。

教师：怎么变成一条大鱼？

幼儿：他们游得紧紧的，连一条缝儿都没有。

幼儿：他们游的方向一致。我看出来，头都在往前，尾巴都在后面。他们团结就能打跑金枪鱼。（观察画面更仔细）

幼儿：小红鱼，加油。只要齐心协力就能打跑金枪鱼。

教师：团结就是力量。我们的小黑鱼变得……

幼儿：小黑鱼变得很勇敢，现在团结一心战胜了金枪鱼。

活动感悟：共读活动中加入了小黑鱼游入深海遇见新朋友的情景（见图7），在对话中感受有朋友的快乐情绪。从本次课堂教学一开始的"害怕""孤单""伤心"到"高兴""开心"再到"勇敢""团结"，孩子们在对话体验中经历了小黑鱼完整的心路历程，很好地解决了活动的重难点。

图7 《小黑鱼》预读单

活动过程反思力：在预读单中找设计灵感

第一次试教： 发现幼儿对音乐的感知能力很强，能够听出 ABA 三段的不同，但是对于如何描述音乐的节奏、旋律、感受则缺乏一定的词汇，只能说出"慢""快""响""轻"这些词，因此教师在平时课堂上的欣赏环节可以适当帮助幼儿提升这方面的素养。音乐的选择十分契合图画书故事情节，但是在第二段音乐中"中国功夫"的节奏太慢了，导致幼儿在做动作的时候很难卡节奏，因此调整了音乐的速度，把第二段的"中国功夫"从 80 的速度调整到了 120，音乐的长度不变，还是 4 小节。在环节设计上有些重复拖沓，并且图谱直接出示在 PPT 上，不利于幼儿创编，可以把创编的形式变得更加多样化。

活动的调整： 首先对音乐进行调整，把第二段"中国功夫"的速度调快；其次是对目标的调整，从回忆故事内容，伴随音乐的变化用肢体动作表现花木兰替父从军的过程，调整为能够理解音乐形象与故事情景，并能大胆用动作想象表现，体验创编的快乐，即把主要目标放在能跟着音乐的节奏用动作表现上。

第二次执教： 经过调整，幼儿在听辨上有了一定的提升，能够完整地描述出音乐感受，可以通过故事性的描述让同伴产生画面感。这时，教师在此基础上帮助幼儿进行总结归纳：正是有了很好的音乐感受之后，幼儿才能够通过肢体来进行表现。因此在演绎女装时，幼儿能够结合故事情节、生活经验等来进行表现，安排弹琴、散步、织布、喝茶、赏花等动作，以贴合人物的性格特征。在动作的表现上，教师选择了手部、腿部、眼神、力度几个方面进行了提升。在创编的过程中，小组之间先各自做动作，然后互相讨论，最后呈现时，幼儿都能够跟着音乐的节奏大胆地表现木兰女装、男装的不同样子。

活动感悟： 1. 音乐契合画面，关注故事情节变化。前期阅读活动后，幼儿对图画书非常感兴趣，甚至能够完整地背诵《木兰辞》，并且对故事的画面提出了很多的问题，也对花木兰这个人特别崇拜。在几次调整的过程中，教师从幼儿的兴趣出发，根据幼儿年龄特点对音乐、目标、环节都进行了改变提升，因此选择的图画书画面以及音乐契合整个故事情节变化，由花木兰女装在家、替父从军、衣锦还乡三个部分组成。教师为了能够让幼儿更好地理解这个变化，通过 ABA 的音乐变化来讲述音乐故事。2. 以幼儿为先，鼓励幼儿自主创编。本次活动的重点在创编，因此通过集体创编、小组创编、个别展示等不同的形式来表现木兰女装、男装的不同动作，而教师则是观察发现、提升幼儿的动作，让其表现力更加突出，更加契合音乐的节奏，并且在织布、绣花中指导幼儿眼随手动，在弹琴中指导幼儿跟着音乐的节奏弹奏，这些动作不但能够表现女生秀外慧中的样子，还能够提升幼儿的动作表现力。男装的表现力则需要加入一定的情绪，比如通过音乐的暗示、同伴的讨论创编，能够展示出骑马、射箭、挥刀、打拳几个动作，其中骑马是跟着音乐的节奏，做出策马奔腾、挥鞭狂奔的动作；射箭可以做出方向的变化以及扎马步远射的动作；挥刀是做出力度与节奏的变化；打拳也是做出力度、方向动作或者手脚并用。在这个过程中，幼儿的动作技能得到了提升，并且还能够通过同伴之间的比较来提升自己的动作，使自己变得更加大胆。

案例梳理的过程就是研究的过程，也是教师指导力总结和提升的过程。基于阅读实践的指导力更有操作性，源于教师实践的提炼更能彰显教育智慧。

第二章　课题研究的理论基础

第一节　陈鹤琴的"活教育"理论

陈鹤琴先生是我国著名教育家、儿童心理学家和儿童教育学家，中国幼儿教育的奠基人，在长期的理论研究和实践探索中形成了具有中国特色的"活教育"理论，不仅对我国教育事业产生重要影响，在世界各地也产生了广泛的影响。我园作为上海市陈鹤琴教育思想研究会的基地成员，肩负着学习、实践和推广的责任。为此，我们以"活教育"理论为指导，开展了幼儿园图画书深度阅读的研究。

一、"活教育"理论的核心内容

我们认为，陈鹤琴先生的"活教育"理论由目的论、课程论、方法论三个核心部分组成。

（一）"活教育"目的论

"活教育"目的论是"活教育"理论体系中的育人观，具体表现为"做人，做中国人，做现代中国人（世界人）"。陈鹤琴说："人之所以异于其他动物，就是因为人是一种社会的动物。自有人类历史以来，人都是过着社会生活，人不能离开社会而独立。既然如此，人就必定在人与人之间相互发生关系，怎么使这个关系正确而完整地建立起来，以通过这个关系参与共同生活，通力合作以谋控制自然、改进社会，使个人及全人类得到幸福，便是一个做人的问题，所以活教育要讲做人，应当努力来学习如何做人，如何求得社会的进步、人类的发展。"从这段论述中我们可以清晰地看出陈鹤琴关于"做人"的理念构建是层层递进的，强调了从一般到具体的三个不同层次的人生所应具备的核心素养。

1. 做人

陈鹤琴说："做一个真正的人，他必须热爱人类，不论国籍、种族、阶级或宗教。他必须热爱真理，真理高于一切。当真理受损时，他必须不惜一切来捍卫真理。他应该以'世界一家'的思想作为人类最终目标。"这里谈到的是作为一个社会人必须具备"博爱、热爱、同理、共情、责任"等品德。

2. 做中国人

陈鹤琴说："今天我们生长在中国，是一个中国人，做一个中国人与一个别的国家的人不同；在世界上还存在各个国家时，做一个中国人必须热爱自己的国家——这个拥有悠久光荣历史的国家，并尽力来提高中国在世界各国中的地位；他也必须热爱生长在同一块国土上有着同样命运的同胞们，他们为同一个目标，即为自己国家的兴旺发达而努力。"这里进一步谈到了作为中国人的民族特质，这是直指"培养什么样的人"的核心命题。

3. 做现代中国人

陈鹤琴说："中国还处于半封建半殖民地的境遇，人民生活的艰苦，有如水深火热，但亦正因如此，每一个人都负荷了一个历史任务，那便是对外反对帝国主义的干涉，争取民族独立，对内肃清封建残余，建树科学民主，这便是中国人当前的生活内容与意向。"这是现代中国人的历史使命，为了完成这一历史使命，陈鹤琴又提出了作为现代中国人必须要有的五个条件：① 要有健全的身体。身体的好坏，对于一个人一生的生活事业及其抱负都有很大的影响，我们应该锻炼我们的身体，使它健康，唯有健康的身体，才能担负起现代中国与世界给予我们的任务。② 要有创造的能力。他认为中华民族原本是富有创造力的民族，只是到封建社会后期，由于受极端专制的封建制度和以科举为中心的教育制度的束缚，思想不自由，创造能力得不到发挥，养成了因循苟且的习惯。活教育应注意儿童创造能力的培养，充分诱导儿童本性中潜藏着的创造能力，要从做中学，用科学的方法去做，首脑并用，做中求创造。③ 要有服务的精神。如果一个人空有智慧与知识而不知道如何去为公众服务或帮助别人，教育将失去其应有的意义。所以我们必须培养儿童一种服务的精神，要指导儿童去帮助别人，去了解大我的意义，这才配做一个现代中国人、现代世界人。④ 要有合作的态度。陈鹤琴针对国民性在近代表现缺乏合作的弱点，提出要训练儿童从小具有团结合作的精神，能够牺牲小我以成全大我，牺牲一己之个体以成全国家民族之全体，要在民主的前提下，依靠教育达到个体对全体的认同。⑤ 要有世界的眼光。这里是指一种广阔的知识视野和思想视野，着眼于对自然、社会、人类的广泛接触和了解，其至包括与世界相连的远大理想、宽阔的胸怀和恢弘的气度。不仅要了解中国社会发展的特质，还要了解世界的潮流；不仅要为中国的民主独立而努力，还要为世界和平而奋斗。

从演绎过程来看，"活教育"的目的论不仅着眼于人的整体发展，而且还体现出了层层递进的特点，不仅融合了横向和纵向交织的螺旋上升发展过程，而且充分体现了教育学和心理学交叉的特点，是一个旗帜鲜明、动态发展和富有生命力的育人体系。区别于其他教育流派，其最大特点就是明确提出"做人，做中国人，做现代中国人"，从根本上回应了我们"培养什么人、怎样培养人、为谁培养人"的问题，对坚守新时代"为党育人、为国育才"的初心使命和坚定"立德树人"的根本任务具有非常重要的指导意义。这也为我们回答深度阅读的"深在什么地方"提供了很好的指引。幼儿园图画书深度阅读的"深"的第一个方面就是育人目标的"深"，即旨在让幼儿理解中华优秀传统文化的博大精深，并在创造性的阅读中感悟中华民族的优秀品质和伟大精神，进而感受作为一个中国人的自豪感。当然，这种自豪感不排斥世界其他国家和民族的优秀文化，而是在欣赏、学习和比较的基础上，建立更高层次的文化自信，这可以称为"中国心·世界眼"。因此从本质上来讲，开展图画书深度阅读是为了培养具有爱国主义和文化自信的社会主义建设者和接班人。

（二）"活教育"课程论

"大自然、大社会都是活教材"，这是"活教育"课程论最简练的表述。

1. 观点一：大自然与大社会是知识的主要源泉

陈鹤琴说："儿童的世界多么大，有伟大的自然，亟待他去发现；有广博的大社会，亟待他去探讨。什么四季鲜艳夺目的花草树木，什么光怪陆离的虫鱼禽兽，什么变化莫测的风霜雨雪，什么奇妙伟大的日月星辰，都是儿童知识的宝库。"[①] 他认为儿童的知识是由经验得来的，从大自然与大社会获得的知识是活的和直接的，一定要让儿童有与环境充分接触的机会。大自然、大社会都是活教材的观点，将儿童的主动性、积极性提到极为重要的地位。他要让儿童自己去探索，去发现，去研究，以获得属于他们自己的更加深刻牢固的知识和更加真切的

---

① 陈秀云，陈一飞. 陈鹤琴全集·第五卷 ［M］. 南京：江苏教育出版社，2008：80.

世界。

2. 观点二："活教育"的课程是单元课程和整个教学法

陈鹤琴认为，"活教育"的课程来源于大自然、大社会和儿童生活，儿童的知识和能力是在其参与各种活动中逐渐形成的。因此，"活教育"的课程应当以活动为中心编制或以活动单元的形式组织，而不是像过去只注重课堂书本教学。他说："活教育的教学也并不注重过去班级教学的课程，而着重于室外的活动。"① 这种教学方式将传统的教室变成了室内的活动场所，而整个大自然、大社会都成了儿童的室外活动场所。

关于活动课程编制，陈鹤琴反对在幼儿园和小学实行分科教学，他认为分科的方法只适合于中学生、大学生，而对于幼儿和小学生来说，分科的方法是违反儿童的生活和心理的，是不合教学原理的。因为他们还没有形成学科的概念，加之他们的生活是整个的，是连成一片的，课程内容的编制应该基于这种特点，坚持连贯性和整体性的原则。他主张"整个教学法"，把儿童所应该学的东西整个地、有系统地去教；要"从儿童的生活出发，完成儿童的完整生活"，为此，他提出了"活教育"的新课程方案，即"五指活动"，包括儿童的健康活动、社会活动、科学活动、艺术活动、文学活动。

（1）儿童健康活动。这项活动旨在培养儿童健全的身心，具体包括体育活动、个人卫生、公共卫生、心理卫生、安全教育等。

（2）儿童社会活动。该活动旨在使儿童明了个人与社会的关系；使儿童参加社会活动，以培养其服务团体的智能和兴趣；使儿童了解乡、镇、县、省（区）和全国的关系及中国与世界的相互影响，激发其爱国爱群精神，促进其民族精神的发展；使儿童能根据时事的演变探求今后世界的新趋势。该活动范围包括公民、历史、地理、时事等。

（3）儿童科学活动。该活动旨在增进儿童的科学知识，培养儿童的实验兴趣，启迪儿童的创造能力。该活动范围涉及生物、数学、物理、化学、工业及生产劳动等领域。

（4）儿童艺术活动。此活动的目标在于陶冶儿童热爱艺术的情绪，启迪儿童

---

① 陈秀云，陈一飞. 陈鹤琴全集·第四卷 [M]. 南京：江苏教育出版社，2008：366.

的审美感，发展儿童的欣赏力，培养儿童的创造力。活动范围包括音乐、美术、工艺、戏剧等。

（5）儿童文学活动。该活动的目标在于培养儿童对于文学的欣赏能力和发表能力，培养儿童对于中国文字的认识和运用，培养儿童对于文法修辞的研究兴趣，培养儿童对于文学的创造能力。活动范围包括童话、诗歌、谜语、故事、剧本、演说、辩论、儿童应用、书法等。

单元课程方案打破了以学科安排科目的传统课程体系，儿童活动代替原有的课堂教学成为学校教育的基本形式，突出了儿童本身及儿童在活动过程中的主体地位。课程根据活动的需要进行调节，具有更大的灵活性。不再刻意追求学科本身的系统知识，而注重那些与人生密切相关的实际经验。其目的是要寻求一种更符合儿童生活原则的课程组织形式。

3. 观点三：强调书本学习和生活学习的关联

1924 年，陈鹤琴先生在《现今幼稚教育之弊病》一文中指出："现在幼稚园的弊病在于与环境的接触太少。小孩子生来无知无识，是在与环境社会相接触渐渐稍有知识，稍有能力的。接触的机会越多，知识愈丰富，能力也愈充分。""在中国有一个不良的传统，就是把儿童送到学校去'读书'，而老师的工作是'教书'，在学校中只有书本才被认为是唯一的学习材料。"① 他称这种教育是书本主义的教育，是死的教育。陈鹤琴认为，如果把书本知识当作唯一的学习材料，那就非成为书呆子不可。陈鹤琴针对当时教育的弊端，科学地提出了书本学习和生活学习的辩证观点，推动了教育向生活的转变。

4. 启示

"大自然、大社会都是活教材"是陈鹤琴先生的课程观，他强调课程要与儿童的生活紧密联系起来，善于用生活中的素材来创造和丰富教材，并用整合的方法来架构幼儿园课程。幼儿园图画书深度阅读作为一个课程，如何把静态的文本与孩子的一日生活结合起来是我们必须关注的核心点，也是我们用来回答"深在何处"的一个支持点。我们在借鉴陈鹤琴先生课程观的基础上，提出了图画书深度阅读的理论模型（见图 1）。

---

① 陈秀云，陈一飞. 陈鹤琴全集·第六卷 [M]. 南京：江苏教育出版社，2008：301.

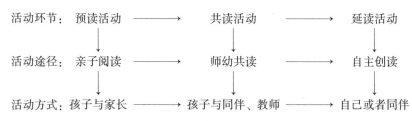

图1　图画书深度阅读的理论模型

(三)"活教育"方法论

"做中学，做中教，做中求进步"，这是"活教育"方法论的经典概述。

1. 观点一：教学的十七条原则

陈鹤琴说："活教育侧重在做人，活教育的方法也在'做'。"他在方法论上提出了一个基本原则，即"做中学，做中教，做中求进步"。"这一原则，可说是脱胎于杜威博士当年在芝加哥所主张的'寓学于做'，但比较杜氏的主张更进了一步，不但是要在'做'中学，还要在'做'中教，不但要'做'中教与学，还要不断地在'做'中争取进步。"①

为了更加通俗地阐明"活教育"的教学特点，陈鹤琴先生根据"心理学具体化，教学法大众化"的宗旨，总结出了"活教育"的十七条教学原则：① 凡是儿童自己能够做的，就应当教儿童自己做；② 凡是儿童自己能够想的，应当让他自己想；③ 你要儿童怎样做，就应当教儿童怎样学；④ 鼓励儿童去发现他自己的世界；⑤ 积极的鼓励胜于消极的制裁；⑥ 大自然大社会是我们的活教材；⑦ 比较教学法；⑧ 用比赛的方法来增进学习的效率；⑨ 积极的暗示胜于消极的命令；⑩ 替代教学法；⑪ 注意环境，利用环境；⑫ 分组学习，共同研究；⑬ 教学游戏化；⑭ 教学故事化；⑮ 教师教教师；⑯ 儿童教儿童；⑰ 精密观察。② 根据陈鹤琴的论述，我们对上述原则进行了如下概括：

其一，"做"的精神贯穿所有原则。

陈鹤琴认为："做"这个原则，是教学的基本原则，一切的学习，不论是肌肉的，不论是感觉的，不论是神经的，都要靠做的；"做"不仅包括身体上的动

① 陈秀云，陈一飞. 陈鹤琴全集·第四卷 [M]. 南京：江苏教育出版社，2008：366.

② 陈秀云，陈一飞. 陈鹤琴全集·第五卷 [M]. 南京：江苏教育出版社，2008：75-131.

作，也包括了思想；做，是师生共同进行的，儿童做，教师也做，"做中学，做中教，做中求进步"；做，是时时处处都可以进行的，学校里面各种的活动，各种的教学，大自然、大社会，周围的环境，儿童能够发现的世界，都是可以去做、去施展的天地。所以，"做"是用手用脑、身心参与，贯穿儿童的一切学习行为。

其二，维护儿童学习权利，彰显儿童立场。

陈鹤琴认为，"儿童有独特的生理心理特点"，尤其有"好动心、模仿心、好奇心、游戏心"。儿童是独立的个体，是自己的主人。"儿童的世界是儿童自己去探讨，去发现。他自己所求来的知识，才是真知识，他自己发现的世界，才是他的真世界。"教师应该真正地尊重儿童，信赖儿童，教师的教要服从于儿童的学，儿童的学要走在教师的前头。上述前四条原则便是建立在陈鹤琴对儿童心理特点和学习规律的深刻洞察以及对传统教育弊病的深刻批判基础之上的，也是建立在"活教育的中心是儿童""让儿童自由"的儿童观和教育基础之上的。不仅前四条，其他原则也都是建立在以学生为主体基础之上的，无论是教师的引导还是师生合作进行的集体活动，都是将儿童心理特点和学习规律的研究与教育实际相结合的产物。

其三，明确了教师的作用和如何正确的指导。

陈鹤琴认为，学生自主的"做"固然很重要，但还必须与教师适时的指导相结合，面对极具潜能同时又不成熟的儿童，教师的"正确指导"是十分必要的，否则就难于真正做到在"做中求进步"。教师在教学中的作用是："教师与学生共同来做，必要时给学生以指导"，"他的方法不一定对，他的思想不一定正确，他所获得的结果不一定满意；我们教师的责任，是在从旁指导儿童，怎样研究，怎样思想"。① "正确指导"的前提是要符合儿童的个性心理特点和学习心理规律，同时教师要利用各种艺术化的教学方法进行适时的启发引导，要善于激发儿童的主动性和创造性，使师生共同在做中学、做中教，以求得教与学的共同进步。为此，陈鹤琴认为上述原则中的第五、七、八、九、十、十一、十三、十四条是行之有效的指导原则。

---

① 陈秀云，陈一飞. 陈鹤琴全集·第五卷 [M]. 南京：江苏教育出版社，2008：79.

其四，重视教学中的直观性和感性经验。

"活教育"重视儿童的直接经验和感性认识，以之作为教学的基本方法。

重视实验的科学精神是"活教育"思想的一贯主张。在教学过程的四个步骤中，"实验观察"是作为首要的第一步提出来的；在十七条教学原则中，也列有"精密观察"（第十七条），可见其重要性。陈鹤琴认为："观察是获得知识的基本方法，而精密观察则是开启真理宝藏的钥匙，握着这把钥匙，我们便能接近科学的真理。"为此，他特别要求教师改变教法，发挥观察的作用，引导儿童向活生生的事物去学习，向大自然、大社会去学习，以获得真实的学问。陈鹤琴指出，精密观察不同于一般观察，要求做到：一要"全面的观察"，以概括全体；二要"比较的观察"，经由多方比较获得较为正确的结论；三要"系统的观察"，做到事前有明确的目标，过程有严密的计划，进行有组织的观察；四要"五官俱到的观察"，让视、听、味、嗅、触觉互为补充，使观察更为完全、准确。他说："假使要教学能获宏大的效果，则精密观察的方法，便不能不予以正确的运用。"陈鹤琴特别指出观察教学对培养儿童健全人生观的重要意义，他说："儿童养成观察习惯之后，一种尊重事实、求真求是的态度，很自然地会建立起来。"

"大自然大社会是我们的活教材"（第六条），这是"活教育"理论体系的第三大目标，是"活教育"课程论的概括表述，陈鹤琴将它直接作为十七条教学原则方法之一，亦可反映出在教学活动中对学生直接经验和感性认识的重视。该原则与"鼓励儿童去发现他自己的世界"（第四条）、"注意环境，利用环境"（第十一条）含有相同的意思，强调了要向大自然、大社会这个"活的直接的'知识宝库'探索研究"，反对死啃书本、脱离儿童生活实际的教育方法。然而，陈鹤琴并非反对学习书本知识，只是反对"一朝一朝呆呆板板地让儿童死记死读"。他主张，课堂教学应以大自然、大社会作为活标本。"这个小菜场，是你的标本，是你的仪器，是你的宝库，即所谓'取之不尽，用之不竭'。这是活教材，这是活知识，这是活教育。"他鼓励教师"要张开眼睛去仔细看看，要伸出两手去缜密地研究"。

在谈到教授历史、地理这两门课时，他主张要以研究当时发生的抗战、第二次世界大战作为出发点去了解中国和世界各国的历史、地理，也就是从"现在"的活教材研究到"过去"的历史、地理上去。他说："这种教学，教师教起来，多么生动，多么深刻；学生学起来，多么兴奋，多么有趣。"可见，陈鹤琴所追求的课堂教学是由活的儿童，活的教师，生动活泼的、有效的教学所构成。他在强调直接经验和感性认识的同时，并没有否认间接经验和理性认识。

其五，集体学习，教学相长。

陈鹤琴认为，"集体学习是活教育教学原则的一种方式"，主张在教学过程中师生之间、学生之间、教师之间均能有良好的互动，通过相互间的种种活动，如学习讨论、研究观摩、报告交流等发挥积极效应，以达到互相促进、教学相长的目的。十七条原则中的"分组学习，共同研究"（第十二条）、"教师教教师"（第十五条）、"儿童教儿童"（第十六条）都集中体现了集体学习、教学相长的特点。

有别于传统的班级教学和个别教学，陈鹤琴提出一种新的教学组织形式"分组学习，共同研究"（第十二条）。他在肯定班级教学的优点后指出，传统的班级教学形式有着明显的缺陷，它"使得全班的同学变成了中庸的制裁。好的不能上去，坏的勉强上去，没有主动，没有特殊的进展，大家被'班级'所限制了"[①]。新教育为补班级教学的不足，提倡个别教学，"像文纳特卡制、道尔顿制、蒙台梭利教育方法都是注重个别学习的"[②]。陈鹤琴认为，根据目前的国情民力和师资状况，显然不适宜实行这种个别教学形式。而分组学习的特点在于既有组织，又十分经济，它采用的是将某一中心议题化整为零，交由各组分别研究，最后再汇合交流的方法。按照分组学习研究、互相报告、共同讨论的程序，以大家的思想来互相感应，成果分享，共同进步。他说："本来我们一个人只研究一个问题，现在集体学习，一个人同时可以学到许多东西，等于研究了许多问题。"

更重要的是，分组教学有别于教师向学生个体或学生集体的单向传导，"旧式的教学，只见老师在打气，这是单轨的教学，因为只有教师对学生刺激是单轨的，我们现在要把它变为复轨的。集体学习是用分组来研究，共同来讨论的方式。各人都有意见发表，彼此都有不同的思想，思想愈多愈复杂，就可以整理出

---

① 陈秀云，陈一飞. 陈鹤琴全集·第五卷［M］. 南京：江苏教育出版社，2008：112.
② 陈秀云，陈一飞. 陈鹤琴全集·第五卷［M］. 南京：江苏教育出版社，2008：113.

一个真理来"①。这种教学形式使得学生处于主动积极的状态，成为学习的主人；教师则成为集体学习中的一员参与其中，既是学习者，也有责任给予学生适时的指导。学生与学生、教师与学生之间进行着双向多边的交流，有利于取得更好的教学效果，也更能体会到教学过程中共同学习的乐趣。

"教师教教师"是指教师之间组织多种形式的集体学习活动，采用教学演示、巡回教学辅导团等方法，通过相互间的学习观摩、交流切磋促进教师教学相长，自我充实提高。"儿童教儿童"是儿童之间的互教互助活动，是陈鹤琴对陶行知的"小先生制"的发展。陈鹤琴认为，因儿童之间了解较深，易于相互激励，以儿童来教育儿童、以儿童来指导儿童，有利于达到教学相长、增进教学效果的目的。教与学是在相辅相成中求得进步的，教师和学生都可以通过各自群体中的互教互学而受益。

2. 观点二：教学实践四步骤

与"活教育"的教学原则相一致，陈鹤琴总结了教学过程的四个步骤。

（1）实验与观察

这是教学过程的首要步骤，既是活动形式，也是"活教育"理论中极为重视的教学原则和方法。它要求学生通过实验来学习，从观察实验的过程中得到活的知识。陈鹤琴认为，实验和观察是获得知识的基本方法。相较于由符号、语言和书本中得来的间接知识，由实验观察所获得的直接知识是更为重要的。他说："间接知识是前人实践经验的总结，是人类文化的积累，对教育学生是重要的。"然而，"经过别人收集、分析之后所得的知识，还要经过自己的观察和探索才能加深认识和理解，才能检验这些知识的真实性以致有所发明和创造"。针对传统教育忽视甚至阻碍学生获取直接知识的弊病，"活教育"尤其强调要通过"由儿童自己动手来做的"实验观察，获得"亲身阅历的经验"；同时，实验观察有助于激发儿童的学习兴趣、求真态度和创造精神，引导儿童在教学中发现问题、解决问题。

（2）阅读与参考

"活教育"虽然主张以实验观察作为学习的基础，但也不排斥间接知识。陈

---

① 陈秀云，陈一飞. 陈鹤琴全集·第五卷 [M]. 南京：江苏教育出版社，2008：115.

鹤琴说："间接知识和直接知识是互为补充，缺一不可的。"他认为，单凭直接经验还不够，在学习过程中，学生还要广泛阅读和运用参考材料，把直接经验与间接经验有机地结合起来。

（3）发表与创作

陈鹤琴认为，儿童有了从直接经验与间接经验得到的知识，应鼓励他发表自己的思想，如有可能，再创作些新东西。这一步要求儿童通过独立思考，认真对前一阶段的学习加以总结和融合，进行自由创作与发表。在创作发表时，可以采用各种形式，如编故事、写报告、作演讲等，使儿童的主动性和创造能力得以发挥显现。

（4）批评与研讨

有时学生从学习中得到的结论可能是不正确的，所以教学过程的最后一步是要借助集体的力量和智慧，通过集体评论和研究成果，小组讨论与共同研究，相互批评、相互启发、相互鼓励，以达到共同提高和完善的目的。

以上四个步骤是"活教育"教学过程的依据，可根据实际需要灵活运用。这一教学程序的提出打破了传统课堂教学的模式，奠定了学生在教学中的主体地位，学生不再是被动接受知识灌输的容器，转变为积极主动探索未知的研究者。

总之，"活教育"理论打破了传统课堂教学的模式，颠覆了传统的注入式教学，突出了学生在学习中的主体地位。同时，教师的角色也得到了重新定位，由传递者变为指导者。教师与学生在"做"中获得创造性发展，获得教与学的共同进步，对图画书深度阅读的实践起到了很好的引领作用。

第二节　PCK 阅读教育理论

基于美国斯坦福大学著名学者舒尔曼（L. S. Shulman）提出的"领域教学知识"（Pedagogical Content Knowledge，简称 PCK）理论，美国埃里克森儿童发展研究院终身教授陈杰琪与华东师范大学学前教育与特殊教育学院团队合作开展了

"领域教学知识：促进幼儿教师专业成长的关键因素"课题研究，分别对学前教育语言、数学、科学、社会、健康、艺术等领域展开研究，并且出版了丛书，对国内学前教育实践产生重大影响。其中语言领域由国内幼儿语言教育专家周兢教授领衔，经过研究，获得了汉语文化情境下学前儿童语言学习与发展的框架性认识，即认为学前儿童语言学习与发展核心经验由三个主要部分组成：早期口头语言交流与运用经验、早期书面语言学习与运用经验和早期文学语言学习与运用经验。① 早期阅读即属于早期书面语言的学习，包括前阅读、前识字和前书写三个方面，这三个方面的学习与发展可以为后期正式的书面语言的学习打下良好的基础。"前阅读"的核心经验主要指幼儿在图画书阅读过程中学习和获得的核心经验，包括三个范畴：一是良好阅读习惯和行为的养成；二是阅读内容的理解和阅读策略的形成；三是阅读内容的表达与评判。②

前阅读核心经验的提出对于幼儿园开展阅读课程教学具有重要的指导意义。

首先，前阅读核心经验概念明确了幼儿的阅读以图画书为主，不同于成人以文字为主的阅读，因此幼儿园的阅读教学应当基于图画书的特质展开。关于图画书的特质至少要认识到以下几个方面：

图画书是以图为主、图文并茂的读物，因此读者需要学会读懂图画书的"三种语言"，即文字、图画、图文结合的叙说。幼儿通过画面了解内容，结合文字（主要是教师的讲读）进一步补充、修正自己的理解，达到深入地理解图画书的目的。阅读图画书的同时，倾听与该书内容相关的朗读可以帮助幼儿建立起书面语言与口头语言的关联，形成对于语言功能完整的认识。阅读图画书能帮助幼儿形成图文之间、前后画面之间、整体与细节之间的联系。

图画书是一个整体，从封面、环衬、正文到封底都蕴含着丰富的信息，图画书有固定的结构，需要翻页，具有连贯叙事的功能。这使得图画书区别于图片、插画、动漫。只有在触摸、翻阅图画书时才能真切、全面地接收到书中的信息，感受到它的艺术魅力，形成从单个画面到整本书的理解。因此，用集体观看图画书的 PPT 来替代人手一册的阅读，会错失个体与图画书互动带来的快乐与感悟，

---

① 周兢. 学前儿童语言学习与发展核心经验 [M]. 南京：南京师范大学出版社，2015：13.
② 周兢. 学前儿童语言学习与发展核心经验 [M]. 南京：南京师范大学出版社，2015：216.

错失创作者的用心。

图画书具有综合性，有图画、文字、装帧，是画家、作家、编辑共同创作的综合艺术品；通过画面与文字的结合进行叙事，传递着成人社会的观念和价值观。要真正使图画书对幼儿阅读产生教育作用，有必要了解创作者的意图及创作背景，展开创作者、教育者、幼儿之间的对话。此外，图画书不是作为教材而是作为读物出现的，甚至有些图画书不是专为儿童创作的，因此幼儿园选用图画书需要根据幼儿的年龄特点和育人的要求加以甄别，也可以对图画书做适当改造之后再用于阅读教学。

图画书品种繁多，按照教育功能来区分有知识类、游戏类、科学类、文学类、艺术类等。文学类的图画书根据体裁不同又有诗歌类、散文类、故事类。其中故事类的图画书深受师生喜爱，在幼儿读物中占据主导地位。《3—6 岁儿童学习与发展指南》中提出"提供童谣、故事和诗歌等不同体裁的儿童文学作品，让幼儿自主选择和阅读"。幼儿阅读的图画书的种类应当多元，以幼儿喜闻乐见的故事类图画书为主并兼顾其他。

总之，全面深刻把握图画书特质，有利于对图画书的分析选用、教学设计以及教育活动的组织。要将运用图画书进行阅读教学与单一的以观察画面讲述内容的看图讲述、倾听故事等区别开来。

幼儿园阅读教学活动的开展，首先就要从图画书的选用开始，幼儿园需要严把图画书"进口"关；幼儿园需要组织开展培训、教研活动，帮助教师提高对于图画书的阅读力，了解图画书的构成、创作风格、内涵主旨等，提高教师对于图画书的鉴赏能力。教师要加强幼儿与图画书的互动，引导幼儿进行深度阅读，提高阅读教育的效能。

其次，前阅读核心经验的提出有助于把握幼儿阅读教育的关键，深入理解幼儿的阅读发展是从养成习惯到掌握方法，从阅读输入到阅读输出的完整过程。

第一，行为习惯的养成需要循序渐进，仅凭一周 1—2 次的集体阅读活动难以奏效，需要创设丰富的阅读环境，增加幼儿与图画书接触的机会。只在幼儿园内开展阅读活动也远远不够，需要在园外延续，如家里要为孩子提供阅读空间，家长要陪伴孩子共读；在社会层面开展阅读推广活动，在社区开设阅读空间，通过家、园、社协同共育，营造书香氛围，在书香的浸润中使幼儿愿意亲近图画书，喜爱阅读，逐渐养成良好的阅读习惯。

第二，阅读是一个由外到内进行意义建构的过程。图画书是成人为幼儿创作的艺术品，"是一个以客观存在呈现的成人的主观世界"①。即便创作者力图以幼儿的视角加以描绘，但毕竟不是真实生活的再现，图画书与幼儿还是有一段距离，需要教师帮助他们进入这个世界，引导幼儿以自己的经验为基础理解图画书的内容。幼儿对图画书的理解有两个层面：其一"知道"层面，即知道图画书的大致内容、主要人物及情节，为此需要观察画面、倾听、记忆、识别等技能；其二"领会"层面，即幼儿能够发现图画书的发展线索、人物之间的关系、情节的发展变化、图画书所要表达的内涵主旨，甚至创作者的风格，需要幼儿通过阅读逐步掌握预期、假设、比较、验证等策略。

第三，阅读也是一个由内到外的输出过程，表达与评判能够促进对于内容的深入理解，达到交流分享的目的。在相当长的一段时间里，幼儿园阅读教学停留于让幼儿听懂故事、讲述内容、学习词句的阶段。前阅读核心经验将幼儿对阅读内容的表达与评判视为阅读经验的要点之一，这无疑是一个巨大的进步，体现出尊重幼儿个体的阅读感受、鼓励幼儿的阅读表达、重视幼儿阅读中的思考等先进教育观念，对克服阅读浅表化、幼儿被动接受理解等弊端，尊重幼儿的主体性，培养幼儿优质的学习品质等具有启发意义。

第三节　深度学习理论

当今社会科学技术突飞猛进，尤其是以 Chat GPT 为代表的人工智能的发展，给人类社会带来巨大而深远的影响，深刻地改变着我们的生活。科技的变革引发我们思考：教育究竟应该如何应对？培养的人怎样才能为未来做好准备？面对未来世界的挑战，教育领域有两个应对方向：一是为未来准备人才培养的目标和内

---

① 康长运. 幼儿图画故事书阅读过程研究 [M]. 北京：教育科学出版社，2007：143.

容，即"核心素养"的理论及实践；二是"深度学习"的兴起与研究。核心素养是"适应个人终身发展和社会发展需要的必备品格和关键能力"①。要让学生获得核心素养，深度学习就成为必然的选择。深度学习被视为信息时代的学习哲学，对于当下的教育改革具有启发意义。

一、深度学习的研究

深度学习的研究分布于人工智能、学习科学、教育教学等领域，伴随着信息技术的进步、教育改革的推进，已成为上述各领域的热点。我们以"深度学习"为关键词在中国知网（CNKI）进行检索，截至 2023 年 6 月 6 日共有 136 817 条结果。本节聚集于幼儿园教学，重点关注深度学习理论在教育领域中的运用，以被引用次数、刊物等级、学者知名度为标准筛选文献，将具有代表性的研究成果综述如下：

（一）深度学习的提出及内涵阐释

早在 1956 年，美国心理学家布鲁姆在《教育目标分类学》里将认知领域教学目标分为知识、理解、应用、分析、综合、评价六个由浅入深的层次，被认为蕴含着深度学习思想。1976 年，瑞典哥德堡大学学者马顿（Ference Marton）和萨尔约（Rogre Saljo）在《论学习的本质区别：结果与过程》一文中，明确提出了浅层学习和深层学习的概念，这也被认为是教育学领域中首次提出深度学习的概念。他们在一项阅读能力的研究中发现，学生使用不同的学习策略：一种是试图记住文章的事实表达，揣测接下来的测试并记忆，即表层学习；另一种是试图理解文章的中心思想和学术内涵，即深层学习，也被称为深度学习。此后，深度学习的研究在国外逐渐兴起，国内研究则起步较晚，以 2005 年何玲、黎加厚在《促进学生深度学习》中首度介绍深度学习为标志。文中通过对深度学习和浅层学习的特点比较，提出了深度学习的"理解与批判、联系与建构、迁移与应用"三个特征，受到了教育界的普遍关注和应用。2016 年郭华基于教育部"'深度学习'教学改进"项目的研究，将深度学习与教学紧密结合，提出深度学习是"在教师引领下，学生围绕着具有挑战性的学习主题，全身心积极参与、体验成

---

① 林崇德. 中国学生核心素养研究［J］. 心理与行为研究，2017，15（02）：145-154.

功，获得发展的有意义的学习过程"。钟启泉认为深度学习是一种囊括了一切调动儿童作为学习主体的主观能动性的学习方式，不是从传递特定知识内容的教科书开始，而是从揭示问题开始的。深度学习涵盖三个视点：主体性学习、对话性学习、协同性学习。

（二）促进深度学习的教学策略

深度学习如何落地，国内学者给出了许多具有操作性的策略。黎加厚指出基于问题的学习、任务驱动式学习、过程性评价可以促进学生的深度学习。安福海通过批评当前课堂学习中的浅层学习问题而提出促进深度学习的课堂教学策略：确立高阶思维发展的教学目标，引导学生深度理解；整合意义连接的学习内容，引导学生批判建构；创设促进深度学习的真实情境，引导学生积极体验；选择持续关注的评价方式，引导学生深度反思。伴随着基础教育课程改革的推进，基础教育领域大部分学科都在倡导深度学习，研究者们积极探索促进深度学习的教学方式。

（三）深度学习的发生及评价

深度学习极为复杂，如何评断深度学习是否发生是实践者极为关注的问题。郭华认为深度学习的五个特征——联想与结构、活动与体验、本质与变式、迁移与应用、价值与评价，可作为深度学习是否发生的重要依据。评价是促进教学改进的催化剂，关于深度学习评价，张浩等认为，深度学习评价应以深度学习目标为依据，运用调查、测验、统计分析等方法，对深度学习过程和结果做出价值判断。他们还提出可以依据布鲁姆的认知目标分类法、比格斯（J. B. Biggs）的SOLO 分类法、辛普森（E. J. Simpson）的动作技能目标分类法和克拉斯沃尔（D. R. Krathwohl）的情感目标分类法，构建认知、思维结构、动作技能和情感目标四位一体的深度学习评价体系，以解析不同领域学习者可以达成的预期目标。郑东辉指出了促进深度学习课堂评价的路径：将评价活动设计进教案、运用多种方法收集深度学习信息、合情合理地反馈学习结果、引导学生自我评价。

总之，深度学习不是特定的教学方法、新的教学模式，而是面向急剧变化的当下与未来人们必须拥有的学习力。

二、幼儿深度学习的相关研究

在学界对深度学习的内涵取得了初步共识的基础上，对于学前年龄段深度学习的研究也在逐步开展。我们以"幼儿深度学习"为关键词在中国知网进行检索，截至 2023 年 5 月共有 991 条结果，在剔除无关信息、以核心刊物发表的文献资料为主的基础上，结合相关专著形成以下综述：

国外对于深度学习的研究集中于小学、中学学段，学前学段非常少。美国的斯特拉瑟（Janis Strasser）和布瑞森（Lisa Mufson Bresson）结合实践经验，依据修订后的布鲁姆分类法，分析了教师如何在幼儿园各类活动中提出高质量的问题，以引导幼儿深度学习。

（一）幼儿深度学习的内涵

对幼儿深度学习的研究基于深度学习的研究成果。但幼儿的学习与成人有不同之处，学者们反复提醒：幼儿的深度学习不等于超越儿童理解能力的、高难度内容的学习。应避免对深度学习概念做过度的解读，避免过度强调深度学习给教师带来额外的困惑和负担。现阶段幼儿园倡导的主动学习、有意义学习与深度学习的取向一致，都是幼儿教育改革的必然走向。目前教育界对深度学习尚未形成统一的界定，对幼儿深度学习概念表述亦不尽相同。综合已有的研究可以看出：幼儿深度学习强调幼儿有兴趣和问题解决内在动机、主动探究、进行新旧知识的联系、能促进多方面发展等特征。

（二）幼儿深度学习的国内研究历程

2016 年，北京师范大学冯晓霞教授在中国学前教育研究会的学术年会上做了《区域游戏中的深度学习》的主题报告，引入深度学习，随后，幼教工作者陆续关注到幼儿深度学习的话题。

2018 年，由东北师范大学王小英教授领衔的研究团队，对幼儿深度学习从理论到实践进行了深入系统的探索，对幼儿园深度学习的基本特征、逻辑框架、实践路径、支持策略等做了较为规范的论述，并在实验园以"课题活动"的形式推进了幼儿深度学习的实证研究，论证了深度学习在幼儿园不仅可行，而且可为，能丰富幼儿园教育教学的实践范式，促进幼儿核心素养的养成。另外，他们对深度学习的内涵及其逻辑框架的搭建也进行了阐释："幼儿深度学习是指幼儿在教师的引导下，在较长的一个时段，围绕着富有挑战性的课题，全身心地积极投入，以及通过与同伴的合作与探究，运用高阶思维，迁移已有经验，最终解决实际问题的有意义的学习过程。""幼儿的深度学习是以问题解决为导向，以积极情绪为动力，以动手制作为依托，以同伴合作为支撑，以评价反思为主轴。"这些都有力地推动了学前教育界深度学习的相关研究。

2019 年，叶平枝教授带领的研究团队从幼儿深度学习课程设计和教育支持、游戏、区域活动、教学、一日生活中的深度学习、幼儿深度学习评价等方面，对幼儿深度学习教学进行理论和实践的探索，深化了在幼儿园阶段深度学习的研究与运用。

(三) 幼儿深度学习的教学策略

研究者们结合幼儿园课程实施提出了促进幼儿深度学习的教学策略，涉及区域活动、游戏、主题活动等课程实施形式及科学、数学、语言等领域学习内容，从年龄段来看偏重于中大班幼儿。这些研究从各类课程活动的组织要素出发，结合深度学习的要求，阐述开展幼儿深度学习的策略。虽然活动的样态及内容各异，但均围绕着教学要素展开：空间布置及资源投放、问题的生发、教学支架的搭建。研究者认为，开展深度学习必须确保幼儿的主体地位，创设真实问题与情境，联系幼儿的生活与经验，发挥教师的主导作用，进行有质量的师幼对话，引领积极评价与反思。

(四) 幼儿深度学习的评价

关于幼儿深度学习的评价研究非常稀缺。徐简媚等将深度学习的三个特征细化为主动性、专注性、联系与迁移、批判性思考、问题解决、问题反思六项指标，再根据指标对应编制幼儿具体行为表现并赋予分值，形成了较为完整的《幼儿深度学习评价量表》。叶平枝依据布鲁姆认知目标分类理论、SOLO 分类理论、成长型思维理论制定出《幼儿深度学习行为表现评价标准》及《幼儿深度学习行为表现记录表》，并指出：在实施过程中需要根据具体的活动内容比如大班建构活动来编制具体的、有针对性的评价标准。这些量表的制定丰富了幼儿深度学习的研究，为教育者进一步把握及运用深度学习理论提供了有力的支撑。

综上，相对于其他学段深度学习的研究而言，幼教界深度学习的研究无论是深度还是广度均有所不及，但涵盖了从理论框架到课程实践的探索，提供了全面可行的路径和方法。已有的研究中，幼儿游戏、区域活动、科学活动等方面因自主性、探究性强更容易体现出深度学习的特征而受到研究者关注。此外，分析比较、质疑评判、解决问题等高阶思维在中大班阶段的表现更为突出，因而中大班幼儿也成为主要的研究对象。但是幼儿一日生活各环节都蕴含着深度学习的契机，幼儿阶段的深度学习需要日积月累、持续支持，不应厚此薄彼、割裂中断。已有研究的不足也为本研究加强阅读教学的覆盖性、系统性，促进深度学习的发生提供了借鉴。

三、幼儿园图画书阅读教学与幼儿深度学习关系的研究

我们以"阅读+幼儿深度学习"为主题在中国知网进行高级检索，截至 2023 年 5 月共找到 18 篇相关文献，综述如下：

（一）阅读与深度学习之间的联系

《美国共同核心课程标准》于 2010 年由全美州长协会和美国各州学校主管委员会联合推出，旨在对美国的学校、教师和学生明确制定各项标准，这一标准涵盖了从幼儿到高中阶段的教育。其中最重要的部分就是深度阅读，学生可以通过分析、反思阅读文章提供的观点，形成自己的观点，使学生看到自己的知识增长、变化、加深。这一标准将幼儿的阅读与深度学习建立了联系。

在我国，幼儿园的图画书阅读教学属于学习活动，是幼儿获得学习与发展的重要渠道，为幼儿深度学习的发生提供了现实场域。同时，鉴于图画书已成为综合性的课程资源，支持着幼儿的学习与发展，可以服务于幼儿的深度学习，学者们普遍认为早期阅读活动中引导幼儿深度学习不仅可能，而且必要。

（二）促进幼儿图画书阅读活动深度学习的教育策略

围绕如何促进幼儿在图画书阅读中的深度学习，我们结合图画书特质、幼儿学习特点、深度学习特征、幼儿阅读教学方法等，从实操的角度提出了一些方法和建议。

1. 策略一：反复阅读

重复是幼儿学习的特点，图画书因其图文关联的复杂性、画面信息的丰富性，使得从中获取意义不可能一步到位，必须反复阅读、逐层建构。因此，要引导幼儿反复阅读图画书，启发他们对图画书的内容与意义进行多重理解和自主建构，让幼儿的阅读学习过程和结果从浅层走向深度。

2. 策略二：多元化阅读

结合深度学习的几个特征，喻小琴提出：创设丰富的阅读环境和自主阅读氛

围，支持幼儿的主动探究；融合多领域经验支持幼儿的联想与建构，联结阅读与游戏支持幼儿深入理解与体验，重视幼儿在阅读活动中的对话和自主表达，支持批判性思维的养成；提供创编与表演机会，支持学习内容的迁移与运用。周洁主张通过"话题讨论式阅读""专题分享式阅读""主题衍生式阅读""戏剧表演式阅读""信息搜索式阅读"来推进深度阅读。从组织方式来看，可以通过小组活动、个体活动、集体教学等多样化教学形式开展阅读活动，并在阅读活动中引导幼儿展开讨论；在语言区放置便于幼儿自主阅读、表演、制作的图书等，都是促进幼儿深度学习的有效形式与途径。

3. 策略三：技术助力阅读

教育领域广泛运用的思维导图也被引入幼儿阅读活动中，借助思维导图让幼儿对图画书的理解、归纳更为"可视化"，帮助幼儿提高对图画书的阅读兴趣、理解与表达，促进幼儿从浅表阅读向深度阅读发展。信息技术在幼儿阅读活动中的运用可以提升幼儿深度学习效果：借助信息技术创建阅读情境，提升幼儿的阅读体验；借助信息技术融入多种元素，促进幼儿知识建构；借助信息技术增加交流互动，帮助幼儿整合信息。

4. 策略四：教师的提问支持

提问是教师在阅读教学中运用的主要手段。周兢指出早期阅读教育活动中教师的提问质量影响教学活动的产出性，即教学的有效性。

美国学者贾尼斯·斯特拉瑟和莉萨·穆夫森·布雷森指出，教师在阅读过程中提问，从 1 级（记忆）问题开始直至 6 级（创造）这种方式能够自然而然地促进幼儿高水平思维的发展，促使幼儿思考如何将书中的内容与现实生活联系起来。

王聪颖的研究表明，幼儿在早期阅读中的深度学习与教师高质量的提问密切相关，她提出减少质询式的繁密提问、聚焦提问范围、适当提高问题难度、根据幼儿阅读兴趣灵活发问等建议，以促进幼儿的深度学习。

此外，探索儿童哲学视角下的思辨式图画书共读活动、聊书、阅读分享会等新形式对于增进幼儿阅读兴趣、促进分析思考表达、进行深度学习都会产生显著效果。

第三章　课题研究的成果、结论与展望

第一节　课题研究的成果

一、进一步厘清了"整体式深度阅读"的内涵

整体式深度阅读是在深度学习理论指导下，围绕图画书开展的整体性阅读活动，主要通过自主性的预读环节、互动性的共读环节、拓展性的延读环节三个模块展开，是幼儿园集体阅读教育模式的拓展和深化，旨在达成语言和阅读核心素养、个性化的创造性思维素养、社会性发展的核心素养的协同发展，实现学会阅读、学会学习和学会做人的整体发展。

从教学形式看：它是整合了文本、知识和意义的整合式教学，强调幼儿在亲子阅读或自主预读的基础上形成自己的观点或提出自己的关切问题，进而围绕着表达自己的观点或者疑问与同伴、教师对话，在互动过程中提升高阶思维，将高阶思维与现实生活链接，达成学以致用的目的。

从教学过程看：它是追求"语言和阅读的本体性素养""高阶思维的创新性素养"和"社会性发展的互动性素养"的三位一体，强调过程中幼儿立场的充分体现和教师教育张力的支持，强调幼儿与同伴、教师的充分互动和个性化建构，潜移默化地达成核心素养的协同发展。

从育人价值看：它是触及心灵深处的生命教育，是幼儿在文本互动的基础上深刻理解文本，进而借助对话进行超越文本表层的深刻建构，从而达成"学会阅读、学会学习和学会做人"的整体性发展。它是育人方式和育人目的的有机统一。

二、进一步明确了"整体式深度阅读"的实践原则

（一）幼儿主体性原则

本研究的最终目的是促进幼儿核心素养的整体发展，因此我们在以深度学习为导向的阅读教学实践中必须明确幼儿的主体地位，从幼儿的视角出发设计活动、开展教学、进行个性化探索，让幼儿主动阅读、发现问题、发表意见、自主

表达。

（二）师生共建原则

整体式深度阅读是教师和幼儿围绕着一本图画书开展的整合性活动，幼儿是整个过程的活动主体，教师作为活动的支持者。教师通过提供阅读材料、观察幼儿反映、收集幼儿问题、引导幼儿讨论等方式鼓励幼儿主动、持续阅读，在此过程中倾听幼儿的诉求，及时进行互动答疑，触发幼儿独特的解读体验，激活他们的思想。而幼儿也有阅读自觉，他们会在共读活动中表达自己真实的阅读体验，提出阅读中发现的问题，积极参与师幼之间和幼幼之间的互动，在思想的相互启发、灵感的相互碰撞、思维的相互审辨、情感的相互丰盈中，形成教学相长和同伴互助的氛围。

（三）活动性原则

整体式深度阅读是围绕着图画书内容本身开展的一系列深度理解、表现表达和个性化表征的过程，会涉及各种各样的活动，因此我们在开展深度阅读的过程中必须坚持活动性的原则，借助活动、通过活动来激发幼儿运用多种感官参与阅读活动，提升阅读质量，积累个体的阅读经验。

（四）联系性原则

深度阅读实践的联系性不仅包含解读主体维度的主体间性，还包含主客关联维度的主客交互性、文本之间关联的文本间性以及文本本身多元要素间的关联性，进而形成深度阅读活动的复杂关系网络，只有激活这些关联性才能集成知识图谱。因此深度阅读强调的是文本与幼儿经验、现实生活、创造性思维的链接，我们的图画书深度阅读必须关注以思维碰撞为媒介，形成文本与现实的相互对接，在对话和辩论中形成新的经验，在体验和探究中实现个性化的成长。

（五）趣味性原则

深度阅读的趣味性不仅表现在阅读兴趣的激发，还表现在深度阅读后达成共识或者发现深层次意义的愉悦，因此阅读不是自然习得的行为，阅读能力需要培养。为此，我们一方面要让幼儿感受到阅读的快乐，从而保持阅读兴趣，愿意与书为友；另一方面要在阅读的过程中形成高阶思维，在思辨和对话中建构更高层次的阅读意义，养成良好的阅读习惯，为成为终身的阅读者奠定基础。

综上，幼儿主体地位是实现深度阅读的基本条件，师幼合作共建是实现深度阅读的核心保障，活动性原则是实现深度阅读的基础保障，联系性原则是实现深度阅读的关键要素，趣味性原则是促进阅读持续深入的内在力量。五项原则的相互照应是实践整体式深度阅读、促进幼儿和谐发展的持续蓄能，只有全面践行五项原则，我们才能让整体式深度阅读生机勃勃、活力满满、元气奋发。

三、建构了"统整融合"的整体式深度阅读课程模型

如图 1 所示，从整体式深度阅读课程模型建构和观点主张来看，我们切切实实地感受到了阅读教学不仅关注语言领域，还关注健康领域、社会领域、科学领域和艺术领域；不仅关注幼儿的语言发展，也关注幼儿在做中学、体验中学；不仅关注幼儿的整体发展，也关注幼儿的个性化发展；不仅关注幼儿园一日生活的柔活，同时关注家园社的有机联动，为"立德树人"任务的落实和核心素养的养成提供了保障。

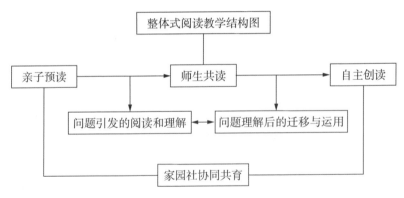

图 1　整体式深度阅读课程模型

四、建构了"幼儿优先"的整体式深度阅读教学样态

整体式深度阅读由预读活动、共读活动和延读活动三个模块组成。预读活动是由亲子阅读来完成的，强调的是个性化阅读和问题的生成；共读活动是由教师和幼儿来完成的，强调的是问题解决和思维碰撞；延读活动是由幼儿自主创作或者合作创作来完成的，强调的是主旨的迁移或再构。因此，在活动设计时必须关注以下三个要点：

（一）坚守幼儿发展优先的教育理念

《上海市学前教育与托育服务发展"十四五"规划》明确提出了"幼儿发展优先"的教育理念，这就要求我们的深度阅读教学必须坚持以幼儿为主体，图画书选择、内容设计、师幼互动、情景建构都必须围绕着幼儿而展开，为幼儿的深度阅读做准备。

以"预读活动"为例：预读活动是由家长和孩子围绕着"预读单"的指导要求，通过亲子阅读的方式来完成（见图2）。

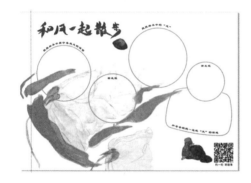

《花木兰》预读单

	阅读方法小提示	孩子的反应
第一天阅读	听故事（音频版）《花木兰》，和孩子聊一聊"花木兰"这个人物。	孩子喜欢听这个故事吗？请记录孩子自己听故事的专注时长。
第二天阅读	家长和孩子一起阅读《花木兰》的视频版图画，进一步熟悉"花木兰"这个人物。	请家长记录孩子了解的花木兰。
第三天阅读	家长和孩子一起阅读，说一说我们心中的"花木兰"，看一看"花木兰"的服装。	
第四天阅读	家长和孩子一起完整阅读，从"花木兰"的衣服和服装的故事。	花木兰穿的衣服（幼儿画）　　花木兰穿的衣服（家长记）
第五天阅读	请家长引导孩子在书中找一找最喜欢的画面，爸爸妈妈帮孩子记录下来。	请家长和孩子用"绘画"的方式记录孩子最喜欢的画面。
孩子的疑问		

《火焰》预读单

	阅读方法小提示	孩子的反应
第一天阅读	把书给孩子，让孩子自己翻一翻，看一看。	孩子喜欢这本书吗？请记录孩子自己阅读的时间：
第二天阅读	家长和孩子一起阅读，就孩子感兴趣的画面展开自由的讨论，和孩子说一说，问一问。	请记录孩子喜欢的画面：
第三天阅读	家长跟孩子一起完整阅读，家长读给孩子听。	
第四天阅读	请家长引导孩子在书中找一找"火焰遇到危险"的画面，爸爸妈妈帮孩子记录下来。	请记录"火焰遇到危险"的画面：
第五天阅读	家长和孩子一起完整阅读，阅读好了和孩子聊一聊阅读这本书的感受。	
家长的疑问		

图2　预读单表格和作品

从实践的过程和反馈来看，预读单的设计必须体现"从实操的角度出发给予家长操作性强、目的明确的阅读指令"，让家长清楚预读的要求。同时，根据图画书内容本身的特质提供音、视频支持，当家长熟悉预读单的操作后，可以增加开放性的操作设计，展示亲子个性化的预读风采。这样既能让家长学会阅读指导的方法，培养幼儿阅读的习惯，增进亲子情感；也能让教师了解幼儿对图画书的喜欢程度、专注阅读的时长、喜欢的画面、倾听的习惯、对关键画面的理解程度、对图画书的整体感知和疑问，以及每个幼儿的阅读特点。

(二) 营造多重对话思辨的教学课堂

深度阅读教学活动要求必须从幼儿出发，最终回到幼儿，因此我们的教学方法是"带着任务去阅读——对自己感兴趣的或者看不懂的画面提出问题"，围绕幼儿的提问开展讨论，解决同伴的疑惑，学会在解决问题的过程中寻找证据，引发幼儿的讨论与思辨，进而创造性地理解图画书的主旨、表现手法和文化内涵。在这个教学过程中，师幼、幼幼对话是关键，要营造每个幼儿都能说、敢说、会说的氛围，鼓励幼儿提出自己的思考、发表自己的观点。

以"共读活动"为例：共读活动是让幼儿在多轮师幼共读活动中开启交流对话，激发思考质疑。在实践过程中，我们提出了三个策略，引领幼儿走向深度阅读。

1. 细节关注策略：在梳理整合中深入主旨

对于学龄前的幼儿来说，读图能力是最核心的能力，在阅读图画的过程中辅以文字，进而理解作品是深度阅读的必经之路。那么怎样才能更好地实现这一目的呢？我们采用的是"带着任务去阅读"的方法，任务就是幼儿就"自己喜欢的或者看不懂的画面"提问，同伴和教师围绕着问题进行答疑和循证，在互动的过程中深入理解图画书的核心思想。

比如关于母爱的图画书《火焰》，讲的是狐狸妈妈"火焰"带着两个孩子在搬家的路上，一个孩子"斑点"掉进陷阱被猎人抓住。火焰要救孩子，却被猎人放出的猎狗追赶。为孩子焦急担心的火焰急中生智，聪明地甩掉追赶她的猎狗，还带着一批帮手回到猎人家……著名画家用富有动感的画面描绘出既惊险又温馨的故事。

又如图画书《花木兰》是一个家喻户晓的替父从军的传奇故事，蔡皋先生的《花木兰》版本是以纸本和水粉为媒介创作的作品，主张用色彩来营造故事氛围，凸显了花木兰代父从军、英武温婉、谦和而坚守大义的优秀品格。

这两个作品有一个共同的特点，即都非常有张力和生命力，但和传统的图画书表现手法有较大差别，这对教师和幼儿来讲都是一种挑战，但也是深度阅读的一个重要元素。因此，怎样从图文匹配和图的解读来引发幼儿的深度思考是一个重要思路。我们就采用了从幼儿的提问出发，在讨论和分享中解决幼儿的疑惑，建立起图画书主角（花木兰和火焰）或者关键内容的个性和立体化解读（见图3），进而深刻理解图画书表达的主旨。

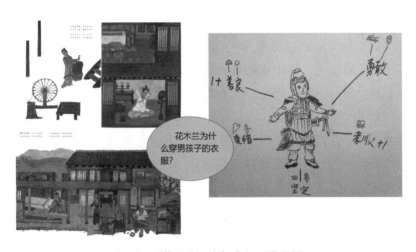

图3　《花木兰》主旨表征思维导图

幼1：我的问题在第四页，花木兰为什么要穿男孩子的衣服呢？

幼2：因为她要替父从军啊。

师：为什么要替父从军？她的父亲怎么了？你从哪页看出来的？

幼2：我是从第4页看出来的，她的爸爸年纪大了，而且受伤了，旁边还放着拐杖。

师：你的观察真仔细，我们看看除了爸爸之外，家里还有谁？

幼3：家里还有妈妈、姐姐和弟弟。

师：弟弟也是男孩子，为什么弟弟不可以替父从军呢？

幼4：因为弟弟的年纪太小了，不能去打仗。

师：妈妈看起来年纪也比较大了，妈妈肯定也不可以，姐姐为什么不可以去呢？

幼5：从画面上看，姐姐在厨房，说明姐姐会做饭，可以照顾一家人。

师：爸爸妈妈年纪大，弟弟年纪小，姐姐能照顾家人，花木兰在综合考虑后决定自己去替父从军。你觉得花木兰是一个怎样的人？

幼：花木兰是一个聪明、善良、勇敢、孝顺……的人。

2. 循证究因策略：在冲突对照中走向深刻

共读活动的主题架构是经由幼儿的问题出发并展开互动的，因此解答同伴的疑惑并找到画面的依据的循证过程是一个深度阅读集中体现的过程。

比如《武士与龙》讲述的是发生在武士与龙之间的有趣故事。其有趣之处在于，武士与龙最初千方百计地从书里找出了很多打败对方的方法，后来又千方百计地从书里找出一起开烤肉餐厅的办法。书的主旨是强调和平共处，在合作中发挥优势，以寻求更大的利益。根据预读单的反馈，我们设计了从两张存在着强烈矛盾冲突的画面开始，联系前后，找到武士和龙化敌为友、合作共赢的原因，并通过思维导图，使幼儿在观察和表达中进一步理解"从比武到开餐厅"情节转变的各种条件，深刻理解"和平与战争"的内涵（见图4）。

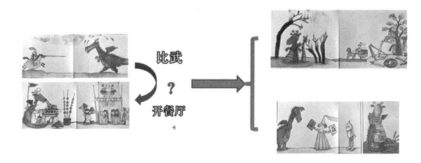

图4 《武士与龙》循证思维导图

3. 观点辩论策略：在讨论思辨中重塑思维

幼儿园的辩论活动，是指在一定的竞争压力下，辩论的双方或多方运用一定的方法，围绕一个相互对立的话题进行解释说明、论证反驳的语言活动。这种语言活动可以帮助幼儿学会表达自己的观点，提高倾听能力，积累反驳对立观点的方法，培养坚持己见、表达观点的能力。这种活动对培养幼儿的独立思考能力和批判性思维能力有着深远的意义。以图画书《小房子》为例（见图5）：

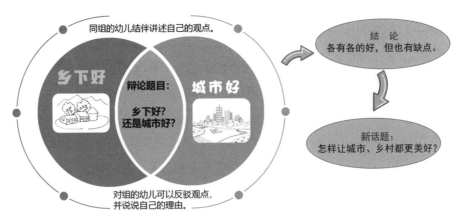

图5 《小房子》辩论思维导图

师：你们觉得城市好还是乡下好？请你们说说自己的观点。

幼：我觉得乡下好。城市里面很拥挤，车太多了，有的时候还会堵车。

师：没错，这确实是城市里的一个问题，城市里越来越多的车辆会造成交通的瘫痪。

幼：而且汽车会排放污染，空气也会变得很糟糕。

师：嗯，刚才觉得城市好的小朋友，你们有什么意见吗？你们觉得他们说得对吗？

幼：城市里车多，乡下不也有车吗？

幼：但是乡下的车没有城市的多啊。

师：那觉得城市好的小朋友，你们觉得车辆造成拥挤有什么好办法吗？是不是能够解决这个问题？

幼：可以有的车早一点出门，有一些车晚一点出门，这样不就好了吗？

师：很好，你提出了一个错峰出行的好办法。

幼：可以多造一些马路，还可以建高架桥，有的在上面走，有的在下面走。城市里有很多高架的。

师：这也是一个不错的想法哦，确实能够缓解交通。

通过辩论，幼儿意识到了农村和城市的优缺点，萌发了让城市和乡村更美好的意识和想法。

从整体式深度阅读的演绎过程来看，无论是"预读单的设计和操作"还是"带着任务去阅读的课堂演绎"，抑或是"多元体验的主旨表征"，都是从幼儿的视角出发，主张幼儿发展优先，强调幼儿学的主体、学的经历和学的经验，在任务达成、思维碰撞与个性体验的过程中，幼儿表现出了兴致高、可持续和与众不同，为"立德树人"任务的落实和核心素养的养成提供了实践保障。

(三) 践行激发多元表征的立体演绎

多元表征必须从幼儿的视角出发，根据幼儿的学习特点和生活习惯来演绎，遵循幼儿从感性到理性、从简单到复杂、从问题到思考的学习特点，使多元表征的过程成为幼儿思维提升、对话互动的学习过程，进而提升幼儿的阅读能力、问题解决能力和思维能力。

以"延读活动"为例：延读活动是让幼儿在多维深度推进中丰富建构主题，激发多元表征，主要由系列整合、自主表征、生活体验三个策略组成。

1. 系列整合策略：在多元阅读中构建主题

如由《火焰》引发的"母爱"主题图画书的阅读和欣赏：《猜猜我有多爱你》《逃家小兔》《我妈妈》，幼儿从阅读中发现"母爱"是多元的，并可以用多种形式来演绎。

2. 自主表征策略：在个体创作中丰富主题

如在《武士与龙》的"'武士和龙'还可以怎么合作"的创作中，幼儿体验到了合作与和平的意义。幼儿根据"武士和龙"的"特长"，结合自己的生活经验，想象到了可以开"温泉店、火锅店、鬼屋、游泳馆、建筑公司"等。

3. 生活体验策略：在体验中传承优秀文化

如由《花园里的美食》延伸而来的品茶活动（茶文化），使幼儿在体验中进一步萌发了热爱中华优秀传统文化的情感。

五、建构了凸显"核心素养"的整体式深度阅读评价指标

《幼儿园保育教育质量评估指南》强调，要注重过程评价、聚焦班级观察、深入教育现场，让教育评价更鲜活、更真实、更有温度，并将"尊重儿童"的

理念融入了指标体系。这一转变要求我们的教育评价必须走向儿童，为此我们设计了基于儿童视角的"幼儿深度阅读素养评价指标"（见表 1），其包含语言和阅读、创造性思维、社会性发展、质性描述四个维度，并从量化指标和质性描述两个方面给予有机联动。

表 1　幼儿深度阅读素养评价指标

| 构成要素 | 量化指标 | | 质性描述 |
	一级指标	二级指标	幼儿深度阅读的典型表现
语言和阅读核心素养	提问与回应	① 敢于主动对喜欢的或者有疑问的画面提出问题，并能清晰表达自己的问题 ② 愿意围绕同伴的问题进行回答或补充同伴的观点	
	理解与表达	① 能仔细观察画面、描述细节、清楚表述自己的观点 ② 能对同伴或者老师的观点做有条理的补充 ③ 初步掌握用以支持阅读过程的认知策略、元认知策略等并能迁移运用	
	评价与反思	① 能理解故事的主干线索和整体结构，深刻理解作者创作的主旨 ② 能对故事中的人、事物和观点进行有针对性的评价 ③ 结合自身认知经验对文本内容和表征形式发表自己的见解	
创造性思维核心素养	发散与求异思维	① 表现出对图画书内容的多元、求异和再构、建构个性化的理解 ② 表现出强烈的自主阅读意识和积极提出、探索问题的阅读行为，具有主动改变自己或者呼应同伴的应变能力	
	批判性思维能力	① 积极主动地对文本进行批判性认识，能做出有依据的判断 ② 进行抽象概括，能根据个性化的解读梳理出内容、语言表达和文本结构的特点	
	问题解决能力	① 积极主动地找寻问题、发现问题和表述问题 ② 根据自己的解读，辨析问题，找到相应的解决方案	

续表

构成要素	量化指标		质性描述
	一级指标	二级指标	幼儿深度阅读的典型表现
社会性发展核心素养	同理心与认同感	① 喜欢中华优秀传统文化，对中华文化有认同感和自信心 ② 愿意体验、理解和积淀中华优秀传统文化，感受中华优秀传统文化的优美	
	合作与沟通	① 能与同伴分工合作，遇到困难一起克服，协商解决 ② 知道别人的想法有时和自己不一样，能倾听和接受别人的意见，不能接受时会说明理由	
	专注与规则	① 表现出主动阅读的意愿，并能坚持翻阅一本书不少于 3 分钟，能借助亲子阅读或者自主阅读同一本书 5 次以上 ② 理解规则的意义，在活动中学会轮流和等待，有序参与活动	

从整体式深度阅读的评价设计和实践来看，我们的评价始于"预读活动"，因为对图画书内容的解读能否体现幼儿的视角、预读单的设计能否呈现幼儿的学习行为，都会影响后续模块的跟进；"共读活动"既是对预读环节成果的输出，又是对延读环节的输入，更重要的是它是深度阅读行为表现的集大成者，因此共读环节的评价设计尤为关键和重要；"延读活动"作为深度阅读经验的迁移和应用，从中可以观察到幼儿深度阅读经验的储备和延伸，因此延读环节的评价设计同样不可或缺。由于年龄特点，我们的评价更多源自教师的观察、记录和分析，可适当引入幼儿的自主记录或作品等做补充。这一基于幼儿深度阅读核心素养的评价导向为"立德树人"任务的落实和核心素养的养成提供了评价保障。

六、建构了基于"儿童视角"整体式深度阅读的研修范式

园本教研是保障幼儿园教育教学质量、促进教育内涵发展的重要机制，也是教师专业发展的重要引擎，育人方式的改革最终还是要依靠教师理念和行为的转

变来实现，因此我们在实践中非常重视教研团队的支持作用，主要从以下方面发力：

(一) 确立基于"儿童视角"的研修专题，引领教师理念的更新

在全面解读和领会"幼儿发展优先"精神的基础上，我们把语言项目组的研修专题确立为"让孩子的深度阅读看得见——深度阅读中幼儿的行为表现与教师支持性策略研究"，并从"图画书解读与预学单设计""共读活动的记录与观察""延读活动的体验与拓展"三方面进行纵向研究，也会根据教研的深度探索需要进行"+1"研究，比如对"共读活动的记录与观察"这一专题，我们加入了"提问的有效性与教师的支持策略"的深度教研，进一步补充了教师专业成长的能量钙。

(二) 采用多元研修组织形式，引领教师在对话与思辨中转变

语言项目组是一个由 20 名成员组成的大组，我们会根据研修的专题内容采用不同的分组方式，让教师在小组讨论和大组分享中产生思维碰撞的火花。

比如开展"图画书解读与预学单设计"这个教研内容时，我们通过自由抽签的形式分成两个小组，由组长带领研讨，然后由代表教师分享本小组的解读与设计成果，从中既找到了共同关注点，也找到了多元思考点，在求同和争鸣中全面解读文本和设计更加体现幼儿立场的预读单。

又如在围绕《火焰》开展"幼儿深度阅读行为表现和教师的支持策略"这一教研内容时，根据现场教学的特点分成了主动阅读、思维导图和提问与回应三个小组，采用定点定人观察与全面观察相结合的方法，保证了教研效果的最大化。

同时，研讨中还会生成具有思辨性的观点，比如在研讨《火焰》时教师非常关注幼儿的提问，一位教师提出了"是不是所有的提问都是深度阅读的表现"的疑问，大家针对这个问题展开了辩论，在辩论中进一步明确了提问的价值，并产生了新的教研小专题。

基于"儿童视角"，凸显幼儿主体，从幼儿学的角度来梳理教师的支持策略是一种行之有效的园本研修方式，可以切实有效地转化教师的教育行为，能为"立德树人"任务的落实和核心素养的养成提供研修保障。

第二节　课题研究的结论与展望

一、助推了幼儿全面发展

随着"整体式阅读"模式的展开，教师更为关注幼儿个性化的阅读体验，强调图画书阅读的多元形式，让幼儿通过自己特有的学习和活动方式，积极主动地探索周围世界，构建、理解新的知识经验，并将其纳入原有的认知结构和运用到新的情境中，以解决新问题或发现新事物。重构基于深度学习理论的图画书阅读教育体系，有助于提升幼儿园图画书阅读教学质量，促进幼儿认知、情感、能力、社会性等多方面的综合发展。

（一）幼儿阅读兴趣浓厚、阅读行为持久

在阅读中，幼儿能带着自己感兴趣的问题与图画书互动，他们不再草率地以看完一本书为目的，而是会带着问题反复阅读或者与其他人谈论图画书中生成的话题，邀请同伴、教师以及家长参与图画书阅读，直至求知欲得以满足。幼儿翻阅图画书的次数明显上升，由图画书引发的阅读行为也贯穿于幼儿的一日生活和家庭学习中，阅读行为由个体扩展到全班或全家庭，不仅做到了幼儿个体阅读、同伴阅读，还引起教师和家长反复阅读，幼儿的阅读行为也有了明显的质的提升。

（二）幼儿体现出在学习中阅读、在阅读中学习的状态

幼儿在学习中阅读表现在良好阅读习惯和行为的养成、阅读内容的理解和阅读策略的形成、阅读内容的表达与批判；从对图画书的认识到熟悉图画书的结构；从初步了解图画书中的主角到感知主角动作和表情，再到细致观察画面中主角的状态，包括动作、表情、姿态，理解主角心理状态；从阅读内容的叙述到批判性思维的形成；等等。他们获得了前阅读核心经验。

幼儿在阅读中学习不仅包括学习前阅读核心经验，而且还包括学习阅读生活，学习做人，在阅读过程中主动学习、亲身体验。比如，阅读生活中的标志，了解标志与生活的密切关系；观察周围事物的变化，思辨环境与人类的关系。

结合本课题研究，随着课题的推进，我们发现幼儿深度学习的智慧获得了进一步的提升：通过探究型活动，幼儿在观察和实操中提升了深度探究思维及独立解决问题的能力；通过表现性活动，幼儿作品呈现出更多的创造力和多样性；通过提问、辩论，幼儿的表达更完整、逻辑性更强了。幼儿学习智慧的提升为其终身发展奠定了良好的基础，助推了幼儿健康快乐成长。

（三）幼儿自主阅读品质得到提升

"整体式阅读"从预学、共读到延读，鼓励幼儿充分阅读，发现问题；营造氛围，激活思维；立足图画书拓展思维，品出乐趣，促使幼儿自主性阅读逐渐走向高品质。幼儿在区域阅读中，对阅读内容的理解逐渐加深，形成初步的阅读策略，通过预期、假设、比较、验证等方式来进一步理解图画书内容。教师基于幼儿实际，立足文本，向更深的内容拓展，帮助幼儿对图画书中人物的特征进行评价，对图画书的主旨进行初步的思考，能结合自己所见所闻较为清晰地阐述自己的理由，促使幼儿自主阅读品质得到高质量的发展。

【案例】

让幼儿变被动接受为主动探究发现

图画书《兔子先生去散步》讲述了兔子先生在去散步的路上遇到了许多不同标志后发生的故事，符合中班主题活动"我在马路边"的学习内容与要求，即帮助幼儿了解交通设施，并有兴趣识别马路边的标记、数字及其含义，初步了解与人们的关系，并理解和遵守交通规则。

于是，基于这本图画书的内容，我在自己班级开展了整体式深度阅读活动，通过活动前预读（将《兔子先生去散步》投放在班级的阅读角，提供书签给幼儿使用，幼儿可以使用书签夹在自己最感兴趣的那一页或者不明白的地方，也可以作为还没有读完书时的位置标记）、教学活动（封面解读，让幼儿带着问题到书中去寻找答案；自主阅读，引导幼儿发现问题；提问交流，幼儿提出自己对于阅读中所不理解的问题，教师和同伴共同参与讨论；完整阅读，幼儿共同完整阅读图画书，提出新发现）、教学延伸活动（幼儿分享自己找到的标志，幼儿自主为班级设计标志）等过程，对幼儿在整个活动进程中的表现、教学结果、幼儿表征等做循证分析，有了如下发现：

1. 幼儿的阅读理解水平有所提升

如表 2 所示，幼儿阅读理解水平前测平均得分为 42.23（SD = 12.61），幼儿后测平均得分为 52.87（SD = 11.02）；对幼儿前测得分与后测得分是否有显著性差异进行配对样本 t 检验，结果显示 t（30）= −3.584，p<0.001。由此可以看出，幼儿阅读理解水平在教学活动后有显著提升。

表 2　幼儿前测与后测阅读理解水平测查结果

	N	M	SD	t	p
前测	31	42.23	12.61	−3.584	0.001
后测	31	52.87	11.02		

2. 幼儿主动提问、探究的意识增强了（见图 6）

■ 幼儿提问次数占比
■ 教师提问次数占比

图 6　教学活动中提问次数占比

3. 经验得到了迁移和实际应用

幼儿除了理解图画书中的各类标志，在生活中也通过绘画表现的方式制定了班级中需要的标志，经验得以实际应用（见图 7）。

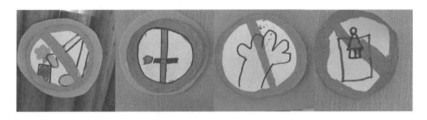

图 7　幼儿为班级设计的标志示例

（晨星幼儿园郭书艺老师供稿）

二、助推了教师专业成长

(一) 教师教育理念更新

1. 教师对图画书的认识更加深入

通过两年来对图画书的研究，教师对图画书的认识有了理念上的转变。原本图画书对于教师来说，只是上课使用的素材，而现在教师认识到图画书对幼儿发展来说有着重要的教育价值。正如朱永新教授所说："在还没有认识文字时，图画书是孩子们认识世界的基础。"图画书阅读中，幼儿可以形成有意义的阅读兴趣、习惯以及理解能力，也有助于幼儿其他领域的学习，更是为小学正式学习书面语言做准备。深刻地认识到图画书的作用和意义，是教师在实践中最明显的成长。

2. 教师对幼儿主体地位的认识更科学

在阅读教学指导中，教师的另一个观念的转变是对幼儿主体地位的认识。本课题大力倡导在阅读中教师要与幼儿平等对话、"触摸"幼儿的思想、鼓励幼儿的质疑精神。作为教师，需要解放自己的思想，建立真正的幼儿立场。从原先的教师立场转变为基于"儿童视角"的教学活动现场，教师已摆脱对预设为主的教学模式的依赖，走向预设与生成相结合、课前课中课后相联系的教学场景。教学活动中教师更注重与幼儿真诚的对话，让幼儿在活动中提出疑问，并与幼儿一同讨论有争议的话题。生生互动的形式也更多地出现于教学实践中，教师成为幼儿阅读活动的引导者和支持者。

(二) 教师阅读指导能力提升

1. 选择优质图画书并进行解读分析：从"我来教"到"先读后教"的变化

在课题研究与实践中，教师的阅读指导能力有明显的提升。首先，教师的教学活动设计不只是关注一次教学活动方案的设计，而更会关注幼儿在整体式阅读中新旧经验的链接。"先读后教"是教师阅读指导的方法，让幼儿先读，教师可以了解幼儿的"最近发展区"，再基于每本图画书的特点、每个幼儿的阅读经验，通过教学为幼儿搭建成长的"支架"，使阅读教学活动的品质得到提高。教学活动基于幼儿真实想学、关注的问题，促进了幼儿真正的发展。

2. 师生共建的阅读活动：从"一言堂"到"百家争鸣"的转变

从研究伊始至今，教师开展的基于课题的阅读教学活动有很大的转变。教学实录中教师的话语占比明显降低，幼儿的话语占比明显提高。教学中，教师不但懂得如何精简提问、精练小结，更懂得倾听幼儿的声音，鼓励幼儿在活动中提问、思辨、讨论、分享。活动中教师的互动面也更广，能关注到每一个幼儿在教学中的不同表现，使幼儿在适合其自身特点的轨道上成长。同时，幼儿的发展也促进了教师的进一步发展，使教师不断更新教育教学方法和策略，阅读活动在师幼共建中逐步完善、提升。

【案例】

在生生对话、师生对话中探寻文本密码

我们期望幼儿成为具有思辨性的阅读者，那么教学方式必须构建"讨论—应答"式，运用探索性学习的方式架构，逐步加深阅读讨论的深度。这样的深度讨论有两种模式，即预设问题讨论和生成问题讨论。以下为大班《荷花镇的早市》阅读课片段实录（见表3、表4）。

表3　深度阅读讨论模式之一

问题来源	话题	互动	表述方式	讨论形式
教师预设的问题	师：你喜欢《荷花镇的早市》这本书吗？为什么？	幼1：喜欢，因为这是朱家角的故事。 幼2：这不是朱家角，书的封面上写的是荷花镇。 幼1：我去过朱家角，也是这样的。 师：朱家角是怎样的？和荷花镇有哪些相似的地方？ 幼1：朱家角的桥和荷花镇的桥是一样的，是石头桥，还有房子的屋顶都有弯弯的屋檐。路也都是一块一块的石头路。 ……	陈述 质疑 附和 疑问 陈述	集体讨论师生讨论
	师：你喜欢《荷花镇的早市》哪一页？说说理由。	幼3：我喜欢第2页，看上去很美。 师：你觉得哪些东西很美呢？ 幼3：有河，有房子，看上去很好看。 师：怎样的河，怎样的房子呢？ 幼4：有长长的河，弯弯曲曲的，不是直直的。 幼5：房子中间的河是细细的，然后都到大海里去了。 幼6：房子像排队一样排得特别整齐，都是一样的房子。 ……		集体讨论师生讨论
	……	……		

分析：基本问题的讨论通常来源于教师，为了引出话题，或是调动幼儿讨论的兴趣。当课堂处于寂静的时候，或是幼儿还未能想到自己该如何讨论的时候，教师可以采用这种模式。

在这个过程中，幼儿对教师提出的基本问题进行陈述，随后对"这是不是朱家角"产生质疑。这时候，教师提出了关键性问题："有什么相似之处？"幼儿马上展开一系列对比。教师将讨论话题从经验讲述转移到对图画书画面的关注和解读，幼儿的参与积极性非常高。

表4　深度阅读讨论模式之二

问题来源	话题	互动	表述方式	讨论形式
幼儿生成问题讨论	幼7：为什么这幅画的菜场看上去很亮，这幅画的菜场看上去很暗？	幼8：因为亮的时候，太阳厉害；暗的时候，太阳不厉害。	陈述	集体讨论小组讨论师生讨论生生讨论
		幼9：可能亮的时候，是晴天；暗的时候，天快下雨了。	陈述	
		幼10：不对，是因为亮的是在菜场的外面，暗的是在菜场的里面。	辩论	
		幼11：我看到过，有的菜场是在房子里面的，有的菜场是在房子外面的。	说明	
		师：菜场在房子外面的，叫什么菜场，知道吗？		
		幼12：叫没屋顶菜场，哈哈哈哈！	疑问	
		师：对，你好厉害，确实是这样，叫露天菜场。		
		幼13：我昨天用积木搭了这样的菜场。	说明	
	幼13：我感觉《荷花镇的早市》这个故事是过年的故事。	幼14：不是过年。	反驳	集体讨论小组讨论师生讨论生生讨论
		幼13：过年的时候，我奶奶也会烧一桌子菜，这叫团圆饭。	说明	
		幼14：是过生日好吗？因为有个蛋糕。	疑问	
		幼15：我也觉得是过生日，是谁过生日呢？	疑问	
		幼14：是阳阳过生日。	陈述	
		幼16：不对，是奶奶过生日。	质疑	
		幼14：奶奶在哪呢，我怎么没看见奶奶？	疑问	
		幼16：可是蛋糕上有个字，这是给老人过生日才有的。	说明	
		师：哪个认识字的小朋友来念一下蛋糕上的字？		
		幼17：是"寿"。	说明	
		师：中国人给老人过生日，通常说"做寿"，希望他们长寿。		
		幼18：我想起来了，我爷爷过生日，我奶奶烧长寿面。……	附和	
	……	……		

分析：特殊问题讨论来源于幼儿，是建立在幼儿对图画书故事有自己想法的基础之上。教师采用不干预、不表决的方式，只是当幼儿对概念性问题出现困惑或是对有价值的讨论话题不能进行的时候进行支持性引导。在这个过程中，教师与幼儿发言的次数比例分别是2:5和1:11，幼儿在活动中处于主导地位。此外，有较多幼儿生成的话题，但都是非常有价值的问题，"两种菜场建筑的不同""生日与做寿的区别"等都是中国元素，都是教学目标的深化。教师应从幼儿间的互动讨论中，发现并给予幼儿充分的讨论空间，拓展幼儿思维，为目标任务更好地服务。

对课堂教学的过程和结果、拓展活动进行循证分析，结果发现：

（1）阅读理解掌握程度：幼儿对于《荷花镇的早市》的阅读理解掌握，都达到了100%。

（2）思辨程度：整个活动，幼儿的发言为120人次，其中质疑10人次，陈述22人次，疑问18人次，附和20人次，反驳2人次，说明48人次。

（3）参与度：人人参与，最多的幼儿参与8次，最少的幼儿参与2次。

（4）教师主导时间和学生主导比：提出问题比为3:7；说话时间比为2:9。

（晨星幼儿园潘凤燕供稿）

（三）阅读活动实施时空得以扩展

以预读、共读、延读的方式开展阅读活动，改变了以往课前不让幼儿接触图画书、过于倚重集体学习、一次性完成阅读的教学样态。将阅读拓展至课前，延伸至课后，从幼儿园到家庭，从室内到户外，从静态到动态，幼儿可以在教师、家长的引导下从书本到生活，从生活到书本，围绕图画书进行反复阅读、多元学习，阅读场景丰富多样。建立起阅读与幼儿个人经验的联系，与社会生活的联系，与表演、探究、创编等其他活动的联系，有利于阅读与实践的融合、与经验的迁移运用。

（四）带动了"以深度学习为导向的图画书阅读教学"新课型的区域实践

本课题研究阶段性成果之一是组织了两期的学科基地研究活动，参与学员共计130人，向区域内50多个园所示范辐射。

1. 开设区级公开课

大班阅读活动《一半一半刚刚好》（傅文婷执教）、大班阅读活动《火焰》

（傅文婷执教）、大班音乐活动《花木兰》（朱雁蓉执教）、大班阅读活动《花木兰》（马福生执教）、大班语言活动《倒霉 or 幸运》（傅文婷执教）、中班语言活动《小黑鱼》（杨琼执教）、中班美术活动《小黑鱼》（倪春怡执教）、中班阅读活动《小章鱼卖雨伞》（张晓芳执教）、小班阅读活动《会说话的手》（徐美凤执教）、大班阅读活动《我要飞》（马福生执教）、大班阅读活动《一粒米改变世界》（马福生执教）、大班音乐活动《稻香》（朱雁蓉执教）、小班语常活动《稻谷的秘密》（陆丹欢执教）、中班美术活动《风吹稻花香》（朱萍执教）、小班音乐活动《和风一起散步》（蒋史娅执教）。

2. 举办区级教研展示活动

（1）2022 年 11 月，以"让孩子的深度阅读看得见——整体式深度阅读的幼儿阅读行为观察与支持性策略研究"为题参加评比，课题组暨语言项目组获得区"先进教研组"称号。

（2）2023 年 3 月，在区课程教学季闭幕式上以"研读精彩　共话成长"为题进行教研情景剧展演。

（3）2023 年 5 月，以"看见成长的力量——共读活动中支持幼儿提问的教师追问策略研讨"为题进行区级先进教研组现场展示。

3. 论文分获市、区级奖

（1）张红玢、马福生撰写的《深度学习理论指导下的幼儿园图画书阅读教学的研究综述》在 2023 年"中小学课题情报综述"征文评选中获三等奖。

（2）张红玢、马福生撰写的《以深度学习为导向，提升幼儿园图画书阅读教学品质的实践与研究》在 2023 年青浦区教育系统"践行新课程理念的教师行动"主题征文活动中获幼儿园组二等奖。

（3）潘凤燕、吴敏撰写的《提纲挈领整体式阅读的高效学习策略——〈花园里的美食〉幼儿教学实践》在青浦区新课堂实验科研论文（案例）评选中获二等奖。

（4）杨琼、王丽、徐雯文撰写的《基于图画书阅读促进大班幼儿探究能力的调查报告》在 2021 年上海市中小学幼儿园调查研究方法成果评审中获得三等奖。

4. 论文发表

（1）张红玢撰写的《亲子阅读怎么做》发表于《家教世界》2023 年第 8 期。

（2）张红玢撰写的《优化阅读课程　打造办园品牌特色》发表于《青浦实

验》2023 年第 2 期。

（3）张红玢撰写的《把阅读作为学校的文化名片——书香校园文化建设的探索与实践》发表于《上海师资培训》2023 年第 5 期。

5. 举办讲座

2023 年 10 月 31 日，张红玢为青浦区学科研修基地学员举办讲座"整体式阅读：以深度学习为导向的幼儿园图画书阅读教学实践探索"。

6. 研发区级培训课程

杨琼的《基于图画书"先读后学" 促进大班幼儿探究能力的活动设计与组织实施》、张红玢的《以图画书为媒介，开展亲子阅读指导》入选区级教师培训课程资源库。

7. 市级成果孵化

由王鹂领衔，张红玢、马福生、傅文婷参与的课程《建构整体式深度阅读课程，提升幼儿语言入学准备的实践与探索》入选"2023 年上海市'全面建设高质量幼儿园'成果孵化工作坊"（课程编号：STI-2023ECE02301；颁发单位：上海市教师教育学院；时间：2023 年 6 月）。

三、课题研究的思考展望

（一）进一步探索和完善不同类型图画书教学策略，逐步建立幼儿园整体式深度阅读课程体系

图画书种类繁多，根据图画书的不同种类，预读、共读、延读的策略还需要精准细化，选择不同类型的图画书与课程主题匹配，以逐步构建整体式深度阅读课程体系，推广运用于各级各类园所。

（二）进一步开展以深度学习为导向的幼儿园图画书阅读教学的教师指导力架构与质性的案例研究，促进整体式阅读课程的有效实践

在本课题研究中，我们更关注图画书的阅读教学，将研究的重点聚焦于促进幼儿园阅读教学中的深度学习。随着课题研究的不断推进，我们越发认识到教师自身的阅读素养及教学水平对教学所起到的促进或制约作用。因此，为保证整体式阅读在幼儿园课程实践中落地生根，不流于形式，还需要重视教师的专业成长，通过个案研究提高预读、共读、延读过程中师幼互动的质量，实现深度阅读。

第四章　课题研究的课程故事

课程故事一：循幼儿"脚步"，与图画书"共舞"

——小班《章鱼先生教跳舞》整体式深度阅读的课程故事

一、图画书介绍与解读

（一）图画书介绍

1. 作者介绍

图画书《章鱼先生教跳舞》的作者是韩煦，她在 2023 年亚洲 IP 设计大赛上设计的可爱的、有趣的"章鱼先生"卡通形象深受家长和孩子的喜爱，由此创作了与章鱼先生相关的系列图画书，除本书外，还有《章鱼先生会画画》《章鱼先生玩音乐》等。

2. 故事内容

小动物们跟着章鱼先生学跳舞。章鱼先生既不会街舞也不会芭蕾，但他会跳很多神奇的舞，比如太阳舞、冷冷舞。小动物们也跟着他创造了很多有意思的舞蹈，比如，小狐狸动动尾巴创造了"伸伸卷卷尾巴舞"；小猪扭扭屁股创造了"左扭扭右扭扭屁股抖抖舞"；猫头鹰挥一挥翅膀、跳一跳脚创造了"这样这样舞"。

（二）图画书解读

在舞蹈中认识自己（见图 1）。学习舞蹈的第一步就是认识自己的身体：哪里会动？能怎么动？如何跟着节奏动？舞蹈的精髓在于身体的表达，通过探索身体来创造舞蹈。章鱼先生是懂得这一点的，它让孩子们在接触舞蹈的第一时间就开始探索自己的身体，引导孩子们去发现自己身体的特别之处，利用这些特点去创造舞蹈，激发孩子们探索舞蹈的热情，让他们跳起来、舞起来、乐起来，让孩子们喜欢上跳舞，也让他们了解自己的身体、认识自己、爱自己。

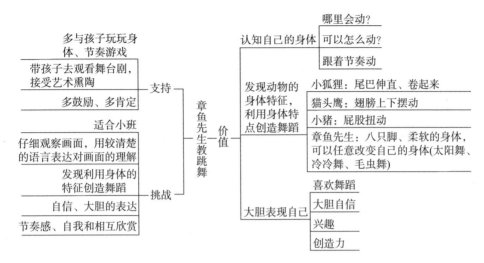

图1 《章鱼先生教跳舞》内容解读

二、预读单设计与解析

(一) 预读单的设计 (见表1)

表1 《章鱼先生教跳舞》预读单

	阅读方法小提示	孩子的反应	价值分析
第一天阅读	家长和孩子一起完整阅读,家长读给孩子听	孩子喜欢这本书吗? 幼儿1:很喜欢。 幼儿2:非常喜欢、超级喜欢。 幼儿3:非常喜欢。 幼儿4:很喜欢这本书,边模仿,边笑个不停。	与家长一起阅读,初步了解故事内容
第二天阅读	家长和孩子共同阅读,讨论画面细节:你看到了什么?在做什么事情	记录孩子的话: 幼儿1:看到了小兔子、孔雀、大章鱼、小猪、小老鼠等许多动物在跳舞。 幼儿2:看到了很多小动物,有小猫、小猪、狐狸和小鸟在跳舞。 幼儿3:小狐狸在跳舞,做出想要学的舞蹈动作;猫头鹰想学舞蹈,它想了很多动作,很优雅;小猪举起手臂穿裙子;章鱼先生在跳舞,像一只毛毛虫。 幼儿4:章鱼先生那么多脚,跳出来的舞太搞笑了吧。	与家长再次阅读,让孩子们关注画面细节,进一步熟悉故事内容

续表

	阅读方法小提示	孩子的反应	价值分析
第三天阅读	家长跟孩子再次阅读，和孩子一起找一找故事中小动物们大胆表现自己的画面	记录孩子找到的"勇于大胆表现"的画面： 幼儿1：伸伸卷卷尾巴舞。 幼儿2：扭扭屁股舞、伸伸卷卷尾巴舞。 幼儿3：我爱这样跳，我要这样跳。 幼儿4：跟着爸爸一起跳章鱼先生会的舞蹈，让爸爸跟它学"咕叽咕叽毛虫舞"。	与家长的第三天阅读，让孩子继续关注画面细节，了解孩子对画面的表述和语言的连贯完整程度
第四天阅读	家长和孩子共同欣赏，寻找更多体现"大胆表现"的画面	继续记录孩子找到的"勇于大胆表现"的画面（图片+文字）： 幼儿1：左扭扭、右扭扭、屁股抖抖舞。 幼儿2：小鸟的抖抖翅膀舞，章鱼先生的毛毛虫舞。 幼儿3：哈哈，跳舞真好玩。 幼儿4：最喜欢可以穿裙子、劈大叉、踮脚尖转好几个圈。	与家长的第四天阅读，让孩子能更加关注画面内容，能有自己的解读，理解舞蹈的内涵
第五天阅读	家长和孩子一起读一读、听一听，聊一聊阅读这本书的感受	记录孩子的话： 幼儿1：我想跳毛毛虫舞，跳啦啦操舞。 幼儿2：我想跳翻跟头舞，滚滚滚。 幼儿3：小狐狸、猫头鹰、小浣熊想学的舞蹈，章鱼先生其实都不会，但是章鱼先生让每个小朋友都充分表现自己，让它们喜欢舞蹈。 幼儿4：我太喜欢芭蕾舞了，跟公主一样，随着音乐可以很优雅地舞动起来，像蝴蝶、花仙子一样，好开心啊！	通过一周的阅读，了解孩子对故事的感受，为设计共读活动做铺垫

（二）预读单的分析与支持策略

《章鱼先生教跳舞》的预读单，通过每一天的阅读小提示，给予家长操作性强、目的明确的、与孩子共同阅读的指导方法。家长学习了阅读指导的方法，与孩子用一周的时间阅读同一本书，既培养了孩子的阅读习惯和阅读能力，又增进了亲子间的感情。从家长记录的内容中，我们可以发现幼儿对图画书的喜爱程度、专注的阅读时长、幼儿整体阅读后的感受、每个幼儿的阅读特点以及幼儿喜欢、关注的画面有哪些等。这些能作为我们设计共读活动时重点观察的要点，同时预读单也反映出幼儿的理解程度。从记录可以看到，有的幼儿语言表述很简单，就是书中小动物们的舞蹈名称；有的幼儿语言表述很详细，关注到了小动物们利用自己的身体特征创造舞蹈，将小动物跳舞的细节描述出来。幼儿间对画面表达和观察能力的差异较大，这又恰恰可以成为共读活动中的重难点。结合小班幼儿的阅读发展目标：会看画面，能根据图中的画面说出图中有什么？发生了什么事？我们确定共读活动的目标：让孩子们仔细观察画面细节，用较清楚的语言表达自己对画面的理解。

三、共读活动（黄皎）

（一）活动目标

（1）仔细观察画面细节，发现小动物们利用身体的特征，跟着章鱼先生学舞蹈。

（2）愿意用较清楚的语言表达自己对画面的理解，体验与同伴一起阅读的快乐。

（二）活动准备

经验准备：熟悉《章鱼先生教跳舞》的故事。

物质准备：PPT、黑板、记号笔以及幼儿每人一本图画书。

（三）活动重难点

重点：观察画面细节，发现小动物们利用身体的特征，跟着章鱼先生学舞蹈。

难点：愿意用较清楚的语言表达自己对画面的理解。

（四）片段实录与教师支持策略

1. 教学片段一

师：好多好多的小动物在跳舞，你最喜欢哪个小动物跳的舞呢？

幼：小兔子（走到电视机旁，指着兔子说）。

师：你看到小兔子是怎么跳舞的？

幼：它是和小浣熊一起跳舞的。

师：它们是怎么跳舞的？

幼：牵着手跳舞的。

师：小兔子牵着小浣熊的手一起在跳舞，你观察得真仔细，发现它们是手牵手一起跳舞的，还有吗？它们还有怎么跳舞的？你是怎么知道的？

幼1：它们在跳芭蕾舞。

幼2：它们是合起来跳的。

幼3：合起来就是合体的意思。

幼4：图片上的。

幼5：做了一个脚交叉的动作。

师：我看到你的脚是交叉的，手也是。小兔子手交叉、脚交叉在一起跳舞，你观察得真仔细，黄老师把你们的发现记录下来（在黑板上贴上小兔子的图片，并用笔在旁边画上手和脚，用×表示交叉）。

教师支持策略一：有效追问，运用简笔画来解析

从以上对话中，可以看出教师对幼儿语言上的肯定、行动上的支持，并能依据幼儿的表述展开进一步的有效提问。对幼儿的回答，教师能用简笔画的形式帮助幼儿理解不同的动作，符合小班幼儿年龄特点。

2. 教学片段二

师：还有谁愿意来分享，你喜欢哪幅图？上面有谁？它在干什么？

（幼1拿起书指给我看）

幼2：有章鱼先生，它在跳闪闪亮亮太阳舞。

师：（出示章鱼先生跳太阳舞的画面）章鱼先生在跳闪闪亮亮太阳舞，它是怎么跳的呢？谁能用小嘴巴来告诉我，章鱼先生用几条腿把它的眼睛捂住了？

幼：章鱼先生用了两条腿。

师：章鱼先生用它的两条腿把眼睛捂住了（一边说一边做捂眼的动作），你观察得真仔细，我要和你握握手。还有吗？怎么跳的呢？

幼1：章鱼先生把五条腿都撑出来。

幼2：章鱼先生有八条腿的。

师：用了好听的词语，脚都撑出来了。是的，章鱼先生一会儿用两条腿捂住眼睛，一会儿其他的腿都撑起来，还有吗？

幼：闪闪亮亮太阳舞有很多的光芒，它把所有的腿都撑起来了。

师：你说得太清楚了，章鱼先生把它所有的腿都撑起来了，好像太阳发出的闪闪亮亮的光芒，所以是它创造了闪闪亮亮太阳舞。它怎么跳的？我刚才听到他用了一个好听的词语，一会儿怎样？

幼：一会儿蹲着，一会儿站着，一会儿全部打开。

师：一会儿蹲下来，一会儿站起来，一会儿……你们会说吗？我们来试试看（指着图片，用"一会儿"来提醒幼儿），一边说一边做着动作，像太阳公公的光芒，照亮大地。

幼：一会儿遮住眼睛，一会儿蹲下来，一会儿站起来，一会儿全部都撑开。

师：我刚才看到好多小朋友都想来跳一跳，我们也来试一试，跟着章鱼先生来跳一跳它的闪闪亮亮太阳舞。

幼：（跟着老师一起跳，一边跳一边说）一会儿闭眼睛，一会儿蹲下来，一会儿站起来，一会儿全部打开。

教师支持策略二：积极引导，利用现场生动互动

教师能在活动中积极引导幼儿大方地用语言描述自己看到的画面；对幼儿的回答，也总能及时地给予肯定和表扬，让幼儿感受到被关注和认可，激发参与活动的兴趣。幼儿在共同学习和舞蹈的过程中，体验到了快乐和成就感，这种共同体验加深了幼儿之间的情感联系。

3. 教学片段三

师：你们都找到了喜欢的画面，我也有一张喜欢的。你们能告诉我，它是怎么跳的吗？

幼1：伸伸卷卷尾巴舞。

幼2：它的尾巴一会儿直，一会儿卷。

师：我又发现一个宝贝，会说一会儿直一会儿卷的。（边说边和这位幼儿握手）还有什么发现吗？

幼：头一会儿往上看，一会儿往下看。

师：你不光发现了它的尾巴在动，还发现了它的头也在动，你把小狐狸看的方向都说出来了，一会儿往上看，一会儿往下看。

幼：黄老师，还有它的脚，一会儿往前，一会儿往后。

师：又把脚的方位也加进去了。你们发现小狐狸用它身体的很多部位在跳

(在黑板上记录幼儿的发现，尾巴：直和卷；头：上和下；脚：前和后)。小狐狸创造出了伸伸卷卷尾巴舞，我们一起来学学它的动作。

(幼儿跟着老师一起做动作)

教师支持策略三：重点提问，通过阅读观察细节

教师通过这些重点提问，引导幼儿仔细观察故事中的细节：小动物们的跳舞动作，用较清楚的语言表达对画面的理解，发现利用身体的特征，扭动不同的部位，跟着章鱼先生学跳舞。

章鱼先生用自己独特的舞姿(毛虫舞、太阳舞、冷冷舞)告诉我们，舞蹈的精髓在于身体的表达，学习舞蹈的第一步就是认识自己的身体，而章鱼先生就是充分利用自己的身体特点，随意发挥自己的想象创造，想跳什么就跳什么。原来，跳舞一点都不难。为此，我们利用《章鱼先生教跳舞》，设计开展了一次以音乐为主的延读活动，在幼儿参加音乐舞会的活动背景中，让他们大胆舞动自己的身体。由于在延读活动中需要幼儿了解各种动物的外形特征，而幼儿在这方面的经验较匮乏，为此，我们设计了一份《趣味野生动物园社会实践之旅》调查表，让家长带着孩子去动物园游玩的过程中，帮助孩子积累动物外形特征的经验，为开展延读活动做铺垫。幼儿对动物的特征有了一定的了解后，选择了重点的小动物在跳舞的画面；在音乐的选择上，选择了由慢至快的乐曲并插入了停顿音，不但趣味感十足，还具有一定的游戏性。通过多媒体课件制作，把几个静态连续的小动物舞蹈画面，结合音乐变化制作成了动态、连贯的舞蹈动作，这样不但可以帮助幼儿直观地看到舞蹈随音乐变化，还增加了趣味性。最后鼓励所有幼儿都能抓住小动物的特征并大胆地用身体表现。

四、延读活动 (朱雁蓉)

(一) 活动目标

(1) 初步感受音乐快慢、停顿的变化，大胆地根据音乐变化做动作。

(2) 理解游戏规则，愿意与同伴一起游戏，体验音乐游戏的快乐。

(二) 活动经验

经验准备：熟悉《章鱼先生教跳舞》的故事。

物质准备：音乐、图片。

（三）活动重难点

重点：根据音乐变化，大胆地用身体表现不同的动作。

难点：理解游戏规则，愿意一起游戏。

（四）片段实录与教师支持策略

1. 教学片段一

观察视频，重点提问：音乐有什么变化？（提示：突然停止、变快变慢）

师：除了好看的衣服之外是不是需要音乐呀？章鱼先生要带你们去看他的章鱼先生舞了，请你们仔细地看一看、听一听，看看它是怎么跳舞的，这音乐有什么变化呢？

师：跳的什么呀？章鱼先生是怎么跳舞的？

幼：章鱼先生一会跳咕叽咕叽毛虫舞，一会跳哆哆嗦嗦冷冷舞，它们有变化，动作越来越快。

师：你发现了它一下子在音乐里面跳了三种舞，是有变化的，它后面的音乐节奏越来越快。谁还听到了其他什么呢？

幼：速度特别特别的快。

师：在哪里听出速度特别特别快？

幼：在音乐的……

师：前面还是后面？

幼：前面。

师：是前面快还是后面快？

幼：后面。

师：怎么变了？到底是前面还是后面？

幼：是后面。

师：后面的音乐快，因为它后面的动作变得特别快，它的动作跟着音乐的节奏从怎么样到怎么样？

幼：由慢到快。

师：咦，那他跳舞的时候，谁发现了，中间怎么样了？

幼：中间由慢到快。

师：中间是有一个变化的，谁听出来了？看朱老师站得怎么样？

幼：不动了。

师：中间它停下来，休息了一下，谁发现了吗？

幼：摇头。

师：你们都没发现，但是我看见了。章鱼先生说，跳累了，中间要干什么呀？

幼：休息一下。

师：对，中间要休息一下，然后速度再变得快起来。我们一起跟着章鱼先生来试试好不好？请你们找一个空的地方站好。

师：看看谁掌握了我这个秘诀。章鱼先生慢慢地把它的爪子都伸出来了。你们看谁的小爪子伸得最长呀？看章鱼先生的爪子，伸得长长的左右来回摆动。啊，休息一下，变快啦，要跳太阳舞啦，要把身体全都打开，最后又变了，变成了哆哆嗦嗦冷冷舞了。

师：谢谢你们，你们把我的舞蹈秘诀都学会了，真厉害。

师：小动物们说也想和章鱼先生一起学舞蹈。小狐狸要怎么跳呀？佑佑你来试试看。

幼：前后前后撅屁股。

师：哦，屁股往后撅一下，肚子往前顶一下，一前一后，假装自己后面有个小尾巴。

师：小猪呢，怎么跳呀？周你来试试看。

（该生偷偷地站起来在位置前面扭动了一下屁股）

师：我们一起来和周学一学。

（一部分孩子一起动起来）

师：左右、左右，那它是怎么跳的呢？我喜欢你们到前面来跳。

幼：它是用翅膀飞的。

师：怎么飞的？

幼：它是上上下下煽动的。

师：跳这样这样的舞，我们和杨一起来试试看。我们一起跟着音乐的节奏，选一个你最想要演的小动物，一起来跳跳看，进入舞会环节。

师：(幼儿集体表现) 我看到你在跳这样这样舞，煽动着翅膀。我看到你在跳卷卷尾巴舞，你们也是这样这样舞。哦，你是抖抖舞，左右左右扭一扭。嘘，休息一下，变快咯。你看，他脚也飞起来了。

教师支持策略一："教"与"学"相促，激发幼儿自主探索欲望

《章鱼先生教舞蹈》说的是"教"跳舞，但是在书里，章鱼先生真的是在教吗？其实故事中章鱼先生是有大智慧的，在小动物们提出这样那样的要求时，章鱼先生说"这些我都不会"，然后展现了利用自己许多触角来表现舞蹈，并且这些舞蹈还有有趣的名字。这是告诉大家秘诀就是："身体身体扭一扭，想法想法要大胆"，正是这句话鼓励了其他小动物积极思考，也把"教"转变为了"学"，小动物们把"学"变为了自主探索、发现、创造的过程，他们发现原来自己的身体也都是能动起来的，而且每个人都是独一无二的。在思考了"教"与"学"的关系之后，故事里教跳舞的和学跳舞的是什么关系？是师生关系，但章鱼先生和小动物之间所展示的师生并不是"我会你不会"或者"我怎么教你怎么学"的关系，而是"我只会这个""你们自己试试"，章鱼先生给予小动物的是一个参考模式，而不是模仿范例。因此在整个研读活动中，教师也是基于故事内容，鼓励幼儿观察小动物的特征为先，积极大胆地去表现。

1. 章鱼先生是孩子们认识舞蹈的展示者

他用自己独特的舞姿告诉孩子们，舞蹈精髓在于身体的表达，他也用自己的行动向孩子们展示着，究竟该如何通过探索身体来创造舞蹈。章鱼先生是与孩子们共同学习舞蹈的同伴，他和孩子们一起发现身体动作、互相交流：你跳出你的舞，我跳出我的舞，我们在共同探索舞蹈。

2. 章鱼先生是孩子们学跳舞的支持者

他会给孩子们提供学习所需，哪怕孩子们想学那种他不会的舞蹈，他也能用自己的素养筛选出适宜的音乐、舞台、老师和同伴，帮助他们进一步学习。他用他的自信、特长去表现自己的舞蹈，传递给孩子一种虽然我只会这些，但是我能够跟着音乐大胆地表现自己的自信。

3. 章鱼先生是激发孩子们舞蹈热情的引导者

他总能让孩子们喜欢上跳舞，让孩子们相信舞蹈的意义在于生命的发现和延展，希望每一个学习舞蹈的孩子都能获得这种体验。其中固然有辛苦的练习和探索，但对生命意义的体验也非常重要。书中的章鱼先生并没有对该如何学习跳舞进行说教，但他和孩子们共同跳舞的生动画面已经给出了答案。由此我们相信，教跳舞的意义在于"让每一个孩子享受舞蹈"。

2. 教学片段二

师：我刚看到一只小乌龟、一匹小马，其他的都是小兔子。那大象没来，我来做大象，你们准备好了吗？

幼：准备好了。

师：要记住章鱼先生的秘密哦，先慢，中间休息一下，最后再快。要让我看到你们最特别的地方。

师：小兔子的耳朵准备好了，小乌龟的小脚准备好了，小马的蹄子，我大象的鼻子也准备好了。

（集体舞蹈）

师：我跳的是大象卷卷鼻子舞，慢慢地卷。

师：这只小兔子跟着音乐的节奏慢慢地跳。

师：哇，我们舞会结束了，是有点累了，给自己鼓鼓掌，回去教给其他的"小动物们"吧。

教师支持策略二："情境"与"游戏"相成，促进幼儿大胆表现

借助故事中"章鱼先生和小动物一起跳舞"的情节，教师创设了参加舞会的情境，并营造了良好的韵律活动氛围，使幼儿充分地放松自己，能够全方位地感受音乐，进行韵律活动。在活动中，教师用学一学、动一动、试一试、演一演的形式，让幼儿在轻松的氛围中以及变化有趣的音乐中大胆表现；还用情境性的舞会激发幼儿学习兴趣的同时，呵护幼儿的学习动机，真正达到让幼儿自主进行学习活动，体验活动的乐趣。

五、活动感悟

（一）精读图画书，明确活动定位

《章鱼先生教跳舞》是一个充满创意和趣味性的故事。故事的主角是章鱼先生，他是一位多才多艺的海洋朋友，拥有八只触手和柔软的身体，这使得他能够展示出各种奇特的舞姿。章鱼先生不仅自己跳舞，还乐于传授其他小动物跳舞的技巧和乐趣。书中画面生动有趣，情节发展轨迹清晰，有利于幼儿的阅读理解。

活动前，教师应仔细解读文本，了解其中所呈现的内容和精髓，理清故事的脉络；同时，把活动形式定位为幼儿自主阅读活动，在此基础上展开设计，做到心中有数，游刃有余。

（二）理清思路，做好充分预设

自主阅读是教师完全跟随幼儿的兴趣点和思路开展的教学活动。虽然活动内容很开放，但每本图画书一般有二十几页，如果让幼儿讲述每一页内容，则时间难以把握。因此，怎样才能在有限的时间内，既激发幼儿自主阅读的兴趣，又能让幼儿基本理解和感受图画书的奇趣呢？这就要求教师在预设活动时要注重对重难点的把握。

（三）及时回应，有效提出问题

在章鱼先生的引导下，幼儿积极模仿这些舞蹈，通过模仿，他们不仅学会了舞蹈动作，还感受到了舞蹈的乐趣。接着，教师又通过问答的方式与幼儿进行了有效的互动，引导幼儿积极思考，在模仿的基础上进行创编，加深对舞蹈动作和故事内容的理解。

（四）有序梳理，呈现故事内容

故事还强调了兴趣和创造力的重要性。在章鱼先生的带动下，小狐狸、小猪和猫头鹰等小动物们也发挥了自己的想象力，创造出了属于自己的独特舞蹈。这种从"老师这样教"到"我想这样跳"的转变，让幼儿摆脱了心理上的束缚，勇敢地表达自己的想法和创意。

（五）"多媒体"辅助，引导幼儿深度思考

在图画书中，各种舞蹈姿势都是以图片形式一幅一幅地表现舞蹈动作，没有连贯性和动态感，而且舞蹈还需要有音乐做支撑，才能够丰满完整。因此，根据音乐的节奏把图片串联成动态的画面，不仅能让画面变得更加生动有趣，还能帮助幼儿根据画面的快慢变化感受音乐的快慢关系，引发幼儿结合画面与音乐的变化产生思考。

1. 多媒体技术能创造情境激发幼儿的学习兴趣，发挥幼儿的主体作用

幼儿对生动形象的知识更容易接受，用这样直观的教学方式，可以让教学变

得更加有趣。而多媒体技术能把平面的图片配上音乐，使其能动态表现出来，方便幼儿感受到书中各种小动物伴着音乐跳舞的可爱样子。

2. 多媒体技术能突破重难点，引发幼儿的创造表现力

3—6 岁幼儿处于各种动作发展阶段，爱模仿又是幼儿的天性。因此，借助动态的多媒体课件，为幼儿创造一定的模仿条件和自我发挥的空间，有效选择幼儿感兴趣的活动内容，对幼儿进行韵律活动有积极作用。本次活动的重点在于能够听辨音乐节奏的快慢、停顿变化，并能够结合已有经验根据小动物的特点创编舞蹈、大胆表现。而多媒体技术的引入，有助于简化难点，帮助幼儿在已有经验之上，进一步进行创造表现。

总之，《章鱼先生教跳舞》是一个富有创意性、趣味性和教育意义的故事。在教学中，我们要让幼儿在轻松愉快的氛围中感受和认识到跳舞的乐趣和创造力的重要性，同时激发他们对未知世界的好奇心和探索欲望。

（上海市青浦区晨星幼儿园　黄　皎　朱雁蓉）

课程故事二：让孩子像风一样自由

——小班《和风一起散步》整体式阅读的课程故事

一、图画书介绍与解读

图画书《和风一起散步》（见图2）讲述的是风在叫睡得正迷糊的小木客出去玩，小木客很困不想起床，然后被风卷走了帽子，小木客一路追着风走过很多地方的故事。调皮的大风为自己做的坏事一直向小木客道歉，小木客教育风这样的行为是不对的，最终风和小木客悠闲地回到了住处。全书用词轻柔，如题目一样，像微风拂过心上。

图2　《和风一起散步》封面

小木客有着软软圆圆的脸蛋，光着脚丫，一双胖乎乎的小手，穿着青色带帽连体衣，戴着一顶漂亮的小橘帽。人物表情跟随故事发展改变，小木客睡眼惺忪又生气，这种状态非常微妙。读者翻阅时会发现一种含蓄的美。

另一个重要的角色——风，在自然中是抽象的形态，作者用抽象的笔触勾勒出自由挥洒的性格，与娇小可爱的小木客形成鲜明对比。大风卷起的树叶与休息时落下的树叶，动态衬托静态，充分展现了风的神态。

《和风一起散步》故事源于战国时期宋玉所作《风赋》。《和风一起散步》通过文字与图画让读者感受到风的存在。呼啸的大风影响人们的正常生活，而舒适的微风带来的是惬意。从情感角度看呼啸的大风与微风，风也是寂寞的，孤单时它期待有人陪伴，被朋友重视后，转而变得温和。故事将风拟人化、代入情感，让幼儿身临其境，就像看到了另一个自己（见图3）。

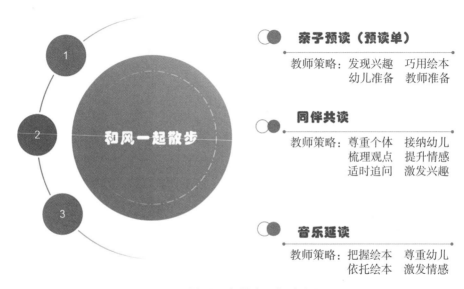

图3　《和风一起散步》解读流程

二、预读单设计与解析

我园每周有亲子借阅活动，选择《和风一起散步》这本书是因为里面的"风"就像幼儿一样，喜欢陪伴、喜欢游戏，时而去惹惹人家，时而又乖乖听话，时而会大声呼喊又说"对不起"。图画书的主角与幼儿生活经验联系密切，因此我们选了这本图画书，设计亲子预读单（见图4）。

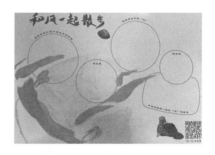

图4　《和风一起散步》亲子预读单

（一）有提示语

如"找找绘本中孩子喜欢的画面""找找绘本中'风'在哪里""我的新发现""和爸爸妈妈一起玩玩'风'的游戏"。右下角还有二维码，扫一扫就能听到整篇故事内容。通过一周的亲子阅读活动，幼儿已经熟悉了书本故事，发现自己喜欢的画面，能说出自己的发现，也能提出自己的问题。我们从亲子预读单中收集幼儿对书本的理解和兴趣点。

（二）教师支持

1. 善于发现，巧用图画书

每本图画书都蕴含着不同的寓意，教师要善于把握书本，挖掘书本中的亮点及表达的情感，最大限度地发挥图画书的价值。许多好的图画书故事，内容较长，一节活动内是不能完成的。因此，我们需要在实施前做好充分准备，利用亲子时间有效地熟悉图画书。

2. 幼儿准备和教师准备

幼儿准备包括阅读图画书、了解故事、发现兴趣。教师准备包括熟悉书本、分析书本，做到有目的地进行删减。只有经过精心挑选、有效斟酌，才能使图画书适合幼儿活动。二者只有有机结合才能使教学变得生动有趣，能满足幼儿所需。为了培养幼儿的创造力和主动性，我们要有目的地选取教学中所需要的素材和适当的教学形式。

三、共读实践与教师支持

（一）活动名称

《和风一起散步》/语言。

（二）活动目标

（1）大胆讲述观察到的画面内容，寻找画面中风在哪里。

（2）感受小木客和风一起游戏的快乐。

（三）活动准备

图画书、预读单。

（四）活动重难点

大胆讲述观察到的画面，感受和风一起游戏的快乐。

（五）活动过程

孩子在家长的帮助下，完成预读单填写："找找绘本中孩子喜欢的画面""我的新发现""找找绘本中的'风'在哪里""和爸爸妈妈一起玩玩'风'的游戏"。在共读活动时，幼儿能初步理解故事内容，找出自己喜欢的画面，能根据教师提出的问题进行独立思考。对于画面的观察，幼儿是直观的，《3—6岁儿童学习与发展指南》指出，3—4岁的儿童会看画面，能根据画面说出图中有什么，发生了什么事情；能理解图书上的文字是和画面对应的，是用来表达画面的意义的。

在活动的第二环节中，幼儿再次查找感兴趣的画面，结合提问，大胆举手，在集体面前表达自己的想法。

片段一

教师：你们最喜欢哪一页的画面？上面发生了什么？

彤彤：我喜欢这页，叶子都掉到水里了。

教师：叶子在水里变成了什么啊？

彤彤：叶子变成了小船，小木客坐在小船上。

（彤彤指着最后一个画面，有些欲言又止。）

教师：是谁把叶子吹落了下来，变成小船的？

彤彤：是风。

教师：你在哪里找到了风呢？

彤彤：我看到水被风吹起来了，他的帽子也要被吹掉了。

教师：你怎么知道帽子要被吹掉？

彤彤：他手抓着帽子，不让风吹掉。

教师：你的眼睛可真亮，风带着小木客在水面上一起散步，把叶子当作了小船。

通过彤彤的介绍，孩子们开始仔细观察画面，发现小木客有些害怕的表情，小脚都翘起来了，双手紧紧地抓着帽子。孩子们开始讨论这个风对小木客不友好，他们不是好朋友，甚至有的孩子还说，小木客不喜欢风，讨厌风。他们的思考从"和风一起散步"慢慢转到小木客和风之间的关系，从仔细地观察画面转到简单理解画面的意义。通过学习观察细节的表情，能敏锐地发现图画中的细节，初步理解图画书中人物的心理与情感，初步认识图画书所蕴含的某个深层次概念；用自己的语言来表达阅读的理解，这反映了幼儿阅读理解能力的提高。教师引导幼儿仔细观察画面，结合画面讨论故事内容，学习建立画面与故事内容的联系，从而更好地理解画面的意义。彤彤的观察是点状的，从叶子到小船并未发生更好的联系，在教师的引导下，她将它们串联起来，产生"叶子变成了小船"的观点，从而深化了画面，进一步形成了"小木客坐在小船上"的认识。

片段二

俊俊：我喜欢看这页，我看到了风很大，把小木客吹走了。

教师：你从哪里看到风很大？

(俊俊用手指在书上画了一个大大的圈)

俊俊：这些都是风，很大很大的风。

教师：这些风像什么？

诺诺：像龙卷风，把小木客都吹走了。

昊昊：里面是一圈一圈的，就是龙卷风。

教师：你们还从哪里发现风很大？

瑶瑶：我看见大树的叶子都被吹走了。

陈陈：小兔子也要被吹走了。

俊俊：我还觉得风很生气，颜色都有点灰，像要下雨。

教师：俊俊的想法和你们不一样，他发现了灰色，更像龙卷风了，力气很大。

在整个画面的解读中，俊俊提到了风很大，引发了其他幼儿的共同兴趣，俊俊的生活经验引起了共鸣，产生了话题。在"倾听与表达"中，幼儿能在认真听完别人的话后，进行内化，产生与自身的联系，再大胆地表达自己的观点。俊俊在这个过程中，始终保持着自己的主观意识，他既没有同意其他幼儿的观点，也没有反驳，而是勇敢大胆地表达自己的想法——"我觉得风很生气，颜色都有点灰，像要下雨"。通过观察风的画面，从线条中发现风里面有几个圆圈，像龙卷风，幼儿是主动的、专注的。一个兴趣点，让幼儿持续思考，契合画面，自由大胆地表达自己的观点。

片段三

仟一：老师，老师，我喜欢最后一页。

教师：你为什么喜欢呢？

仟一：风把小木客送回了家，送到了床上。

教师：风在哪里啊？我怎么没有发现。

仟一：我看到了风吹起了窗帘。

教师：我看到了，小木客被吹到了窗帘里。

仟一：老师，还有小木客的帽子也被吹了回来。

教师：你的眼睛还是蛮亮的。你还发现了什么？

仟一：我看见了橙色的小帽子挂在床后面。

教师：两个画面的帽子一样吗？

仟一：后面的帽子斜了，要掉下去了。

教师：是谁干的？

仟一：是被风吹的。

教师：你在这里又发现了风，真了不起。

教师：你还在哪里发现了风吗？

仟一：……

教师：谁能帮仟一找一找风？

珞珞：老师，我找到了风，我看到了叶子。

教师：叶子怎么了？

珞珞：叶子被吹了进来，在帽子上，后面掉在小木客的头上。

教师：你发现了叶子的变化，聪明。

教师：你们再看看小木客，有什么变化吗？

蔡蔡：小木客在床上睡着了。

教师：你们觉得小木客睡着了吗？

仟一：睡着了，眼睛都闭上了，嘴角还在笑。

教师：那他的朋友"风"呢？去哪里了？

仟一：他走了，不在房间里。

禾苗：他在房间里陪着小木客。

教师：小禾苗，你怎么发现风还在房间里呢？

禾苗：我发现窗帘还在动，风还在，是小小的风。

教师：那"风"怎么不动了？

禾苗：他的好朋友睡着了，所以他便很轻很轻，没有声音。

教师：你真体贴，知道友好地对待自己的朋友，你的朋友肯定很喜欢和你在一起。

很多幼儿都很喜欢书本最后的两页，因为与最前面的两页形成了呼应。在观察到风把小木客送回家后，发现帽子也送了回来，和前面小木客睡觉时一模一样。在这个过程中，幼儿显然在仔细观察画面的同时，将画面和画面之间建立了联系，也建立了画面与故事内容之间的联系。而珞珞发现了风把叶子送到了房间，落到了头上，小木客睡着了，睡得很香。幼儿能根据画面体会故事中的人物，产生了情绪反应。在教师引导问"风去哪了"之后，小禾苗能根据画面线索大胆推测，通过窗帘推测风还在，只是变小，因为小木客睡着了，风就陪在他的身边，保护他。这段推测已经超出了书本，是幼儿根据自己的生活经验，提出了"陪伴"这个观念，正好契合图画书的特性。

(六) 教师支持策略

1. 尊重个体，接纳幼儿对画面的不同理解

在师幼共同读图画书故事的过程中，教师应该把"主动权"交给幼儿，让幼儿发挥其主体作用，教师则是认真倾听幼儿的思考和想法，了解幼儿的经验基础。在面对同一画面时，幼儿往往会出现不同的想法，呈现出一图多读，例如俊俊发现了风的颜色有点发灰，他就想到了阴天，像要下雨，因此他做出了风很生气的判断；又如小禾苗通过对画面的仔细观察，对风进行了大胆的推测。幼儿的有些理解超出了书本，是基于自己的经验产生的联想。在阅读活动中，教师就应当鼓励幼儿仔细观察画面，发挥自己的想象去理解故事内容，促使幼儿更为主动和专注。教师要基于幼儿立场，尊重他们不同的想法，因为幼儿的认知是基于他

们不同的生活经验，所以对同一事物的观察和理解的差异也很大。

2. 梳理观点，提高幼儿的情感与认知

在幼儿每一次回答之后，教师应当及时地做出回应，梳理观点，让幼儿在认知与情感上得到提升。小结中往往伴随着赞同、肯定与表扬，也有一定的补充，让幼儿获得被肯定后的喜悦，同时产生共鸣，丰富认知与情感。小结可以帮助幼儿巩固所学知识与技能，加深对活动内容的理解与记忆。通过小结，幼儿能够回顾活动中的经历与体验，进一步发展他们的思考能力和表达能力；同时，教师也能评估活动的效果，发现教学中的优点与不足之处。片段三中，当小禾苗提出"陪伴"观点后，教师顺着他的思路，结合生活，做了肯定与鼓励，又在陪伴的基础上生活化，让幼儿知道在生活中友好地对待朋友，朋友就愿意和你在一起。

3. 适时追问，激发幼儿探索画面的兴趣

追问是师幼互动的内核，在课堂教学活动的组织中，教师不仅要做到有效提问，还要善于追问。适时追问能促使幼儿主动思考、发现问题、解决问题，能促使幼儿养成良好的学习习惯和品质。有效的追问能激发幼儿的学习兴趣，挖掘幼儿学习的潜能，也能引导幼儿以正确的方式去观察事物、思考问题。彤彤在观察和介绍画面时，缺少连续性，教师用追问引导她继续观察，从而使整个画面连贯；再用追问，让她思考，从而发现画面中并没有"存在"的风一直陪伴在小木客的身边。在片段三中，教师也采取了追问，引导幼儿进一步观察画面，去发现帽子和树叶、窗帘的变化，从而发现风的存在。教师对风的追问，引导幼儿大胆推测，推进故事，小禾苗在这个过程中，结合自身经验，引出了"陪伴"的观点，产生了共情，成了点睛之笔。

四、延读活动与教师支持

（一）活动名称

《和风一起散步》/音乐。

（二）活动目标

（1）能跟着音乐玩《和风一起散步》的游戏，并尝试听辨音乐变化做不同的动作。

（2）乐意参与音乐游戏，体验音乐游戏的快乐。

（三）活动准备

音乐 PPT。

（四）活动重难点

大胆用肢体表现风大风小的动作；体验音乐强弱快慢的变化，能够完整表现。

片段一

（节奏儿歌："大风来了，快快快快。/小风来了慢~慢~/龙卷风来了转~龙卷风来了转~/风停了~嘘，风停了~嘘。"）

教师：最近我们一直在看的《和风一起散步》里面的风有变化吗？

幼儿：有，一会大风，一会龙卷风，一会小风。

教师：是呀，里面的风一会大一会小。

片段二

教师：今天这个调皮的风它一吹吹进了一首歌曲里，我们一起来听听，大风在哪里？小风在哪里？看看谁的耳朵厉害，一听就能把它听出来。你们准备好了吗？

（重点提问）在这首音乐里你听到风的变化了吗？风吹起来怎么样呢？（有时候小，有时候大）

幼儿：有，前面和后面是小风。

教师：你的小耳朵真厉害，把小风都找到了，中间藏了大风。

教师：开始的音乐是轻轻的，这是小风，音乐响响的重重的是大风，后面又变成了听话的小风。我们一起去和风散步，我们一起来和风做游戏吧。

片段三

（教师帮助幼儿熟悉乐曲，激发幼儿表现的欲望，让幼儿自由表现风大、风小的时候。）

教师：小风的音乐听上去什么感觉啊？

幼儿：花儿开了，小草从地里钻出来了。

幼儿：太阳照在我头上暖暖的。

幼儿：像树叶慢慢地掉下来了。

教师：你们真厉害，小风的音乐轻轻的、柔柔的，就像花儿开了，小草发芽了都是慢慢的。

教师：大风的音乐听起来什么感觉呢？

幼儿：像大老虎来了。

幼儿：大象从森林里走过来。

幼儿：打雷了，下大雨了。

（五）教师支持策略

1. 把握图画书，尊重幼儿

经过预读、共读，幼儿对图画书故事已经有了清楚的了解。根据音乐活动的目标，以不破坏故事的完整性为前提，能使幼儿在完整欣赏故事的基础上进行音乐活动。将故事中不需要的情节进行删减，使故事内容紧凑，赋予图画书新的生命，成为音乐创作新的源泉。音乐与图画书相结合是要选取与幼儿生活相关的音乐元素。通过前期和风一起游戏，制造风、感受风，已经使幼儿对自然界的风有了经验储备，所以我们以小风和大风为切入点。音乐以 ABA 形式，适合小班幼儿的听辨能力，接近大自然的风声，音乐有快慢强弱变化，有节奏地带动图画书情节的发展。

《和风一起散步》中，小风吹过时动物的状态和大风吹过时动物的状态形成了鲜明对比。如果让幼儿自己创编动作无疑是一个"高难度"任务，他们不知道从何下手。教师仅靠讲解的方式，会造成幼儿的理解和认知障碍，他们没有亲身经历与体验，所以就需要一个"媒介"来帮助幼儿大胆表达，风吹过时是怎样的状态这些问题都会在图画书的阅读过程中得到直观答案。教师把图画书中的画面进行了选择、重组，让幼儿听辨小风来了和大风来了的旋律，又回到小风；要他们模仿动物的肢体动作，让幼儿用肢体动作大胆表现、表达。这样的效果往往比单纯靠教师讲解要更好。

2. 依托图画书，激发情感

幼儿对音乐的理解会投射到他们的眼中，丰富多彩的图画书中的角色、画面能够帮助幼儿开阔眼界。教师一定要自己整合筛选，在选择图画书时要有自己的思考，比如幼儿的年龄特点、当下的主题活动、图画书角色、图画书内容等。要提供给幼儿一定的应用价值，为发展幼儿音乐活动想象力和创造能力而服务。这样更有利于深化音乐教学内涵，提高幼儿的音乐素养。通过延读《和风一起散步》活动，幼儿会发现小风来时猴子妈妈抱着小猴子悠闲地坐在树枝上，大风来时猴子妈妈一只手牢牢勾住树枝，另一只手牢牢地抱住小猴子不被吹跑。这时一个小朋友说："一手怀抱自己的胸前，一手伸得直直地仿佛拉住了树枝。"教师问："你这是扮演的谁呀？""我是妈妈，我要保护我的宝宝。我妈妈也这样抱我的。"通过音乐游戏的肢体动作激发了猴子妈妈爱小猴子就像妈妈爱我一样的情感共鸣。

五、整体式阅读活动的实践思考

（一）巧思图画书

教师要善于挖掘图画书中的亮点和表达的情感，在此基础上进行设计，让图画书最大限度地发挥教育价值，为阅读教学活动服务。可以选择"以趣引人，以情感人"的图画书，生动有趣的人物形象可以激发幼儿兴趣。书中的情感体验，往往会成为幼儿表现表达的动力。

（二）巧用图画书

同时也要注重图画书和音乐的双向互动作用，在图画书中发掘音乐素材的同时，通过音乐加深幼儿对图画书的阅读理解，两者相辅相成、相得益彰。

通过图画书的视觉符号、幼儿的肢体动作、表征道具、情景故事等设计音乐教学，让复杂的音乐变得简单化，音乐的欣赏变得儿童化。

实践表明，不拘泥于一般教学模式的图画书音乐教学活动，既拓展了图画书的教育空间，又提升了图画书的音乐价值，还促进了幼儿高层次阅读与音乐表现的能力。

（上海市青浦区晨星幼儿园　蒋史娅　黄晓峰）

课程故事三：甜粽咸粽对对碰

——小班《小粽子，小粽子》整体式深度阅读的课程故事

一、图画书介绍与解读

《小粽子，小粽子》（见图 5）讲述了在端午节这一天，来自北方和南方的小粽子们陆续汇聚在淮河码头。甜队有大枣粽、豆沙粽、八宝粽，咸队有蛋黄粽、火腿粽以及小川粽。

图 5　《小粽子，小粽子》封面

一开始大家只是暗自比拼同伴数量的多寡，后来被看热闹的鱼儿们起哄，甜咸两队小粽子开始为了各自团队的"荣誉"争吵起来。到底是甜的好，还是咸的好呢？小朋友们心里有答案吗？正当甜咸两队争得面红耳赤之时，一个神秘的竹筒从河面上漂浮过来……

"南咸北甜"之争由来已久，饮食的不同也带来南北风俗习惯的不同，故事用有趣的语言和丰富的图画，让幼儿明白中国传统饮食文化中的南北差异。

在南北粽子的一问一答中，关于"到底哪个口味的粽子好吃"这个话题不断被重复，也越来越聚焦，足以吸引幼儿的阅读兴趣。不妨和幼儿一起讨论一

下，听听他们的看法。最后在竹筒粽爷爷的帮助下，南北粽子才算平息下来，小粽子们通过争吵和和解，展现了团结和互助的美好品质，有助于培养幼儿的情感交流能力和社交技巧。

二、图画书阅读活动、美术创作活动、音乐活动

（一）活动 1：《小粽子，小粽子》共读活动

1. 活动缘起

正逢端午之际，孩子们在吃点心的时候讨论起来："我今天早上吃的是粽子。"另一个孩子也马上回应道："我也喜欢吃粽子。"抓住这样的话题，我在班级区域中放入图画书《小粽子，小粽子》。

2. 活动预设

目标：（1）观察画面细节，知道有不同口味的粽子，愿意用一句话清楚地表述前后画面的联系；（2）愿意与同伴交流喜欢的画面和自己喜欢的粽子口味，体验阅读分享的乐趣。

活动准备：孩子已经亲自阅读一周并记录预读单（见表2），有良好的阅读习惯；有白板和图书。

表 2 　《小粽子，小粽子》预读单

	阅读方法小提示	孩子的反应
第一次阅读	把书给孩子，让孩子自己翻一翻、看一看	孩子喜欢这本书吗
		请记录孩子阅读的时间
第二次阅读	家长和孩子一起完整阅读，家长读给孩子听	
第三次阅读	家长和孩子再次阅读，在孩子感兴趣的画面做适当停留，和孩子说一说、问一问	请记录孩子喜欢的画面（画一画）
第四次阅读	家长和孩子在不同的粽子画面停留，说一说、问一问	孩子喜欢吃哪种口味的粽子（画一画）
第五次阅读	孩子和家长一起讨论：到底是咸的粽子好，还是甜的粽子好	孩子说了什么（可以是家长和孩子的对话内容）
家长的疑问	可以是对图画书、对孩子阅读过程中的问题等	

3. 活动片段

在阅读图画书的过程中，幼儿对可爱的粽子形象非常感兴趣，一边看一边哈哈哈笑起来。

教师：你们喜欢吃甜粽子还是咸粽子呢？

幼儿：我喜欢吃咸的。

教师：粽子里有些什么呢？

幼儿：粽子里有肉的，很香的。

教师：哦，糯米包裹着大大的肉，混着酱油的咸香，这个粽子肯定很好吃。有不同的意见吗？

幼儿：我喜欢吃甜的。

教师：里面包了什么馅儿？

幼儿：里面什么都没有的，就是甜的。

教师：就是白白的糯米，散发着粽叶的香气，吃上去有一股清甜味，真不错呢。有人吃甜粽子里包馅儿的吗？

幼儿：我吃过里面有赤豆的，也是甜的。

幼儿：我还吃过里面有枣子的，也是甜甜的。

幼儿：我吃过火腿粽。

幼儿：我还吃过有冰激凌口味的。

教师：你们吃过这么多口味的粽子呀，有些我都没吃过呢。那究竟是甜的好，还是咸的好？

幼儿：甜的，咸的，甜的，咸的，甜的，咸的……（幼儿叽叽喳喳吵闹起来。）

教师：好啦好啦，每个人都有自己喜欢的口味，那我们就来说一说喜欢的理由，说出一个得1分，看看是甜的多，还是咸的多。

幼儿：好呀好呀。

于是幼儿在教师的建议下自己搬起椅子分成两队，面对面坐着，更便于你来我往地发言。坐下来发现"甜"队在人数上明显多过了"咸"队，这下选择"甜"的幼儿都开心极了，看到人这么多，肯定得分多。选"甜"的幼儿又叽叽喳喳说起来："我们都喜欢甜的，我们是好朋友了。"反观"咸"队人数少，还有几个孩子看着差距这么明显，直接把小椅子搬到"甜"队那边去了，加入了庞大的队伍。一来二去，"咸"队最后只剩下 5 个幼儿坚守阵地。这下"咸"队的幼儿有点慌了，"老师，我们人数也太少了，不公平"。"没事没事，人数多不代表他们说的理由多，我们最后还要看哪队说的理由多。"教师站出来稳定了"咸"队的军心。

通过对图画书的阅读以及分队交流讨论，幼儿更喜爱粽子了，忍不住想要自己制作喜欢的粽子。

4. 教师支持策略

（1）引导幼儿观察细节，帮助理解甜咸粽子间的差异

在共同阅读活动中，有的幼儿对小粽子的出场画面特别感兴趣，"有的粽子是跑着来的""有的是飞过来的"；有的幼儿对每个小粽子里包裹的东西感兴趣，"这个粽子肚子里是蛋黄""这个粽子肚子里是枣子"；还有的幼儿喜欢小粽子的不同表情，觉得特别搞笑，"这个很开心""那个在生气"；还有幼儿模仿了小粽子的表情，大家乐得哈哈大笑。这些细节的观察都能帮助幼儿理解图画书内容。教师也关注到幼儿对粽子表情的兴趣，提出疑问："为什么他们有这样的表情？""这个表情说明他什么样的心情呢？""他们为什么这么高兴？""后来又为什么开始吵起来？"

通过引导仔细观察，让幼儿从粽子的画面方向、表情特征、动作表现等了解南北粽子间的差异，理解图画书中所表达的南北不同的饮食文化。

（2）引发话题，鼓励幼儿大胆表达

幼儿就像图画书中的小粽子那样，对于喜欢"甜"还是喜欢"咸"有了简单的争论，喜欢"甜"的幼儿面对面开心一笑，喜欢"咸"的幼儿立马成了好朋友，教师充当了矛盾的"导火线"，既然大家都吵吵闹闹地表达自己想法，那不如让"争吵"再猛烈一些吧！通过面对面的交锋，支持性的环境，让幼儿充分交流，更加大胆地表达。

（二）活动 2："包粽子"美术活动

1. 活动缘起

农历五月初五是中华民族的传统节日——端午节。为了让幼儿更好地了解端

午节，感受端午节丰富的文化内涵，激发初步的爱国主义情感，丰富生活经验，教师和幼儿一起阅读《小粽子，小粽子》。通过亲子阅读、共读环节发现幼儿对"不同口味的粽子"很感兴趣，赤豆粽、红枣粽、蛋黄粽、甜甜的粽子、咸咸的粽子……教师将重点放在了包粽子的活动设计上。小班幼儿正处于小肌肉动作发展的敏感期，在平时的美术活动中我们总局限于添画、涂色这些形式，其实泥工活动更有助于幼儿动手能力的发展。通过创设"吃粽子"的情境激发幼儿的兴趣，旨在引导幼儿用超轻黏土捏出粽子的造型，锻炼幼儿手指动作的灵活性，培养其空间知觉能力，并感受泥工活动带来的乐趣。

2. 活动预设

目标：了解中国传统节日端午节的各种习俗，通过实践活动感知粽子的形状和品种。

活动准备：白色黏土、绿色叶子形状的卡纸、圆形卡纸。

3. 活动片段

片段一

教师：端午节的时候，我们会吃什么呢？

幼儿：吃粽子。

教师：你吃过什么口味的粽子呢？

幼儿：我吃过肉粽。

幼儿：我吃过八宝粽。

幼儿：我吃过大枣粽。

教师：你们吃过这么多不同口味的粽子呀！你最喜欢吃什么口味的粽子呢？粽子里面有什么？

幼儿：我最喜欢吃甜甜的粽子，里面有红豆。

幼儿：我最喜欢吃大枣粽。

教师：白白的粽子里面藏着大枣、红豆、绿豆，甜甜的真好吃。白白的粽子里面藏着蛋黄、肉，咸咸的也很好吃。

片段二

教师：粽子是什么形状？

幼儿：甜粽子是三角形，咸粽子上面是平的。

教师：怎样才能把黏土变成三角形呢？

幼儿：先在手上揉一揉，变成一个圆，然后压扁。

教师：很好，我们一起试试看，放在手心里揉一揉，然后轻轻压一下，变成了一个扁的圆形。

幼儿：我们的小手指可以帮忙把圆形变成三角形哦，用小手指在两边压一压，压压平，下面也压一压，压压平。看！变成了一个三角形。怎样把三角形的上面变平呢？

幼儿：也用手指压一压。

教师：我们也来试试看。小手指，伸出来，上边压一压，压压平。哇！三角形的上面变平了！你想做什么口味的粽子呢？请你来试试看吧！

4. 教师支持策略

（1）走进童心，激发学习兴趣

活动从幼儿的兴趣点出发，丰富的角色、多彩的画面能够帮助幼儿开阔眼界。幼儿在共读《小粽子，小粽子》时，发现了不同形态的粽子，如三角形的粽子、头顶平平的粽子等。在角色游戏中，幼儿将书中的内容带入了游戏。只有当幼儿有兴趣时，他们才会产生创作的欲望。在这种积极的内在情感驱使下，产生了艺术表现的欲望。

（2）鼓励幼儿自我发现、自我创造

教师要注重幼儿在美术活动中的自由创作，在指导中要有的放矢，做到因人施教，使每个幼儿在指导中都有所得。在"包粽子"的活动中，幼儿一开始就被新奇的材料吸引住了，如黏土、绿豆、红豆、花生等。这些材料源于幼儿的生活，建立在幼儿的生活经验上。幼儿说："我喜欢吃甜粽子，我要包甜粽子。""我喜欢吃咸粽子，我要包咸粽子。""我喜欢吃水果口味的粽子，我要包水果口味的粽子。"……将各种技能、知识传授与幼儿想象过程有机地结合，给每个幼儿创造充分发展的空间。

（3）用欣赏的眼光看幼儿的作品

当幼儿创作出一幅作品时，需要的是教师更多的鼓励和赞赏。教师适时地说一些肯定和鼓励的话语，能够帮助幼儿树立绘画的信心。在包粽子的过程中，幼儿的泥工能力不同，有的幼儿在给橡皮泥塑形时比较困难，很难用手指压成一个三角形，这时教师会说："不要急，像老师这样轻轻地压一压就变成三角形了，你再试试看，多试几次就会了。"这时，幼儿就有了再次尝试的勇气。在分享环节中，教师对每位幼儿的作品都加以赞赏，也是帮助幼儿树立绘画自信的方式之一。

（三）活动3："粽子音乐会"音乐活动

1. 活动缘起

共读活动之后，幼儿对粽子有很浓厚的兴趣。为了进一步激发幼儿对故事的兴趣，我们采用了音乐的艺术表现形式来演绎故事。书的最后有曲谱，已经让幼儿在活动区域欣赏，教师在故事结束之后给幼儿唱过，他们对歌曲的旋律和内容是熟悉的，因此基于这个曲谱设计了节奏游戏。

打击乐是小班幼儿非常喜欢的活动之一。平时在区域活动中，幼儿就喜欢拿着小乐器跟着音乐的节奏敲击。打击乐不仅可以培养幼儿的节奏感，还可以培养幼儿的观察力、记忆力、想象力、创造力、控制力等。本首歌曲的节奏是适合打击乐演奏的四拍子，小班幼儿能尝试配乐器演奏。

2. 活动预设

活动目标：聆听音乐，感受音乐特性，认识节奏图谱；尝试根据图谱用响板、铃鼓打击演奏，体验游戏的快乐。

活动准备：各种乐器、图谱。

3. 活动片段

教师：小朋友，小粽子的故事听完了，有一首关于小粽子的歌，我们一起来听一听，歌曲的名字叫《甜甜咸咸之歌》。你听到了什么？

幼儿：北边来了一个小粽子，南边来了一个小粽子。（唱出来）

教师：这首歌的小粽子是怎么跳舞的呢？先出来几个小粽子？

幼儿：我看到这个图上先有一个大的粽子，然后又是一个大的，再是两个小的一起出来。

教师：小朋友，老师把这首歌变成了图谱，我们一起来看一看。还记得我们刚刚用了什么动作吗？（出示节奏视频，暂停画面，边回忆动作边跟幼儿演示。）

（幼儿尝试跟着示范一起表演。幼儿个别展示。幼儿集体尝试。）

教师：小朋友，刚刚我们用身体表演了这首歌曲，现在乐器宝宝也想来凑热闹，你们看看是谁？

幼儿：我知道这是响板，这是铃鼓。

教师：你知道响板怎么玩吗？

（幼儿看着图谱用响板演奏。）

（四）教师支持策略

《幼儿园教育指导纲要（试行）》（以下简称《纲要》）中明确指出"幼儿艺术活动的能力是在大胆表现的过程中逐步发展起来的"。如何调动幼儿的兴趣，培养幼儿喜欢音乐活动，并乐于参加音乐活动，教师的指导策略显得格外重要。

1. 结合图画书情境，激发幼儿兴趣

在一般的节奏游戏中，单纯看图谱听音乐演示打击节奏是比较无趣和机械的。为了让幼儿在活动中有积极性，我们营造了轻松的游戏氛围，结合画面内容，如各种可爱的小粽子，用生动的情境讲解了南北粽子、咸甜粽子的不同。幼儿在这个情境中能很快地理解歌词内容，还能在进行节奏游戏时结合故事情境、观察图谱进行徒手合乐。

2. 利用信息技术，丰富教学方式

对于小班幼儿，利用信息技术综合视觉和听觉呈现是非常重要的，有利于儿童建立清晰、明确的概念，能让幼儿在倾听音乐的同时，用眼睛参与，用手势表示，用头脑思考，用心灵感悟，实现对音乐美的多感官感知。我们在教学过程中采用了信息技术，首先是结合音乐把一个个节拍变成了一个个小粽子，非常可爱的形象，动态图谱就显得形象、简单、直观，幼儿在有趣的动画中感受音乐的变化。其次是教师的教学示范直接跟在图谱下面，让幼儿观察，还能反复不断地播放。教师可以利用这种视频示范的方式对幼儿进行个别观察与指导。

3. 运用图谱，提升幼儿表达美的方式

图谱在这个活动中最主要的作用是它能架起幼儿从审美感知到审美表达的桥梁。小粽子图谱以图像表示抽象的音乐节奏，有利于幼儿理解和体会，增强音乐记忆，提升音乐表达的兴趣。比如图谱中用大粽子和小粽子的图样来区分节奏的快慢，两个小粽子挨在一起就等于一个大粽子的节拍。情境化的图谱有故事背景的衬托，对幼儿而言更形象亲切，有利于增强幼儿感知音乐的体验，更有热情地与图谱互动，进而与乐器互动，从而轻松愉快地享受音乐。

三、整体式阅读活动的实践思考

图画书《小粽子，小粽子》通过生动的故事和形象的画面，向幼儿介绍了中国传统节日——端午节的文化内涵和习俗。在共读活动之后引起了幼儿热烈的讨论，对"粽子"的话题也持续了一段时间。《纲要》中指出："教师要引导幼儿接触周围环境和生活中美好的人、事、物，丰富他们的感性经验和审美情感，激发他们表现美创造美的情趣。"从图画书导入，回到幼儿的生活经验中去，整体式阅读活动与传统的阅读活动相比，更关注幼儿已有经验和直接体验，有助于培养幼儿多方面的能力。

（上海市青浦区晨星幼儿园　吴　敏　谭露露　朱雁蓉）

课程故事四：基于多元融合，探索图画书奇妙之旅

——中班《章鱼先生卖雨伞》整体式阅读的课程故事

一、图画书介绍与解读

《章鱼先生卖雨伞》是一本充满奇幻色彩的图画书，以海底世界为背景，讲述了章鱼先生卖雨伞的有趣故事。整个故事充满了丰富的想象力和生动的画面，通过描绘各种动物顾客与章鱼先生之间的互动，表现了友情、互助和快乐的主题。同时，故事还巧妙地融入了对颜色和动物的认知，让幼儿在轻松愉快的氛围中学习。

全书用鲜艳的色彩，为幼儿呈现了一个五彩斑斓的海底世界。从雨伞的多种颜色到海底生物的丰富色彩，都让幼儿感受到了色彩的魅力。书中包含了多种可爱的动物，如大象、狮子、孔雀、鸡宝宝等，这些动物形象生动可爱，深受幼儿的喜爱。章鱼先生卖雨伞的情节充满趣味。同时，书中还设计了一些有趣的细节和隐藏的故事线索，让幼儿在阅读过程中惊喜不断。作者用拓印和拼贴画的形式，增强了故事的视觉效果和趣味性。书中的插图和排版也非常精美，幼儿在阅读过程中受到美的熏陶。

幼儿可以在阅读过程中认识不同的动物和颜色，提高观察能力和认知水平。故事中的友情和互助主题有助于培养幼儿的情感素养，他们可以从动物顾客之间的互相帮助中感受到友情的温暖和力量，学会关心他人、乐于助人。

二、预读单的设计与解析

我园幼儿有运用"预读单"开展亲子阅读的丰富经验，能围绕着图画书持续阅读并完成预读单。通过对预读单的梳理和分析，我们发现幼儿对图画书提出的问题非常有趣。

较集中的问题如下：

（1）章鱼为什么能变出黑色的伞？

（2）章鱼为什么会喷墨汁？

（3）为什么要选择和它身上一样花纹的雨伞？

（4）变色龙为什么会变色呢？

（5）为什么蜥蜴一会儿是绿色，一会儿变成橘色，一会儿又变成了五颜六色？

（6）为什么小蚂蚁要黑色的伞？

（7）为什么所有动物都挑和自己一样颜色的伞？

通过对预读单的仔细梳理和深入分析，我们发现幼儿提出的问题颇具趣味性和思考价值。以下是对 7 个问题的具体分析解读：

问题 1 和问题 2 主要聚焦于章鱼自身的特性，幼儿对章鱼能变出黑色伞以及喷墨汁的现象表现出浓厚的兴趣，反映出他们对动物独特能力的关注与探究欲望。

问题 3 和问题 7 则围绕着动物与雨伞颜色匹配这一现象展开，体现了幼儿对事物之间关联的敏锐观察和思考，试图理解这种选择背后的逻辑和意义。

问题 4 和问题 5 涉及变色龙变色的奇妙能力，幼儿对这种变化的好奇，显示出他们对生物多样性和变化的强烈兴趣。

问题 6 针对小蚂蚁选择黑色伞的疑问，体现了幼儿对细节的关注和追问，渴望明白每一个行为背后的缘由。

根据幼儿提交的预读单做总体分析，我们不难发现幼儿对这本书的深入思考和丰富想象力。预读单不仅是幼儿对图画书内容的初步探索，更是他们理解、提问和表达个人观点的桥梁。

首先，幼儿提出的问题涉及了图画书中的多个方面，包括角色特征、故事情节、自然现象等，这显示了他们对内容的全面关注。例如，他们好奇章鱼先生如何制作出与动物毛皮颜色相匹配的雨伞，这既是对故事情节的好奇，也是对章鱼这一生物特性的探索。同样，他们还对变色龙和蜥蜴的变色能力、小蚂蚁选择黑色雨伞的原因等产生了浓厚的兴趣。

其次，幼儿的问题体现了他们对自然界和生物特性的好奇心。他们不仅关注书中的故事情节，还想要了解背后的科学知识和自然规律。例如，他们想要知道喷墨汁是否是章鱼的特殊技能，以及这一技能如何帮助章鱼在自然界中生存。这些问题表明幼儿对自然界的奥秘充满了好奇，希望通过书本这一媒介来探索和了解。

再次，幼儿的问题还反映了他们的想象力和创造力。他们能够根据故事中的情节和角色，提出自己独特的问题和观点。例如，他们思考雨伞上的花纹和动物身上的花纹之间的关联，以及颜色在自然界中的特殊作用。这些问题不仅有助于他们更好地理解书本内容，还能激发他们的想象力和创造力，促进思维的发展。

最后，从预读单中我们还可以看到幼儿的阅读习惯和阅读能力，他们能在阅读前通过预读单对书本内容进行初步的了解和思考，提出自己的问题和观点。在阅读后，他们还能通过预读单回顾和总结自己的阅读体验，进一步巩固和拓展自己的知识。这种良好的阅读习惯和阅读能力对幼儿的成长和发展具有重要的意义。

幼儿不满足于简单地阅读，而是深入思考其中的各种现象和情节，积极寻求答案，这为我们进一步引导幼儿阅读和思考提供了重要的依据和方向，我们可以根据这些问题，设计更有针对性的阅读延读活动，满足幼儿的探索需求，促进他们思维能力和认知水平的不断提升。

作为教师，我们应该更好地利用幼儿的这些问题和兴趣点，推动幼儿阅读素养和综合能力的持续发展。

根据"预读单"中孩子的问题分析，我们设计了共读活动和研读活动，以满足孩子对阅读的兴趣。

三、共读活动实践与教师支持

图画书《章鱼先生卖雨伞》色彩丰富，故事生动而有趣，有各式奇思妙想的雨伞，吸引幼儿的注意力，画面细节中体现的物物匹配的概念，留给幼儿充分想象的空间。

《3—6岁儿童学习与发展指南》语言领域中指出4—5岁幼儿语言能力目标是"能大体讲出所听故事的主要内容""能根据连续画面提供的信息，大致说出故事的情节"。基于此，我们做了如下设计与实践：

(一) 活动目标

(1) 了解各种动物的形象特征并能为其找到相匹配的伞，能说出动物和伞的关系。

(2) 大胆表达自己，愿意倾听和接纳同伴的观点。

(二) 活动准备

(1) 经验准备：亲子阅读图画书一周并记录预读单。

(2) 物质准备：12本图画书、图片。

(三) 活动重难点

(1) 活动重点：了解各种动物的形象特征并能为其找到相匹配的伞，能说出动物和伞的关系。

(2) 活动难点：大胆表达自己，愿意倾听和接纳同伴的观点。

第一次活动

(在第一环节回忆图画书内容，说说对章鱼先生的理解。)

教师：你们觉得它是一只怎样的章鱼？

幼儿：有条纹。

幼儿：陆地上走的章鱼。

幼儿：它有吸盘。

教师：你们还觉得它是一只怎样的章鱼？

幼儿：它还有腿。

教师：它的腿又叫触角，它有几只触角？

幼儿：8只触角。

教师：它是一只有8只触角的、有吸盘的章鱼。

(在第三环节鼓励幼儿大胆提问，说出自己的想法。)

幼儿：为什么章鱼先生变得那么大？

教师：谁来说说你的想法？

幼儿：章鱼本来就很大。

教师：谁很小？

幼儿：蚂蚁很小。

教师：与蚂蚁一比较，章鱼显得特别大。

幼儿：变色龙为什么会变色？

教师：谁来帮助它解决问题？

幼儿：章鱼先生把它叫成了蜥蜴。

教师：变色龙有什么本领？

幼儿：变色。

教师：现在你明白变色龙为什么会变色了吗？

幼儿：明白了。

教师支持：（1）幼儿通过观察封面和预读初步了解《章鱼先生卖雨伞》的基本内容。教师在第一环节提问"你们觉得它是一只怎样的章鱼"后发现，幼儿缺少对主角章鱼的关注，缺乏用具体的、描述性的语言讲述章鱼外部特征的能力。

（2）幼儿缺乏对图画间的信息联系的能力，看图容易碎片化、单一化。因此，幼儿提问方式单一，较多问"是什么"，如"章鱼为什么那么大"，提问深度不够。

第二次活动

经过第一次试教，教师发现幼儿对章鱼先生的理解和表达都不十分清楚。因此，在第二次活动前，通过师生共读，结合图文信息，了解故事内容，关注故事主角章鱼先生。在共读过程中，幼儿能观察联系，发现画面中的细节，分析章鱼先生卖雨伞的方法，感受探索章鱼卖伞前后的心情变化。

（在第一环节回忆图画书内容，说说对章鱼先生的理解。）

教师：你们觉得故事中的章鱼，它是一只怎样的章鱼呢？

幼儿：我觉得它是有很多只手的章鱼。

教师：这个叫触角。

幼儿：它会喷墨。

幼儿：还是一只很厉害的章鱼。

教师：什么方面很厉害？

幼儿：下雨了，它把伞都卖给小动物了，它都助了它们。

教师：它真是一只有8只触角、有爱心的章鱼。

（在第三环节鼓励幼儿大胆提问，说出自己的想法。）

提问1

幼儿：为什么章鱼先生要把它的伞喷成黑色的？

教师：谁来帮帮他？

幼儿：因为小蚂蚁说为什么它们没有一样的雨伞。

教师：小蚂蚁为什么要黑色的雨伞？

幼儿：因为小蚂蚁是黑色的。

教师：小蚂蚁想要和身上颜色一样都是黑色的雨伞。

幼儿：如果下雨了，伞会不会又变成白色？

教师：谁来回答一下？

幼儿：它的墨汁不是颜料，不会褪色。

教师：现在你明白了吗？

幼儿：明白了。

提问2

幼儿：狮子为什么拿了橙色的伞这么开心？

教师：谁来帮帮他？

幼儿：因为它买了和自己身上一样颜色的伞，它很开心。

幼儿：它为什么要买和自己身上一样颜色的伞呢？

幼儿：因为买了一样颜色的伞，是很神气的。

教师：你们觉得呢？

幼儿：因为两只狮子买到了橙色的伞，它们都在笑，它们肯定是想买和身上颜色一样的伞。

教师：你从狮子的表情看出它的喜欢，真厉害。

教师支持：发现"基于问题的学习"模式，让学习隐含在问题中，使得幼儿更主动提问，并获得解决问题的能力。无论是"为什么章鱼先生要把它的伞喷成黑色的""狮子为什么拿了橙色的伞这么开心"，还是"为什么大象用鼻子拿雨伞"，都是幼儿身处真实、有意义的问题情境中提出的问题。在实践过程中，教师的教育观念、教育方法发生了变化，坚持以幼儿提出问题为引领、以幼儿为主体，让幼儿在发现问题和解决问题中提高参与活动的积极性，激发幼儿主动探究的欲望，提高幼儿解决问题的能力，促进幼儿创造性的发展。

传统教学停留在"师问幼答""重点提问""有效提问"的层面上，忽略了幼儿在师幼互动中应有的主体地位。因此，在图画书阅读活动中，我们应大力倡导与鼓励幼儿积极思考、主动提问，从"教师提问"转向"幼儿主动提问"，使幼儿成为学习的主体，启发思考、拓展思维，培养幼儿自主阅读的能力。

四、延读活动实践与教师支持

（一）美术活动《章鱼先生卖雨伞》

《3—6岁儿童学习与发展指南》艺术领域指出："幼儿艺术领域学习的关键在于充分创造条件和机会，在大自然和社会文化生活中萌发幼儿对美的感受和体验，丰富其想象力和创造力，引导幼儿学会用心灵去感受和发现美，用自己的方式去表现和创造美。"在幼儿教育充满奇幻与可能的广阔天地中，创意美术活动散发着独特而迷人的魅力，犹如一颗闪耀的星星，照亮着幼儿的成长之路。

《章鱼先生卖雨伞》故事中丰富的色彩和朗朗上口的语言，还有各式充满奇思妙想的雨伞，细节中体现的物物匹配的概念，都留给幼儿很大的发挥空间。借助图画书，可以让幼儿认识了解不同动物花纹的特点和美丽之处，培养幼儿观察事物细微差别的能力，以及用线条和色彩表现动物花纹的能力；还可以引导幼儿沉浸于美术的奇妙世界，深入感受美术的魅力，从而深度培育他们的观察力、想象力以及动手能力。

1. 活动目标

（1）在章鱼先生卖伞的情景中，尝试用线条、图形等组合方式表现不同动物花纹的特征。

（2）在看看、说说、做做中，体验为不同的动物设计雨伞的快乐。

2. 活动准备

（1）经验准备：已阅读过《章鱼先生卖雨伞》。

（2）物质准备：PPT、背景板展台、油伞、丙烯马克笔、颜料、手工纸等。

3. 活动重难点

（1）活动重点：尝试用线条、图形等组合的方式表现不同动物身上花纹的特征。

(2) 活动难点：体验用多种方式为不同的动物设计雨伞的快乐。

片段一

(在回忆图画书的讨论中，发现伞的花纹与动物的颜色和皮毛花纹是匹配的，并通过游戏进一步感受和发现不同动物花纹的基本特征。)

教师：章鱼先生把雨伞卖给了哪些动物？都是怎样的伞呢？

幼儿：章鱼先生把伞卖给了小鸡、孔雀、大象、狮子、变色龙。

教师：分别卖给了它们一把怎样的伞呢？

幼儿：大象买了一把灰色的伞，还有呢？

幼儿：变色龙呀，是一把五颜六色的伞，像彩虹一样，真好看。

幼儿：孔雀是一把蓝色的，上面还有孔雀的花冠，水滴形的。

教师：其他的小动物买了什么伞呢？

幼儿：小蚂蚁一共买了6把黑色的伞。大狮子买了把橙色的伞，伞的花边像它的鬃毛。

教师：章鱼先生很厉害，它会根据动物皮毛的颜色来为它们设计匹配的雨伞，还会根据动物身上的花纹为它们设计一把好看的伞。

教师支持： 教师在幼儿阅读图画书的过程中巧妙引导，通过提问激发幼儿回忆书中情节和细节，深化了幼儿对故事内容的理解。幼儿表现出浓厚的兴趣和积极参与的态度，能够准确描述动物所购买的雨伞的颜色和特征。同时，幼儿对故事深层含义的把握和理解也得到了体现，展现了他们在图画书阅读中的深度思考，突出了教师引导的重要性。

片段二

教师：瞧，森林里有好多动物，我们一起看看都来了哪些动物，发现了哪些秘密呢？我们可以为这些动物设计怎样的雨伞呢？

幼儿：奶牛的皮毛是黑色和白色的，身上有像云朵一样的花纹。

幼儿：我看到了蝴蝶，它身上的颜色很漂亮，有蓝色的、黄色的。

教师：它的花纹是怎样的？

幼儿：上面有一条一条的线条。

教师：还有哪些动物也有线条的呢？

幼儿：老虎和斑马都有黑色的线条，还有小丑鱼也有条纹的。

教师：老虎、斑马、小丑鱼、蝴蝶都有条形的花纹。

教师：还有什么特征呢？

幼儿：乌龟身上的花纹像一个六边形。外面有一个六边形，里面还有六边形，它有很多的六边形。

幼儿：长颈鹿身上都是一块一块的，孔雀有水滴形的花纹。

教师：乌龟、长颈鹿、奶牛、孔雀都有块状的花纹。

……

教师支持：教师以"我们一起看看都来了哪些动物，发现了哪些秘密呢"激发幼儿对动物的兴趣和好奇心。通过观察和描述动物的花纹，幼儿的观察力和语言表达能力得到了培养。教师在活动中起到了很好的引导作用，通过适时的提问和联想，引导幼儿更深入地了解动物花纹的特点和多样性。活动有效地培养了幼儿的观察力、想象力、创造力和审美能力，为他们后续的设计活动做好准备。

活动伊始，教师带领幼儿一同回忆图画书中的内容，幼儿沉浸在章鱼先生卖雨伞的奇妙故事中。接着，教师让幼儿仔细观察不同动物身上的特征，引导他们发现不同动物身上花纹的独特之处，如老虎的条纹、斑马的斑纹等，同时学习这些花纹在生存中的作用，例如伪装、警示等。

随后，幼儿们尝试制作动物伞。他们充分发挥思维能力，大胆地运用点、线及各种图形并组合起来，力求表现出动物花纹的复杂图案和色彩。有的幼儿用线条来描绘小鱼身上的鳞片，有的用六边形来表现乌龟的龟壳……每一个幼儿都沉浸在创作的快乐中。在这个过程中，我们鼓励他们发挥想象力，不拘泥于传统的表现方式，勇于尝试新的组合和创意。

当幼儿完成自己的作品后，我们组织了展示和欣赏交流环节。每个幼儿都自豪地展示着自己精心制作的动物伞，分享着创作过程中的快乐和心得。他们互相欣赏、互相学习，从同伴的作品中汲取灵感，不仅提升了自己的审美能力，也增强了表达和交流的能力。

（二）科探活动《章鱼先生卖雨伞》

有一天，泡泡拿着《章鱼先生卖雨伞》跑到我面前，说："老师，我上周日去杭州了，也经过一个伞店，我发现那边的店和章鱼先生的不一样，他们是放得很整齐的，有的伞还是打开的。"泡泡的话，让我心中有了一个想法：我们是否可以把《章鱼先生卖雨伞》与幼儿的生活经验相联系，设计一节有关雨伞店的活动呢？于是，数学与故事就这样"相遇"了。

1. 活动目标

（1）尝试用不同的方式来表现 ABAB 模式的规律，积累模式表征的经验。

（2）乐于探索同一模式的多种表现方式，感受其中的乐趣。

2. 活动准备

（1）经验准备：已阅读过《章鱼先生卖雨伞》。

（2）物质准备：伞若干，垫子若干。

3. 活动重难点

（1）活动重点：用不同的方式来表现 ABAB 模式的规律。

（2）活动难点：探索同一模式的多种表现方式，感受其中的乐趣。

片段

（教师出示单色伞，让幼儿用单色伞进行 ABAB 模式创作。）

教师：章鱼先生发现今天只剩下了一种伞，你能按照刚才一个隔着一个来布置展台吗？

幼儿：可以。

教师：那让我们去试试吧，听清楚章鱼先生的要求哦！是什么呀？

幼儿：用一种伞。

幼儿：一个隔着一个排。

教师：这是章鱼先生的展台，请你们把雨伞陈列在展台上哦。

（幼儿操作）

教师：哇，你们的展台各式各样，你们是怎么布置的呀？

幼儿：我是一个左一个右，一个左一个右……

教师：通过改变方向，一个隔着一个布置的，谁和他一样的，举个手？

教师：这些都是你的小伙伴，和他们去握握手吧。

幼儿：老师，我的方法不一样，我是一个上一个下、一个上一个下的，你看。

教师：上下，是雨伞的位置，和他一样的小朋友在哪里？

教师：利用同种颜色的伞，通过改变方向、位置或形态，表现出一个隔着一个的规律。

教师支持：本次活动用孩子熟悉的"章鱼先生"进行导入，创设帮助章鱼先生布置展览台的情境，结合中班幼儿的年龄特点，尝试用不同的方式来表现ABAB模式的规律。幼儿的模式认知能力可归纳为：模式的识别→模式的复制→模式的拓展与填充→模式的创造→模式的比较与转换。除了在模式的拓展与填充外增加了难度，以不同维度来表现ABAB模式，在本次活动中还增加了限制条件让幼儿开动脑筋，提高数学思维，将原本抽象的数学知识变得生动有趣起来。

我们用图画书与数活动相结合的方式，以图画书丰富的色彩、生动的形象和有趣的故事情节吸引幼儿的注意力；而数活动则通过具体的操作、实践和体验，帮助幼儿深化对模式的理解和应用。两者的有机结合，不仅能提高幼儿的学习兴趣，还能促进他们全面发展。

五、整体式阅读活动的思考

（一）创设情境，培养幼儿的提问能力

"学贵有疑，小疑则小进，大疑则大进。"教师应创设情境，鼓励幼儿大胆提问，积极探索。由于幼儿间存在个体差异，如果只有提问的积极性而缺乏提问的能力，那么幼儿在阅读活动中的思考势必缺少深度。因此，教师应在适当的时机运用有效的指导策略，培养幼儿会问、善问的能力。

许多图画书的封面都有直观理解的作用，运用故事封面创设情境，引导幼儿提出问题，既有利于幼儿对故事的理解，又能培养幼儿产生疑问、提出问题的能力。如在阅读《章鱼先生卖雨伞》时，有目的地引导幼儿观察封面并设计问题："看了这个封面，你觉得它是一只怎样的章鱼？"有了教师的启发，幼儿会仔细观察画面，得出结论："它是一只卖雨伞的章鱼；它是一只有8只触角、身上有花纹的章鱼。"有了教师的鼓励、同伴的启发，幼儿有可能会提问："章鱼怎么会卖雨伞？章鱼会把雨伞卖给谁呢？"同样，在美术活动中，幼儿通过观察画面自主发现，每种动物都有不同的皮毛颜色，花纹也有不同的特征。在观察讨论后，既可以帮助幼儿加深对故事主角的理解，又能让幼儿敢问、乐问，带着猜想去阅读。

（二）阅读中生疑，让幼儿有疑可问

在整体式阅读中生疑，主要是引导幼儿根据自己对图画书画面的观察理解，积极提问。幼儿的问题，既可以是就看不懂的画面提出的问题，也可以是由画面引发的想象。要让幼儿学会把学习过程中所有的疑问都提出来，鼓励幼儿提出与众不同的看法，甚至提出其他幼儿想不到的问题。

在《章鱼先生卖雨伞》自主阅读过程中，教师让幼儿认真完整地看一遍书，选择不明白的画面提出问题。比如"为什么章鱼那么大""章鱼一开始以为它是蜥蜴，后面为什么认出它是变色龙呢""小蚂蚁为什么想要黑色的伞""狮子买到了自己喜欢的雨伞，为什么那么开心""大象为什么用长鼻子卷起它的伞"等，幼儿根据自己在阅读过程中产生的疑问，主动提出问题，问题在集体中得到分享交流，引发其他幼儿的思考，大家各抒己见。在阅读中生疑，就是引导幼儿会问、善问，将问题呈现出来，让集体共同探讨问题的答案。

（三）挖掘图画书内涵，进行多元解构

根据幼儿的年龄特点，对书中的美术特质进行多元解构，从中提炼出各种各样的价值，如书中的造型、色彩、构图、风格等，挖掘出书中隐藏的多元教学价值。

《章鱼先生卖雨伞》中，章鱼先生、各种动物以及雨伞的造型都较为简洁、夸张且富有童趣，这有助于幼儿识别和记忆不同的形象，激发他们模仿和创作的欲望。可以引导幼儿观察这些造型的特点，然后用简单的线条和形状进行模仿绘画。同时，幼儿对鲜艳、明亮的色彩更敏感，喜欢色彩丰富的画面。此书运用了丰富而鲜艳的色彩，如章鱼先生的橙色、大象的灰色、狮子的黄色等。这些鲜明的色彩对比能够吸引幼儿的注意力，培养他们的色彩感知能力。教学中，可以让幼儿说说自己喜欢的颜色以及这些颜色所代表的感觉，然后尝试用这些颜色进行绘画。

通过对《章鱼先生卖雨伞》的多元解构，可以充分挖掘其美术教学价值，引导幼儿在欣赏图画书的同时，提高他们的美术素养和创造力。

(四) 借助游戏情境，拓展数学思维

图画书中融入数活动元素，以趣味性的游戏展开活动，能极大地激发幼儿的学习兴趣。图画书与数活动的结合，为幼儿提供了一个发挥想象力的平台。他们可以在图画书的故事背景下，运用所学的数学知识进行创意性的思考和解决问题。这不仅能培养他们的创意思维，还能提高他们解决问题的能力。

总之，教师要依据图画书的内容特色及幼儿的身心发展需求，巧妙地设计教学活动；要充分挖掘图画书在语言表达、艺术感知、科学探索、社会交往、情感培养等多个方面的教育价值，将其有机融入教学过程，让幼儿在丰富多样、充满趣味的活动中收获知识、提升能力、塑造良好品格、培养积极情感，为幼儿的全面发展和健康成长奠定坚实基础。

（上海市青浦区晨星幼儿园　顾晓慧　徐美凤　朱　萍）

课程故事五：小黑鱼历险记

——中班《小黑鱼》整体式阅读的课程故事

一、图画书介绍与解读

（一）图画书介绍

图画书《小黑鱼》（见图6）讲述了一条生活在大海里的小黑鱼，它的同伴都被金枪鱼吃了，只能独自游入深海，却看见了一个又一个生命的奇迹，从而重新获得勇气。最终，小黑鱼和新同伴团结一致吓跑了金枪鱼。这是一个充满勇气、友谊、智慧的故事，旨在告诉幼儿不要害怕失败，要勇敢、要学会合作，这样才能保护自己想要保护的人，享受世界的美好。

图6　《小黑鱼》封面

（二）图画书中蕴含的语言教育

1. 小黑鱼不同阶段的情绪感受

《3—6岁儿童学习与发展指南》指出：中班幼儿能根据连续画面提供信息说出故事情节；随着作品的展开产生喜悦、担忧等相应情绪反应，体会作品表达的情绪情感。《小黑鱼》能让幼儿体会小黑鱼从孤独、害怕走向团结、勇敢的情绪过程。共情对幼儿的性格塑造起着至关重要的作用。

2. 形成观察、预期、比较、验证等阅读策略

我班幼儿在翻阅《小黑鱼》时能简单描述单个画面的内容，聚焦在小黑鱼干什么上，但不能连贯地表述小黑鱼失去兄弟姐妹后所发生的一系列奇遇，以及重获勇气后团结其他小红鱼吓跑金枪鱼的故事情节。

教师借助幼儿自主阅读和亲子预读单，创设幼儿自主投票选出在课堂上想要解决的三个问题，有效激发了幼儿的阅读内驱力，引导幼儿运用观察、比较等阅读策略，让幼儿参与讨论，体会小黑鱼的心路历程。

3. 勇气与成长的健康教育

小黑鱼一开始看到同伴被金枪鱼吞噬是害怕和孤独的，但它并没有颓废，而是勇敢地进入新环境，重获勇气，再次面对金枪鱼时，选择了团结伙伴、勇敢面对，最终保护了自己和同伴。该图画书蕴含着面对自己的不完美，不要害怕，要勇敢，要学会与他人合作，最终能获得勇气与成长的健康教育。

(三) 图画书与美术活动

1. 水彩拓印的技法表现

《小黑鱼》用水彩拓印的技法表现海底世界的众多生物。书中一大群小红鱼是用版画形式一个个印刻出来的，小黑鱼是鱼群中唯一填色上去的，色彩朦胧，效果独特。这种形式，符合幼儿的兴趣，幼儿乐于尝试用同样的手法创作。

2. 合作创作大鱼

小黑鱼在遇到困难的时候，先是逃避，后来才勇敢面对，最后还组织小红鱼一起想办法战胜大鱼。勇敢面对，想办法解决困难是故事的主题，这对中班的幼儿来说，是非常有意义的。本活动依托图画书，引导幼儿一起合作创作大鱼，帮助他们体会共同努力战胜困难的快乐。

3. 感受创作的快乐

美术活动首先要关注的是书中的美术元素，由于书中水彩拓印的手法带给读者视觉冲击，因此，在本次美术活动中也尝试了拓印的手法，从海底背景的拓印准备到活动中小红鱼的拓印，无一不在引导幼儿感受这种独特表现方式带来的奇妙变化和创作的快乐。

二、预读单设计与解析

以下是本课程的亲子预读单（见表3），有助于家长更好地落实亲子阅读。

表3　《小黑鱼》亲子预读单

	小提示	孩子的反应	教师/家长的思考
第一天阅读	把书给孩子，让孩子自己翻一翻、看一看	孩子喜欢这本书吗	教师：第一天阅读让孩子了解故事主角、地点、时间以及事件起因、经过和结果 家长：孩子独立阅读的习惯如何
		请记录孩子独立阅读的时长	
第二天阅读	孩子独立阅读，将喜欢的画面画下来	请孩子画出喜欢的画面	家长和教师：孩子的兴趣点在哪里
	家长跟孩子一起完整阅读，读文字给孩子听	请家长记录孩子的阅读变化（共读文字和他们独立阅读的差距是什么）	教师： 1. 孩子的经验点与关注点在哪里 2. 观察家长的育儿是否站在幼儿角度来进行 家长：孩子的阅读和理解水平如何
第三天阅读	家长引导孩子在书中找一找"小黑鱼在深海中遇到的小伙伴"，帮孩子记录下来		教师：孩子喜欢海洋中的生物，第三天的阅读满足孩子对海洋生物的讨论，以便后续聚焦主旨思考 家长：倾听孩子对哪种海洋生物感兴趣
第四天阅读	家长引导孩子在书中找一找"小黑鱼在深海中遇到新朋友"的情节，帮孩子记录下来		教师：观察孩子对小黑鱼在深海遇到新朋友后的故事情节的反应 家长：孩子对图画书的理解、想象到什么程度
第五天阅读	让孩子将"小黑鱼面对金枪鱼的不同表现"用语言或者图画表达出来		教师：孩子是否关注小黑鱼心情的转变 家长：孩子是否关注到小黑鱼面对金枪鱼的变化

	小提示	孩子的反应	教师/家长的思考
第六天阅读	家长引导孩子在书中找一找"小黑鱼和小红鱼变成一条大鱼的画面",帮孩子记录下来		教师:孩子观察小黑鱼的位置变化,以便后面开展主旨思考 家长:倾听孩子对图画书的理解
第七天阅读	与孩子聊聊读完这本书的感受		教师和家长:孩子对图画书主旨是否理解

三、共读活动与教师支持

（一）活动名称

共读活动:小黑鱼（阅读）。

（二）活动目标

（1）愿意参与讨论并能用较连贯的语言讲述自己对小黑鱼深海历险记的想法。

（2）仔细观察画面,体会小黑鱼从孤独、害怕走向团结、勇敢的情绪变化。

（三）活动准备

经验准备:已阅读过《小黑鱼》并投票选出要解决的三个问题。

物质准备:课件、人手一本图画书。

（四）活动重难点

重点:愿意参与讨论并能用较连贯的语言讲述对小黑鱼深海历险记的想法。

难点:体会小黑鱼从孤独、害怕走向团结、勇敢的情绪变化。

（五）片段实录

1. 观察问题,激发兴趣

教师:我们上周投票选出来的三个问题,是哪三个问题?

幼儿:第一个是金枪鱼为什么要吃小黑鱼。

教师:一号问题是"为什么金枪鱼来的时候小黑鱼逃走了"。

幼儿:二号问题是"它是在大海的深处,它怕吗"。

幼儿：三号问题是"为什么一些小红鱼躲在礁石和海草里面"。

教师：现在我们就带着这三个问题到书里寻找答案，一页一页、从左往右，仔仔细细地寻找答案，音乐一停，就请你们面向我。

从幼儿解读问题的表现中可以看出，幼儿对投票选出的问题印象是深刻的。因此，基于幼儿的自主阅读要解决的问题是满足幼儿学习需求，进而引发他们在阅读活动中大胆预测、验证等，从而获得相应的阅读策略。

2. 讨论交流，解决问题

教师：孩子们，现在只剩下几号问题了？三号问题谁来说？

幼儿：为什么小红鱼要躲在礁石和海草的影子里？因为它们怕被大鱼吃掉，所以躲到了礁石和海草堆里。

教师：你们说小黑鱼会对小红鱼说什么？

幼儿：小红鱼小红鱼，你们为什么老待在这里，不出来跟我一起玩？看看外面的世界很精彩，你们看水母、大龙虾、海鳗还有海葵，看了之后你们的心情也会变好的。

幼儿：我对小红鱼说"快出来玩，我们到处去看看"，我讲的这段话是书上的哦，一模一样。

教师：说明你对这个故事越来越熟悉了。

幼儿：我会说"小红鱼，大海里有很多好玩的奇迹"。

幼儿：我们只要变成一条大鱼就会吓跑大鱼的。

教师：它们怎么变成一条大鱼？

幼儿：它们游得紧紧的。

幼儿：还要勇敢地往前游。

幼儿：它们游得很紧很紧，连一条缝儿都没有。

教师：你们听到了吗？可以说紧紧的，还可以说密密麻麻地并成了一条鱼。小红鱼游的方向一致吗？

幼儿：它们游的方向一致。头都往前，尾巴都在后面。它们团结就能打跑金枪鱼。

幼儿：我看出来了，它们都在往前游，头和尾巴朝一个方向，还有小黑鱼都在往前游，它们只要团结就可以吓跑金枪鱼。

教师：你们同意吗？

幼儿：同意。

教师：观察得真仔细，头往前，尾巴都朝后，团结就是力量。

幼儿：只要团结就能吓跑巨大的金枪鱼。

教师：对，你看我们的小黑鱼变得怎样？

幼儿：小黑鱼变得勇敢起来了。

幼儿：它能团结一心，团结新伙伴。

幼儿：小黑鱼一开始逃跑的，它现在不逃跑了。

幼儿：它团结新伙伴了。

教师：它从一开始逃跑到现在变得勇敢了，能团结新伙伴，战胜了金枪鱼。

幼儿：困难多，我们也能解决。

教师：就像我们所说的方法总比困难多，只要我们有一颗爱生活、爱同伴的心就能变得够勇敢。

三号问题问出去就引发了幼儿的热烈讨论，可见这些问题是基于幼儿的现实需求。教师适时预设追问："它们怎样变成大鱼？"引发幼儿仔细观察画面，根据画面想象小黑鱼和小红鱼之间的对话。两幅关键画面的对比引发了幼儿对小黑鱼成长过程的关注，从逃跑、害怕到团结协作，吓跑金枪鱼，"勇敢"与"团结"在小黑鱼身上充分显现出来。

（六）教师支持

1. 勇"改"预设，基于幼儿需求设计与组织阅读活动

教师将图画书提前投放到活动区域里，关注幼儿感兴趣的画面、情节以及有疑问的画面，提供纸和笔让幼儿用自己的方式记录下来。我们运用投票的形式选出要在集体活动中解决的三个问题，教师全程"站"在后面，幼儿在前面。幼儿回答三个问题后，教师分析幼儿的兴趣点和最近发展区在哪里，以及如何与预设的教学目标进行有效架构。

比如，第一个问题："为什么金枪鱼来的时候小黑鱼逃走了？"这个问题是指向小黑鱼害怕、孤独、伤心的心情，与故事的前半部分是符合的。第二个问题

指向小黑鱼的开心、高兴。那么如何与活动目标进行链接呢？可以和故事的后半部分联系起来，比如小黑鱼在大海深处遇到新奇的朋友，一个又一个朋友给予小黑鱼勇气，让小黑鱼慢慢成长起来。第三个问题："为什么一些小红鱼躲在礁石和海草里面？"细细品味，其实是指向小黑鱼的勇敢、会团结，这就可以和前面小黑鱼逃跑、胆小害怕的情形做对比，让幼儿推测，使活动达到高潮。

教师在活动前去"伪"求"真"，以幼儿经验为基础开展集体阅读教学，变被动为主动，由幼儿投票选出问题，通过梳理问题让幼儿对小黑鱼产生多方面的共情，为他们的成长注入力量。

2. 倾"听"幼儿，精准分析幼儿语言与情感发展水平

本次活动为语言领域的前阅读，教师不仅需要全程倾听每位幼儿的发言，同时对幼儿的回答要及时、精确地回应与分析。本次活动不仅提升了幼儿的阅读能力、表达能力，还有情感能力，以期幼儿在完成本次活动后，有更强的共情能力。

教师做到了"蹲"下来，在满足幼儿"说"的需求的同时，让幼儿带着问题独立在书中寻找答案，帮助幼儿了解观察、验证、预期、推测等阅读策略，提升阅读能力。比如在三号问题的互动中，通过分析小黑鱼游入深海中遇见新朋友的情景，幼儿从中感受到有朋友的快乐情绪。通过适时追问、画面对比，幼儿经历了小黑鱼完整的心路历程。

四、延读活动与教师支持

（一）活动名称

延读活动：小黑鱼（印章画）。

（二）活动目标

（1）乐于用敲印的方法探索小鱼变大鱼的过程。

（2）在与同伴合作的过程中，体会共同努力战胜困难的快乐。

（三）活动准备

经验准备：幼儿已阅读《小黑鱼》，比较熟悉故事和画面的内容。

物质准备：PPT、宣卡纸（幼儿已经拓印了海洋背景，画好了小黑鱼）、小红鱼印章、红色印泥。

（四）活动重难点

重点：乐于用敲印的方法探索小鱼变大鱼的过程。

难点：在与同伴合作表现的过程中，体会共同努力战胜困难的快乐。

（五）片段实录

1. 观察画面

教师：一群小鱼是用什么好办法游成了一条大鱼呢？你发现了什么？

幼儿：我感觉小红鱼像拼图一样。

教师：像拼图一样一块一块靠在一起。

幼儿：是小黑鱼在指挥它们。

教师：确实，有时候需要一个指挥的人。

幼儿：小鱼在想，大鱼是什么样子的。

教师：对，想清楚了再拼起来！

幼儿：它们想清楚，然后在一起，拉起手就不会分开了。

教师：拉起手这叫靠在一起，这是紧的还是松的？

幼儿：紧的。

教师：你挨着我，我挨着你，是不是这样的？

幼儿：像排队。

教师：排着队，非常整齐，紧紧地靠在一起，它们是齐心协力的。

教师：小鱼们游的方向是怎样的？

幼儿：都是往前的。

教师：都朝着这个方向齐心协力，朝着同一个方向。看来这是一群非常聪明的小鱼，不仅要团结起来，而且还要紧紧地挨在一起，还要朝着一个方向，那才有可能游成大鱼。

2. 敲印方法探索

教师（出示印章）：哪一面是敲印的地方？

幼儿：红色。

教师：原来是红色的地方，压一压，敲一敲。为什么这上面还有一条小鱼，告诉我们什么呢？

幼儿：方向！

教师：如果我是这样拿的，说明小鱼朝哪里游？（右边）

幼儿：这里。（做动作模仿右边）

教师：如果我是这样的呢？（左边）

幼儿：这里。（做动作模仿左边）

教师：原来小鱼图是告诉我们小鱼游的方向，小红鱼都是朝一个方向游的，一定要看清楚印章上小鱼的方向，不要拿反了哦！

教师：刚才你们都说了小红鱼是紧紧靠在一起，那怎样才能印出紧紧靠在一起的小鱼呢？

幼儿：就是要把它们贴着，靠在一起。

教师：我来试试看。（教师操作，示范压印一条小鱼）谁来印一条小鱼和我这条靠在一起？

（个别幼儿示范）

教师：靠在一起了吗？印的时候，这个印章要和前一条小鱼尽量靠紧，甚至可以再紧一点。

3. 幼儿尝试

教师：两个人一组，合作完成一条大鱼。（出示底板）小黑鱼说，我准备好啦，我来做眼睛，眼睛在哪里？说明大鱼的头部在哪里？（教师比画位置）不要搞错方向了哦，小红鱼也要朝着小黑鱼一个方向，你们准备好了吗？

教师：两人一组，先找个合作伙伴，到后面的桌子上开始吧！看看哪一组能又快又好地变出一条大鱼来。

（幼儿操作，教师巡回观察，鼓励幼儿探索和朋友一起敲印变出大鱼的好办法。）

教师：和朋友商量一下，小红鱼先游成大鱼的头部还是身体呢？要心往一处使哦！

在这个过程中，教师首先要注意观察幼儿是否能协作，每组幼儿合作的方法有什么不一样。其次，教师要观察幼儿是否能较为有序地敲小鱼印章，敲印的时候是如何排列的，是否能合作探索出小鱼变大鱼的方法，为后面的分享环节积累经验。

4. 同伴互助，分享方法

教师：有没有小红鱼第一次就游成大鱼的呢？（出示对比书中的大鱼形象）如果能大概看到鱼的头部、身体和尾巴，那么就接近成功了，一起来看看，你们觉得哪几条大鱼有点像？

幼儿：这张图上看出嘴巴。

幼儿：像火箭。

教师：哦，这张图把大鱼尖尖的嘴巴表现得特别棒！

教师：这张图什么地方特别像？

幼儿：尾巴。

教师：这个尾巴有点像什么形状？

幼儿：像剪刀。

教师：你们用了什么好办法？

A 组

幼儿：我和我的好朋友是一人敲一下。

教师：一人敲一下，是不是你敲一下，我敲一下？

幼儿：是的。

教师：你们觉得这个办法好不好？

幼儿：好！

教师：给她们一点掌声。

（幼儿鼓掌）

教师：你敲一下，我敲一下，大家轮流来完成，不着急！真棒！

教师：不过，我还有个小小的意见，小鱼之间有没有紧紧地挨在一起？如果有点松，我们中间还可以怎么样？

幼儿：加一条。

教师：对了，还可以在里面加一条，没关系的。

幼儿：我们就是这么想的，就是没有时间了。

教师：嗯，等会儿还有时间，在中间空的地方再加上去好不好？

幼儿：（点头）好！

B 组

教师：这张虽然没有完成，但是他们用了一个很棒的方法，是什么呢？

幼儿：就是把外面先画出来再画里面，就完成了。

教师：哦，外面先画个框，我感觉这个印章好像变成了什么？是不是一支笔？

幼儿：点头。

教师：我们平时画画的时候是不是也会先画轮廓，再涂颜色，是不是印章变画笔了！先勾轮廓，再涂颜色。这个办法怎么样，好不好？

（幼儿鼓掌）

教师：等会儿其他组的小朋友也可以去试试这个新办法。

幼儿：我们这群小红鱼正在活动，等活动好了，就会变成大鱼了。

教师：相信你们第二次游的时候一定能够变成大鱼，再去试一试。

教师：如果你觉得你的大鱼有点像，我还可以把它变得更像一点，那就拿回去再加工一下；如果觉得第一次游得不太好，还要再练习一次，那就到老师这里拿第二张纸，再来试试看，好吗？请和朋友商量一下。

（六）教师支持

1. 巧借图画书情境，开展真体验真合作

本次活动借助图画书《小黑鱼》，引导幼儿尝试合作小鱼变大鱼，这对中班的幼儿来说很有意义，也颇具挑战，幼儿需要与同伴在相互关注、相互协商和相互配合的过程中进行大胆的尝试与探索。那如何让幼儿开展真体验和真合作呢？

首先是创作材料。我们选择宣卡纸作为创作的底板，其吸水性和渲染的效果都很好，对幼儿有一定的新鲜感。纸的大小是 37cm×75cm，创作的空间较大，对幼儿来说适合开展合作性的美术创作活动。

其次是创作方式。在集体活动中，幼儿用印章来印一条条小红鱼，并且两两合作尝试敲印组合变成大鱼，创作的方式突破了日常活动中幼儿独立完成作品的模式。在这个过程中，幼儿需要相互关注，是你敲一条我敲一条还是你敲鱼头我敲鱼身体？是我们一起敲好大鱼的轮廓再一起敲身体里面吗？这些都是需要幼儿去尝试和思考的。

活动中，有的幼儿第一次合作就能好好商量，合作得有模有样；也有不少幼儿第一次合作出现了各管各的现象，缺乏商量和相互关注，导致画面效果较"乱"。教师给予了幼儿相互欣赏和讨论的机会，引导成功的小组介绍方法经验，并鼓励幼儿再次练习，这和故事中小鱼们不怕困难多次练习的情景非常契合。

2. 方法服务内容，德育为先

中班幼儿各方面的能力都在迅速提高，而在日常生活中，幼儿因以自我为中心而引发的各种问题也日益突出，教师要重视并采取有效的方法来引导。为此我们需要思考：如何通过美术活动来凸显德育教育的价值，渗透幼儿社会性行为的培养，从而使幼儿乐意与同伴友好合作，积极面对困难？

借助《小黑鱼》的故事，我们从幼儿熟悉的内容和喜爱的情境入手，在欣赏重点画面的过程中，引发了幼儿战胜大鱼的迫切愿望。同时，在观察印章结构的基础上，明确材料的使用方法，不断增强操作的自信。这些前期的观察与讨论，可以避免空洞的说教，帮助幼儿建立积极合作的心态。

其次，究竟该如何与同伴合作，完成小鱼游成大鱼的印章画呢？我们针对中班幼儿的年龄特点，对有可能在表现中出现的困境，采用了以下的方式：以经典图片观察、师生共同示范来强化理解小鱼要紧紧地游在一起才能变出大鱼的画面场景；以初步尝试、同伴互助以及再次尝试的探索方式来形成属于自己的小鱼游成大鱼的方法，体验合作探究的快乐。

五、整体式阅读活动的实践思考

（一）把握图画书核心内容，育人价值精准定位

我们发现，幼儿在自主阅读时，对小黑鱼失去兄弟姐妹和与小红鱼共同吓跑大鱼时的情绪，不能共情。而深度阅读能让幼儿体会小黑鱼从孤独、害怕走向团结、勇敢的情绪变化。共情能力可以通过后天锻炼得到提升。中班幼儿在日常生活中以自我为中心而引发的各种问题也日益突出，《小黑鱼》无论是内容还是美术手法都是培养合作精神很好的素材。因此，教师在选择图画书时，要精准定位其育人价值，让幼儿在阅读、体验中不断得到成长。

（二）构建整体阅读架构，育人价值交融渗透

在《小黑鱼》整体式阅读活动中，我们通过自主阅读引导幼儿大胆表达自

己感兴趣或不懂的画面，培养幼儿爱阅读、敢表达；在亲子阅读中，组织幼儿扮演小黑鱼进行历险，引导幼儿初步感受小黑鱼的困境与成功；在集体阅读中，幼儿又进一步感受到小黑鱼的心情变化，下决心做一个有勇气、会合作、能担当的孩子；在延读活动的同伴合作拓印大鱼活动中，幼儿在"做"中探索与同伴的合作与协商，并感受到成功。这样的课程架构，使课程活动走向深入和整合，育人价值得以交融渗透（见图7）。

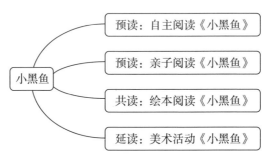

图7　《小黑鱼》整体阅读课程架构

（三）活动过程有机整合，育人价值潜移默化

在阅读过程中，以幼儿自主记录并投票选出的问题进行集体教学，以小组讨论让教师了解幼儿的阅读经验；在幼儿与自己、幼儿与同伴、幼儿与教师、幼儿与图画书的互动中，将勇气、友谊、智慧、团结等品质融于幼儿园与家庭教育中，有效提高了幼儿对主角小黑鱼品质的分析与思考。此外，以往的美术活动常强调技能，更多关注画得如何，这样会削弱育人的核心价值。因此，在美术活动中我们始终从内容出发，即协力合作创作大鱼，巧用美术元素，引导幼儿体会共同努力战胜困难的心情，真正使艺术教育达到以美育人、以情动人的目标。

总之，我们要始终把握图画书的核心内容，架构有效的整体式阅读活动框架，设计适当的阅读方法和路径，有机整合活动过程，将育人价值贯穿始终，发挥其最大效应。

（上海市青浦区晨星幼儿园　杨　琼　倪春怡）

课程故事六：思辨·体验·感悟

——大班图画书《花木兰》整体式深度阅读的课程故事

一、图画书介绍与解读

花木兰是中华民族妇孺皆知的一位女英雄，《木兰辞》讲述的便是少女花木兰替父从军的传奇故事，兼具历史和战争的年代感、厚重感。花木兰代父从军，她英武温婉、坚守大义，功成名就后却婉拒官职，回归故里，重新过着普通老百姓的田园生活。花木兰是中华传统伦理"忠孝"的楷模。

图 8　《花木兰》封面

蔡皋先生的图画书《花木兰》（见图 8）是用纸和水粉创作的作品，主要用色彩来营造故事氛围，和传统的表现手法有较大的差别，这对教师和幼儿都是一种挑战，也是深度阅读的一个重要元素（见图 9）。

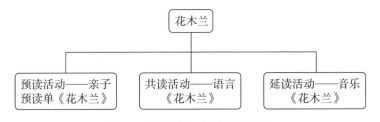

图 9　《花木兰》深度阅读架构

二、预读单设计与解析

蔡皋老师的《花木兰》是以《木兰辞》原文为基础创作的，用水粉画的方式来表征，用色以灰黄、灰绿、灰蓝和灰红为主，用接近泥土、江河的色调来营造故事的氛围，使美丽的色彩在种种对比中放出光彩，这种表征方式能在视觉和心灵上营造出丰富和厚重的历史感。这份厚重感需要孩子和家长身临其境地反复品读和探寻，因此我们的预读单分5天进行，每天一个问题，指导家长在家如何进行亲子预读（见表4）。在预读单的左右两侧分别插入了《木兰辞》的音频和《花木兰》动画片的视频，帮助幼儿理解故事内容，感受《木兰辞》的韵律美。预读单的主要目的是让幼儿学会仔细观察画面，从花木兰的服装变化入手，发现花木兰从女装到男装的变化，从而引出木兰替父从军的故事内容。预读单主要以幼儿画、家长简单记录为主。

表4　《花木兰》预读单

	阅读方法小提示	孩子的反应
第一天阅读	听故事（音频版）《花木兰》，家长和孩子聊一聊"花木兰"这个人物	孩子喜欢听这个故事吗
		记录孩子自己听故事的专注时长：
第二天阅读	家长和孩子一起看《花木兰》的视频故事，进一步熟悉"花木兰"这个人物	记录孩子所了解的花木兰：
第三天阅读	家长和孩子一起完整阅读，找一找书中的"花木兰"，看一看"花木兰"的服装	
第四天阅读	家长和孩子一起完整阅读，以"花木兰"的着装开头聊聊"花木兰"做的事情	花木兰穿的衣服（幼儿画）　花木兰做的事情（家长记）
第五天阅读	家长引导孩子在书中找一找最喜欢的画面，帮助孩子记录下来	家长和孩子用"绘画"的方式记录最喜欢的画面
孩子的疑问		

本次阅读活动共收到预读单31份，有11个幼儿提出了共同关心的问题：花木兰为什么要"女扮男装"？为什么要"替父从军"？这些问题与书本要传达的主旨思想相契合。有17个小朋友提出了自己关心的问题，这些问题与作者的表现手法和意图相呼应，为我们共读活动的开展奠定了基础。

三、共读活动与教师支持

（一）活动背景和设计意图

1. 对幼儿的分析

我园幼儿有运用预读单开展亲子阅读的经验，能围绕着预读单创造性地阅读，能在一周内完成"预读单"的任务，因此幼儿的思维能力和任务意识比较好。

本班幼儿与家长在家中依据预读单进行了一周的亲子阅读，他们能从花木兰的服装和自己喜欢的画面等角度进行解读，也能提出自己关心的问题，但从反馈的情况来看，家长主要聚焦在文字阅读上；幼儿主要被《木兰辞》的韵律之美所吸引，以能背诵整篇《木兰辞》为荣。

2. 对活动设计的分析

《3—6岁儿童学习与发展指南》的语言目标要求大班幼儿能在别人讲话的时候积极主动地回应，能根据互动的对象和需要调整说话的语气，懂得按次序轮流讲话，不随意打断别人，注意情景语言的运用。从幼儿的问题出发，形成讨论的话题，引发幼儿的循证和深度思考，进而形成对花木兰的人物特点的独特认知，萌发喜爱之情，是本次活动的主要脉络。基于此确立了活动的主要目标和重难点，并通过自主阅读、集体分享和经验迁移三个环节加以落实。希望在互动过程中，幼儿能大胆、精准地表达，丰富自己对花木兰的认知，萌发对花木兰的喜爱之情和对中华优秀传统文化的热爱之情。

（二）活动目标

（1）回忆故事情境，在分享和交流中理解花木兰的人物形象和特点，萌发对花木兰的喜爱之情。

（2）在活动中能倾听和接纳同伴与自己不一样的意见，积极表达自己的想法。

(三) 活动准备

经验准备：孩子在家里完成"预读单"，具有良好的阅读习惯。

材料准备：《花木兰》PPT、黑板等。

(四) 活动重难点

重点：围绕花木兰的问题开展多维度的讨论，在互动中梳理出花木兰的特点，激发对花木兰的喜爱之情。

难点：讨论过程中能够倾听同伴的意见，并能根据自己的理解表达想法。

(五) 活动实录

教师：今天我们来看一本书，看看这本书你们熟悉吗？

幼儿：《花木兰》。

教师：对，今天我们就来看这本书，我们在家里跟爸爸妈妈或者爷爷奶奶已经看过了，对不对？今天我们要跟我们的好朋友一起来看这本书，看的时候有一个小任务哦。

教师：我们从封面开始完整地看这本书，然后对你感兴趣或者看不懂的画面提问。当音乐响起的时候开始看，当音乐停止的时候，就把书合上、封面朝上，可以吗？

(幼儿开始自主阅读)

教师：刚才在看书的时候，我发现小朋友们都找到了自己想提问的画面，是不是？接下来我们就分享一下。谁来分享第一个问题？请举手。

(幼儿自由举手)

教师：萱萱，说说你的问题是什么。

(围绕"勇敢"表征的对话)

萱萱：花木兰明明是女的，怎么会穿男生的衣服 (见图10)？

教师：我们来看看她的问题在哪一页。

幼儿：第一排第三个。

教师：我们看看，对啊，花木兰明明是一个女生，她为什么要穿男生衣服呢？有点奇怪呀。谁来说说原因是什么。

幼儿：因为花木兰要替父从军，爸爸老了，当不了兵，所以花木兰就替父从军。

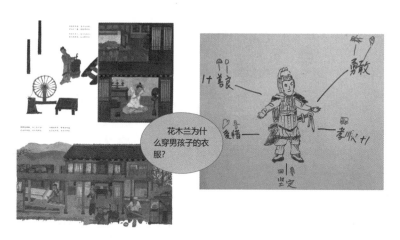

图10　共读活动师幼合作花木兰的性格与形象

教师：你的理由是她要替父从军，你说得很好。她为什么要替父从军呢？谁来说说看？

幼儿：因为爸爸老了不能打仗，所以要替父从军。

教师：你从哪一页看出来的呢？

（幼儿指图）

教师：你们发现了吗？

幼儿：发现了，有个拐杖，他需要挂着拐杖走路，所以她父亲老了。

教师：她家里除了有爸爸还有谁？

幼儿：妈妈、姐姐、弟弟。

教师：那我发现了，这个弟弟不是也是个男生吗？为什么弟弟不可以去呢？

幼儿：因为弟弟太小了，弟弟不会打仗哦。

教师：好的，那我看弟弟有点小哦，妈妈可能年纪大了对不对？那么姐姐行不行？

幼儿：不行，她要烧饭，姐姐去打仗的话，就没人烧饭了。

教师：你想的是姐姐能够在家里烧饭，可以照顾一家人，你们想得真周到呀！

教师：我发现木兰跟你们想的是一样的：爸爸妈妈年纪大，弟弟年纪小，然后姐姐可以照顾家庭，最后她想去干吗？

　　幼儿：打仗。

　　教师：打仗，当兵保护自己的国家和家人，对吧？那我来问问你们，经过刚才的分享以后，你觉得花木兰是个怎样的人？

　　幼儿：她很坚定、厉害。

　　教师："坚定、厉害"，好，这是一个，还有别的吗？

　　幼儿：勇敢。

　　教师："勇敢"，勇敢好像也有哦，我写一下勇敢。谁能用图给我表示一下勇敢？你看我写的文字对不对，谁给勇敢配个图？

　　幼儿：配图，嗯好。

　　教师：你再试试看。怎么画勇敢？这有点难嘛！好的，那么你们觉得花木兰除了勇敢还是个怎样的人。

　　幼儿：善良。

　　教师："善良"，是的，她体谅自己的家人。谁给"善良"配个图？

　　(围绕"善良"表征的对话)

　　教师：我发现你们都挺厉害的嘛，你来好不好？

　　教师：这是个什么？

　　幼儿：扇子。

　　教师：扇子表示"善"，好嘞。

　　教师："凉"是什么？

　　幼儿：真凉快啊。

　　教师："凉"是凉快对吧，"善良"，你们还有这个方法表示。那你们看看除了勇敢、善良，花木兰还是个怎样的人？

　　幼儿：孝顺。

　　教师：孝顺自己的父母是吧，"孝顺"这两个字好像很难写啊，我来试试看。

　　幼儿：你不会写了吧？

　　教师：谁说我不会了？

　　幼儿：哈哈哈。

　　教师：我只是告诉你们很难写，我没说我不会写。谁给"孝顺"配个图？你们还可以用别的方法来配图，别的方法也可以的哦。

教师：校车哦，你是用"校车"来表示"孝顺"是吧？好嘞，谢谢你。（鼓鼓掌）

教师：通过刚才的分享，我们知道花木兰女扮男装替父从军，她是一个善良、勇敢、孝顺的孩子，谢谢你们的分享。

教师：接下来，我们要提出第二个问题，谁想来提问？刚才第一个是女生，第二个要不我们请个男生吧，等会儿你要告诉我是在哪一页啊。

（幼儿自主举手）

教师：你来说说看吧！

（围绕"爱惜"表征的对话）

幼儿：第二排第四页。

教师：你的问题是什么？

幼儿：图上哪个是花木兰？

教师：你的理由是什么？

幼儿：因为人都死了，她磕头，是想祭拜自己的士兵。

教师：祭拜，祭拜自己的战士或者朋友，对不对？你的想法很好。对这两个人，为什么这个是木兰，另外一个就不是木兰呢？谁来说说看？

幼儿：我觉得这上面的字应该是花，所以代表花木兰哦。

教师："花家军"对不对，他要扛一面军旗，这是个理由。有补充的吗？

幼儿：花木兰本来一开始有匹马，后面有个"花"的旗子，所以这个代表着"花"。

教师：你也是通过她的动作和坐骑，还有这个旗子，进一步认定了这个是花木兰。

幼儿：而且这三个都没有旗子哦。

教师：谢谢你，很棒，请坐。你看花木兰跪在自己死去的战友前，你觉得这个时候的花木兰是个怎样的人？

幼儿：善良。

教师："善良"，还有别的词吗？

幼儿：孝顺。

教师："孝顺"也不错哦，"善良"我们可以加一，"孝顺"也可以加一，还有吗？

幼儿：悲伤。

教师：对呀，失去了自己的战友，她有点伤心、悲伤，也就是说，她是一个情感非常丰富的人，特别爱惜自己的士兵。那用什么词呢？

幼儿：爱惜自己的士兵。

教师：你们说的都是高难度的，"爱惜"谁来配图？"爱惜"有点难度哦。

教师："爱惜"怎么来表示？

教师："爱"用爱心来表示，"惜"用小溪来表示，真厉害！

(围绕"坚定"表征的对话)

教师：接下来我们要提出第三个问题，谁来说说看在第几排第几页？

幼儿：第二排第三页。

教师：你的问题是什么？

幼儿：这两面旗上的字是不一样的，他们是一个军队的吗？

教师：他发现了这里面有两个字，一个是"花"，一个是"魏"，他的问题是：这两个是一个军队吗？你们觉得呢？觉得是的请举手。

(部分幼儿举手)

教师：说出你的理由。

幼儿：因为她举了一个有"花"的旗子，我就以为那是她的军队。

教师：那个是花家军，那么这个"魏"是什么意思呢？

幼儿：这个"魏"，因为和花家军一起跑的就是她的军队。

教师：你觉得他们在一起了，所以他们是一帮人、一个军队。有不同意见吗？

幼儿：不是一帮人的，因为有"魏"的那个旗子是黑色的，有"花"的那个旗子是红色的。

教师：对呀，一个是红色，一个是黑色，可能不是一家的哦。

幼儿：花家军和魏家军的方向是一样的。

教师：你是通过士兵的状态判断的。他们都是冲过去要把对方消灭掉，所以你觉得他们是一帮人。你同意吗？

幼儿：不同意。

教师：你还是不同意，说说看你为什么不同意，你为什么觉得是两帮人？

幼儿：肯定是花木兰把她前面的敌人消灭掉了，所以她在他前面。

教师：把前面的消灭掉了，说明这个是后面赶过来的。你们怎么反驳他？

幼儿：花木兰的位置在前面，你说魏家军是不是和她一起的？

教师：你怎么理解？

幼儿：你看"魏"那一帮在他后面，肯定想偷袭花木兰的那一帮。

教师：现在这个图好像我们很难判断，对不对？

幼儿：他们的马在一起是吧？

教师：对，但是你同意吗，他们是一帮人？

幼儿：不同意。

教师：我们看看前面的第13页。这页也有旗子，看到了吗，这里是"魏"字，那一页也是"魏"字，他是在赶去帮忙打仗的路上，花木兰也在。那你觉得魏和花是不是一家的？

幼儿：是。

教师：现在我们解决了这个问题，你们知道他们是同一帮的，那么"花"代表什么，"魏"代表什么，我来告诉你们好不好？

教师："花"就是你们说的"花家军"，"魏"是北魏，是当时中国北方的王朝。

教师：现存你觉得花木兰是一个怎样的人？

幼儿：坚定。

教师：又有个新词，从哪里看出来坚定了？

幼儿：表情，我们一定要把你打败呀。

教师：谁来给"坚定"配个图。

（幼儿举手）

教师：这么主动，都可以抢答了。好的，不要着急，我就喜欢你们谦让的样子。

教师：刚才经过提问、讨论和分享，我们知道花木兰是一个善良、爱惜、坚定、勇敢和孝顺的姑娘，她真是我们心目中的大英雄，我们一起给她鼓鼓掌！

教师：我想问你们，你们还有问题吗？有问题的请举手哦。

（幼儿举手）

教师：还有问题，等一会儿我给你们机会，可以去问问后面的老师，把你们的问题分享给他们，看看后面的老师是怎么回答的。

教师：刚才我在听你们和老师的互动，我发现你们很棒，会自己提问，还会回答同伴的问题、表达自己的观点，还可以通过图片来论证自己的观点，尤其是你们还可以与听课老师分享你们的观点，你们也是小小花木兰，给自己鼓鼓掌。

教师：最后我要给你们一个小任务哦，听好了。今天你们非常喜欢花木兰，我想请你们把这本书推荐给你们的家人、朋友，让更多的人喜欢花木兰，喜爱我们中华优秀传统文化。

（六）教师支持策略

《花木兰》作为一本蕴含深厚文化底蕴的经典故事，对其的深度阅读不仅有助于提升幼儿的阅读能力和文学素养，还能培养他们勇敢、坚韧等品质，加深对家国情怀的理解。在共读活动中，我们可以通过以下支持策略来促进幼儿的全面发展：

1. 营造安全氛围

以问题的分享和解决为主的共读活动需要幼儿全身心投入，对幼儿的表现表达有一定的挑战性，可能会出现表述模糊、回答偏离中心等现象。这时教师要做好支持者的角色，创造一个安全、包容的分享环境，可以通过眼神赞赏、语音鼓励等方式让幼儿感受到温暖、关爱和尊重，让幼儿敢于表达自己的感受和想法，并在不断完善中形成更加积极的心态。

2. 激发情感共鸣

情感教育是活动中的难点，只有和幼儿达成心理上的共鸣，才会取得水到渠成、事半功倍的效果，因此我们在分享幼儿的问题的过程中，要善于通过激疑、追问、思辨和联系前后画面等方式鼓励幼儿梳理和归纳花木兰的勇敢、坚韧和爱国情怀等品质，激发幼儿的情感共鸣，促进他们形成积极的价值观。

3. 助力深度讨论

如果想提升幼儿的思维，引领幼儿走向深度学习，我们就必须设计参与式的课堂讨论，在不断的对话、思辨甚至质疑中产生新的思维火花，达成更加高阶的共识。为此，我们要善于运用小组讨论、大组分享和成人互动等活动形式，鼓励每位幼儿分享自己阅读《花木兰》故事的深刻感悟、深度思考和个性疑问，并在与同伴和成人的互动中形成深度整合的价值观。当然，这种活动样态的建立不是一蹴而就的，需要教师发挥榜样示范作用，通过积极的表现和正确的示范，引导幼儿养成良好的行为习惯和社交技能。同时，也要加强正面引导，对幼儿在阅读过程中的积极行为和态度，教师应及时给予正面反馈和鼓励，增强他们的自信心和学习动力；对于幼儿在阅读过程中可能出现的不良行为，教师应采取温和而坚定的态度，帮助他们认识到错误并改正。

四、延读活动实践与教师支持

在预读和共读两个活动之后，幼儿已经熟悉花木兰的形象，熟悉木兰从军的故事，并能深刻感受替父从军、巾帼不让须眉的精神。怀着浓厚的爱国情怀，我们设计了延读的音乐活动，以音乐故事的形式让幼儿用艺术性的动作来表现故事内容。

虽然本班幼儿前期经验丰富，熟悉书本内容，了解情节过程，且能尝试跟着音乐的节奏表现故事情境，但在创编动作时，幼儿的创造力、表现力不够。因此本次活动的设计，主要为了提升幼儿契合音乐节奏的能力和创造力、表现力。

书中花木兰从军前后的形象对比鲜明，音乐故事的冲突感也很强，能够给予幼儿更多的空间去想象、表达、表现。本次活动分为三个部分：首先，倾听 ABA 式的乐曲，感受音乐故事的情节变化，鼓励幼儿用语言来描述、分析音乐的特性；接着，分段进行木兰女装时、男装时不同情境的创编，鼓励幼儿用动作大胆表现；最后，完整地演绎音乐故事，鼓励幼儿跟着音乐的节奏完整地表现木兰替父从军的过程，体验创编的快乐。

根据《3—6岁儿童学习与发展指南》对大班幼儿音乐领域的要求，我们希望幼儿能尝试根据音乐所描绘的形象及情节展开想象，用动作、戏剧表演等多种形式进行表达表现。我们在选取音乐素材时，考虑了音乐对于幼儿的可感性、可接纳性：首先，选取《中国功夫》这段音乐来表现木兰从军之后的故事；其次，《醉太平》的曲调柔美，用来表现木兰从军前和衣锦还乡之后的故事；最后，截取《象王行》中悠扬高亢的号角声来作为整个故事的转折。音乐形象鲜明突出、结构完整、长度适宜，幼儿可充分参与。我们对乐曲进行了改编与合成，从而更适合大班幼儿欣赏、想象、表达、表现。在整个活动中，基于幼儿为主的原则，我们采用了集体创编、分组创编、个别示范、教师提升等策略帮助幼儿演绎音乐故事。

（一）活动目标

（1）倾听感受音乐的变化，发现并分析音乐与"花木兰"故事之间的关系。

（2）理解音乐形象与故事情境，并能用动作大胆表现。

（二）活动准备

经验准备：熟悉花木兰的故事。

物质准备：音乐、图片。

（三）活动重难点

重点：从音乐旋律、音色的变化中表现故事情节。

难点：理解音乐，发现旋律的规律和音色的变化，大胆表现故事的基本情节。

（四）片段实录

两次活动实录及其对比情况见表6、表7。

表6　两次活动实录情况表

第一次实录	第二次实录
一、回忆故事 **重点提问**：《花木兰》讲了什么故事？ 二、欣赏音乐 （一）初步欣赏与听辨音乐与故事情节的关系 **重点提问**： 1. 你们觉得哪一段是木兰女装时，哪一段是木兰男装时？ 师：你们觉得哪一段是木兰女装时，哪一段是木兰男装时？ 幼：听上去很慢、很轻的。 师：你听到一段慢慢的音乐，你觉得是男装还是女装？	一、回忆故事感受音乐 **重点提问**：从这段音乐中听出了什么感觉？觉得花木兰做了什么事情？ 师：从这段音乐中听出了什么感觉？觉得花木兰做了什么事情？ 幼：我听到了一段声音很响的号角声，感觉木兰要去打仗了。 师：那你觉得这段音乐出现在第几段？ 幼：在中间。 师：在中间一段，铿锵有力的号角声吹响了，木兰换上男装要去打仗了。那这段乐曲你听上去有什么感觉？

第一次实录	第二次实录
幼：女装的。 2. 还听到了什么声音？（号角） 师：谁还听到了其他的吗？ 幼：我觉得第二段那里有一个呜呜呜的声音，就像是要开始打仗了。 师：那你觉得木兰是男装还是女装？ 幼：换上男装要上战场了。 **小结**：有三段音乐，前后两段柔美的音乐是女装时，中间一段强劲有力的是男装时。 （二）再次分段欣赏，梳理故事情节 **重点提问**： 1. 第一段柔美的音乐，木兰女装时会做什么？ 2. 第二段当号角响起，木兰女扮男装会做什么？ 3. 第三段回到柔美的音乐，木兰回到女装会做什么？ 师：我们一起再来听一遍三段音乐。 幼（边听边说）：这是女装，这是男装。 师：第一段轻柔的音乐描写的是木兰在家纺纱织布、梳妆绣花。第二段描写当听到号角声时木兰女扮男装、骑上马、拿上花家枪勇敢上战场，在战场上奋勇杀敌、英姿飒爽。最后一段又回到了轻柔的音乐是描写木兰脱下男装换回女装，回到父母身边。 **小结**：木兰先是在家纺纱织布、梳妆绣花；然后听到号角声女扮男装、骑上马、拿上花家枪勇敢地上战场；最后脱下男装回到父母身边。 三、跟随音乐表演 （一）倾听 A 段音乐，表现花木兰女装的动作 **重点提问**：花木兰女装时我们可以做哪些动作、表情？ 活动1：幼儿自由表现。 活动2：集体表现。 **小结**：花木兰温柔善良，在家里梳妆打扮、绣花织布。	幼：我觉得很害怕，我看到了打仗的场景。 师：这音乐的节奏强劲有力，旋律高亢，仿佛磅礴的战争场面出现在眼前。 【提示】出示时间轴。 **小结**：音乐故事里第一段和第三段（柔美、舒缓、优雅）讲的是木兰女装时，第二段（气势磅礴、铿锵有力）是木兰男装时。 二、尝试创编木兰女装、男装的动作 （一）表现花木兰女装时的动作 **重点提问**：你们觉得花木兰在做什么事情？ 师：木兰在三个阶段里做了很多事情。首先我们一起走进木兰的家，请你们听着音乐来编一编木兰女装时候的故事。找一个空的地方，不要和其他小朋友碰到。 幼：跟着音乐的节奏编了弹古筝、喝茶、梳妆、绣花等动作。 师：看看她是怎么弹奏出美妙的音乐的？她的动作美在哪里？ 幼：手腕前后跟着音乐拨动琴弦，手臂也跟着一起摆动起来，头也晃一晃感受美妙的乐曲。 师：猜猜她在做什么。 幼：绣花。 师：是的，我看到她绣出了美丽的图案（织出美丽的布）。她是怎么绣花（织布）的呢？ 幼：手来回拉动针线，一只手拉动梭子在丝线里穿梭，另一只手摆动着织布机，眼随手动。 活动1：集体创编。 活动2：个别示范（音乐）。 【重点关注】弹琴——柔软的，手臂前后拨动，行云流水。 绣花/织布——手上拿好针，穿过布，上拉下来，眼随手动，花才能绣得美。 喝茶——拿起茶杯，双手端平，轻轻地拿在嘴边遮一遮。 活动3：集体表现。 **小结**：木兰女装在家真开心，有很多事情可

续表

第一次实录	第二次实录
（二）倾听 B 段音乐，表现号角声之后花木兰男装的动作 **重点提问**：花木兰在号角声之后有什么变化？ 活动 1：根据图谱，分组创编。 活动 2：小组分享，集体表现。 **小结**：号角响起，木兰换下女装，拿起花家枪，骑上骏马，上阵杀敌。 （三）倾听 A 段音乐，表现花木兰又变为女装后的动作 **重点提问**：花木兰变回女装后，会做些什么呢？ 活动：集体表现。 **小结**："脱我战时袍，著我旧时裳。当窗理云鬓，对镜帖花黄。"	以做、梳妆打扮、织布绣花。但是这个时候发生了一件事，她要换上男装，替父从军。 （二）分组创编花木兰男装的动作 【提示】播放号角声，激发幼儿表现欲望。 【重点关注】听到号角声响，去画板前准备。 活动 1：分组创编。 【提示】听着音乐，跟好节奏，动作有力。 （骑马—快慢；射箭—脚步；挥剑—眼神；挥拳—方向） 活动 2：分组展示。 **重点提问**：他们这组动作好在哪里？ 活动 3：四组示范、集体学习、教师表现。 **小结**：号角响起，木兰换上男装，迅速集结，眼神坚定，拿起刀枪、弓箭，骑上战马，上阵杀敌，英姿飒爽。

（选取图画书故事）

（截取于幼儿前期预读时的绘画）

表7　两次活动调整对比

活动调整对比	第一次	第二次	调整目的
音乐	8个小节的80速率的《中国功夫》选段	调整为120速率，节奏点明显	能够更合理地在一个八拍里演绎一套动作，并降低动作的呈现难度
目标	回忆故事内容，乐意跟随音乐的变化，用肢体动作表现花木兰替父从军的过程	能够理解音乐形象与故事情节，并能用动作大胆表现，体验创编的快乐	能跟着音乐的节奏用动作表现故事
环节	第一环节：回忆故事 第二环节：欣赏音乐 第三环节：跟随音乐表演 1. 倾听A段音乐，表现花木兰女装的动作 2. 倾听B段音乐，表现号角声之后花木兰男装的动作 3. 倾听A段音乐，表现花木兰又变为女装后的动作 第四环节：完整演绎音乐故事	第一环节：回忆故事感受音乐 第二环节：听音乐说感受 第三环节：尝试创编木兰女装、男装的动作 1. 表现花木兰女装时的动作 2. 分组创编花木兰男装的动作 3. 教师演绎 第四环节：完整演绎音乐故事	环节的递进性更加明显清晰，并且重点放在第三环节的创编动作中，通过集体创编、分组合作创编、教师演绎等多种方式呈现，环节更有难度和递进性
提问重难点	1. 第一段柔美的音乐中，木兰女装时会做什么 2. 第二段当号角响起，木兰女扮男装会做什么事情 3. 第三段回到柔美的音乐，木兰回到女装会做什么	听了这段音乐有什么感觉？觉得花木兰做了什么事情	提问重点放在结合音乐感受想象画面，并通过听辨音乐的快慢、节奏性来感受故事情节
动作重难点	花木兰女装时我们可以做哪些动作、表情 1. 幼儿自由表现 2. 集体表现 小结：花木兰温柔善良，在家里梳妆打扮、绣花织布	【重点关注】 弹琴——柔软的，手臂前后拨动，行云流水 绣花/织布——手上拿好针，穿过布，上拉下来，眼随手动，花才能绣得美 喝茶——拿起茶杯，双手端平，轻轻地拿在嘴边遮一遮	梳理几个典型动作的特点，并结合舞蹈特点进行概括描述，帮助幼儿提升动作

续表

活动调整对比	第一次	第二次	调整目的
图谱	呈现在黑板上，手动贴时间轴调整位置	呈现在希沃白板上，可以放大放小拖拽位置	减少舞台上的教具摆放，给幼儿更大的表现空间，以多媒体课件呈现，操作更加灵活

经过调整，幼儿听辨能力有了一定的提升，能够完整地描述音乐感受，说出准确的形容词。可以通过故事性的描述，让同伴产生画面感，并赞同他。教师在这个基础上帮助幼儿进行总结归纳。正是有了很好的音乐感受，幼儿才能通过肢体来表现，因此在演绎女装时，幼儿能结合故事情节、生活经验来表现，做出弹琴、散步、织布、喝茶、赏花等动作，都是贴合人物性格特征的。在动作的表现上，教师选择了手部、腿部、眼神等。在创编过程中，各小组先各自设计，然后互相讨论，最后呈现时，幼儿全都能跟着音乐大胆地表现木兰女装、男装的不同样子

（五）教师支持策略

1. 音乐契合画面，关注故事情节变化

前期阅读活动后，幼儿对图画书非常感兴趣，甚至能完整背诵《木兰辞》，表现出对花木兰特别的崇拜，并对故事的画面提出了很多的问题。在几次调整的过程中，教师从幼儿的兴趣出发，根据幼儿年龄特点，对选用的音乐、目标、环节都进行了调整提升，使选择的画面和音乐契合故事情节，由花木兰女装在家、替父从军、最后衣锦还乡三个部分组成。为了让幼儿更好地理解这个变化，教师用 ABA 的音乐形式来讲述故事。

2. 幼儿为先，鼓励自主创编

本活动的重点在创编，通过集体创编、小组创编、个别展示等不同的方式来表现木兰女装、男装的不同动作。教师重在观察，调整提高幼儿的表注，使其更具表现力、更契合音乐的节奏；在织布、绣花环节指导幼儿眼随手动；在弹琴环节，指导幼儿跟着音乐的节奏弹奏。这些不但能表现女性秀外慧中的特质，还能够提升幼儿的动作表现能力。表现男装就需要加入一定的情绪，通过音乐的暗示、同伴的讨论创编，展示出骑马、射箭、挥刀、打拳几个动作，比如骑马跟着音乐的节奏，可以表现策马奔腾；射箭用扎马步的动作；挥刀是表现力度与节奏的变化；打拳也是表现力度、方向。上述过程中，幼儿的动作技能得到了提升，

还可通过同伴之间的比较来提升自己的动作技能，使自己变得更大胆。

五、整体式阅读活动的思考

图画书《花木兰》是一本经典的中华优秀传统文化故事书，它不仅以精美的插图和生动的故事吸引着幼儿，还蕴含着丰富的文化内涵和教育价值。我们在开展整体式阅读的时候需要从以下几个方面进行思考：

（一）用好音视频和家长资源，带领幼儿走进历史情境

《花木兰》是发生在南北朝时期的传统文化故事，了解当时的历史背景对于幼儿理解故事有很好的促进作用，因此我们要用好视频和音频资源，让幼儿直观感受当时的社会风貌。同时，家长对《木兰辞》较为熟悉，我们可以以亲子预读的方式帮助幼儿更好地理解故事背景及其历史意义。

（二）用好幼儿的问题资源，引领幼儿在对话中理解主人公

经过一周的亲子预读，幼儿积累的问题往往是"真问题"，这些问题或与主人公有关，或与故事情节有关，或与关键画面有关。基于幼儿视角的问题容易引发他们的共鸣，因此我们在共读活动中要善于营造对话的氛围，让幼儿在"真互动"中激发对画面风格、色彩运用和画面布局的思考，产生对故事情节和主人公的深度理解，进而理解图画书的主旨内涵。

（三）用好学用结合的表征，助推幼儿在实操中主动建构

花木兰的多面优秀形象如何在幼儿的心中生根发芽？做中学、玩学合一是一个有效的途径，可以借助延读活动进一步拓展幼儿的表征，让幼儿通过表演音乐活动、绘制花木兰的画像、制作传统服饰的小模型等进一步建构主人公的伟大形象，激发幼儿向善向美的好学品质。

总之，图画书《花木兰》的整体式阅读要从预读活动、共读活动和延读活动等多个阶段和方面实践，这样才能增进幼儿对中华优秀传统文化的认识，促进他们在语言、艺术、社会情感等多方面发展。

（上海市青浦区晨星幼儿园　马福生　朱雁蓉）

课程故事七：坚守自己的梦想

——大班《我要飞》整体式深度阅读的课程故事

一、图画书介绍与解读

《我要飞》讲述了一只公鸡为了追求自己的梦想——飞行而不断学习、坚持尝试，在朋友的帮助下，经过一次次的努力、失败、再挑战，最终搭乘火箭飞上天的故事。在公鸡一次又一次的试飞中，作者将公鸡"飞行梦"所需要的条件逐步扩大，从自身的特殊体格——鸟的骨骼开始，到发现还要有大大的翅膀——飞行器，还需要风力——上升的力量，需要热气——借助热气球原理等，让幼儿在阅读每个片段时，能发现飞行的历史和秘密。

二、预读单设计与解析

图画书《我要飞》预读活动设计如图 11 所示。

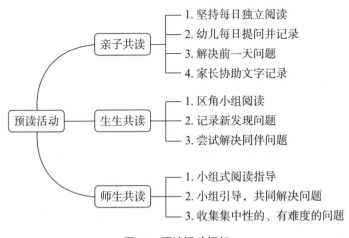

图 11　预读活动框架

（一）亲子共读——主动思考

在家庭每日阅读时间，我们将图画书《我要飞》发给每一位大班幼儿，以一周为期限，鼓励他们利用回家的时间每日一读，并尝试对图画书中不理解的、看不懂的画面进行自我提问，要求以画代字做好记录，可以标注页码。同时，我们希望家长在亲子共读时，记录下孩子的问题。针对前一天幼儿提出的问题与疑惑，在第二天阅读后可以将问题补充完整或提出其他的新问题，也可自问自答。

（二）生生共读——自问自答

在班级阅读区角，我们通过推荐优秀的图画书来进行环境创设，鼓励幼儿自主阅读之后，用自己擅长的方式记录问题，如用点读笔录制问题，用彩笔在记录册上记录问题；利用区角游戏讲评，鼓励幼儿解答同伴的问题，用同伴能够理解的方式记录答案，运用多种方式帮助理解书本。

（三）师生共读——个体到小组

在个体学习时间，教师和幼儿一起阅读，以同伴的身份参与，发挥小组优势共同解决问题，引发共思、共情，从而帮助幼儿对《我要飞》有更深层的思考。与此同时，教师不断收集幼儿比较集中的问题和难题，推动深度阅读集体教学活动的开展。

三、共读活动实践与教师支持

（一）大胆提问，将提问的主动权作为合作共读的难点

在共同阅读过程中，幼儿记录下了很多问题。经过一周的家园渗透性阅读，大部分问题在家长的陪伴下、在同伴的提示下、在教师的引导下逐步被解决，如"山羊为什么要帮公鸡实现梦想""公鸡怎么把风筝绑在自己身上了""大公鸡怎么飞到烟囱上"等（见图 12），都能在多次阅读画面和简单的互动交流中获得答案。

我们抓住大班幼儿好奇心大和乐意参与讨论的特点，在阅读的全过程中，尊重和接纳幼儿提出的问题和独立想法，将主动、合作作为共读难点，激发幼儿再次阅读的欲望。

图 12　幼儿用图文结合提出的问题

1. 活动目标

（1）仔细阅读图画书《我要飞》，敢于想象并大胆提问。

（2）乐意用连贯的语言，联系图画书前后画面帮助同伴解决问题。

2. 活动准备

图画书、PPT。

3. 重点引导

（1）重温图画书。三个人一组，分别看这本图画书，提出一个问题和同伴交流，看朋友能不能帮助解决。

（2）解读图画书。预设问题：① 公鸡的翅膀已经退化了，为什么还要飞？② 公鸡已经有很多肌肉了，骨骼也很轻，为什么还飞不起来？③ 公鸡已经开着飞机飞起来了，它怎么还要飞？

4. 活动过程

教：你们这组最难的问题是什么？

幼：为什么能在这里飞起来呢？（黑色画面）

幼：因为它在太空里。

教：同意吗？

幼：不同意。

教：说说你的理由。

幼：因为这里有云朵呀。

　　最上面的是云朵，云朵上面就是太空。

那怎么没有太阳？

太阳还要在上面。

教：那么它是在太空吗？

幼：第一页和最后一页，都是这样黑色的，也是飞起来的。

教：前后两页，都是飞起来的，它到底在哪里呢？

幼：为什么后一页是反过来的？一个在云上面，一个在云下面。

教：有人发现前后两页的秘密了。

幼：有可能是公鸡前面飞在云下面，后来又飞到云上面了。（幼儿比画动作）

那是很久之前的公鸡，是会飞的。

教：那为什么又会飞了？

幼：它在最后几页是要到太空去了，它现在在半空中，等它到最上面就到太空了。

教：你们都认为公鸡已经飞起来。

幼：同意。

为什么它不坐在太空舱里，非要坐在火箭里？

公鸡去过太空舱，有可能又要回来了。

我看到前面它都没有飞起来，是被抓到火箭里去的。

教：原来从前面一页发现，公鸡是被抓进去的。它到底是怎么进火箭的？

幼：它被什么东西抓进去的？

被网抓起来的。

被哪里放下来的网抓起来的？

是不是一个陷阱？

它就是想要飞。

我觉得是朋友把它抓进去的，让它有办法飞起来。

教：是要帮助它。

幼：对对对，山羊在前面就说了，一定要帮公鸡实现愿望。

教：原来你的朋友帮助了一下，就能解决这个问题。公鸡的朋友们刚开始就说明了要帮助公鸡。现在公鸡乘上了火箭，是什么心情呢？

幼：很幸福，很开心。

我觉得它很酷。

很激动，终于飞起来了。

教：公鸡的梦想是飞起来，它现在就飞起来了。它心里可能在想什么？

幼：我想一直住在太空舱里。

我还想到外面去看一看。

为什么还要坐火箭呢？

教：这是一只有梦想的公鸡，为了梦想它坚持不懈，朝着自己的目标努力奋斗。

5. 教师支持策略

（1）从个体提问到小组分享。一本受到幼儿喜爱的图画书，在反复阅读后幼儿依然会有很多疑惑。在集体教学中，教师要让幼儿在安静的氛围中、在小组的讨论中提出观点、整合知识经验，使其对图画书的认识更深入。

（2）尊重和接纳幼儿的观点。保障幼儿提问的权利，尊重其个性化的想法。在解读画面中，幼儿对两幅黑色的画面产生浓厚的兴趣：明明都是白天怎么就有两页是黑色的？他们脑洞大开，通过仔细观察画面，并联系"成功飞起来"的概念，最终得到了圆满的解释。幼儿自己的问题，通过借助自己已有的经验去解读画面、联动画面而得以解决。教师则应顺应他们的需求，给予他们对图画书自由的解读空间。

（3）从主动提问到主动回应。我们用音乐片段让幼儿有时间去自由思考，由此引发提问和解答，使他们学会了在互助中解答。其中，教师的一次追问——"它到底是怎么进火箭的"引发了生生互动，他们自由畅谈自己的观点，主动回应对方的问题，有理有据，同时还联系了前后画面，像一次小小的辩论。教师此刻是一位支持者，让幼儿成为活动的主角，用"公鸡的心情和想法"鼓励他们大胆地表达观点，进一步理解作者创作的内涵。

（二）解决问题，将重点问题作为合力解答的重点

活动前通过观察、收集幼儿的几个集中性问题，是反复阅读后存在的"难点"，一直未被突破。由此，教师改变集体教学策略，鉴于幼儿对问题熟悉、对图画书熟悉，也愿意讲述画面内容，组织了一次简短的投票，将最期待解决的三个问题作为集体活动的讨论重点（见图13）。

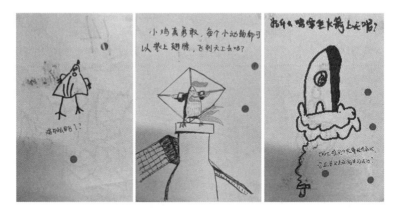

图 13　幼儿投票选出的三个最期待的问题

1. 活动目标

（1）仔细观察画面，联系前后情节，乐意帮助同伴解决问题。

（2）能用连贯的语言完整讲述画面，发现和感受公鸡为了实现梦想而不懈努力的品质。

2. 活动准备

经验准备：前期自主阅读后提问，经投票后推选出三个重点问题。

物质准备：图画书、PPT、黑板。

3. 重点引导

（1）回忆图画书与投票选出的最想解决的三个问题。

（2）自主阅读，从书里找一找，哪些画面和这三个问题有关？

（3）逐一分析这三个问题并讨论解决。

4. 重点追问

（1）你从哪里看出来的？（画面联系）

（2）猜猜它的心里在想什么？（心理描述）

（3）你觉得这是一只怎样的公鸡？（概括主旨）

5. 活动过程

师：为什么公鸡要坐火箭上天呢？

幼：它想去外太空。

公鸡想要飞上天——追求它的梦想。

它想要飞上天。

它乘火箭，不是自己想去的，是被人抓去的，就是因为它要飞。

教：在哪里发现这个画面？

幼：这里用网套住了公鸡，然后坐在火箭里面，就飞起来了。

教：公鸡是被抓起来了？谁有不一样的想法？

幼：它还想去地球的外面看看。

它想看看别的星球。

教：它不是已经飞成功了吗？怎么还要飞？

幼：它已经完成了一次，还想继续，再试一次（挑战）。

不是，它想和其他飞上天的小鸟一起玩。

为什么小鸟不在外太空啊？

不对。

它为什么一定要和小鸟一样飞呢？

为什么乘火箭呢？火箭已经到外太空了，已经见不到鸟了。

教：当公鸡到火箭里的时候发生了什么？

幼：它飞起来了，失重了，所有的物体都飞起来。

失重了。

教：画面里它是怎么飞的？

幼：一直飞，最后用飞机飞起来的。

教：怎么到了太空他自己飞起来了？你发现了什么秘密？

幼：公鸡在火箭上，什么东西都飘起来了。

它是自己飞起来了，失重。

自己飞起来的感觉。

如果让公鸡在外太空，就能自由飞翔了。

公鸡把椅子放在上面，想要飞去外太空。

教：自由！原来，公鸡的梦想，在前面就已经告诉大家：像鸟儿一样自由自在地飞翔。当它去太空的时候，就感受了太空里的自由，公鸡是什么感觉？

幼：真开心，我终于飞起来了。

兴奋，我终于能真正看到外面的世界了。

我相信公鸡一定很高兴。

6. 教师支持策略

（1）带着问题寻找画面线索。基于幼儿对《我要飞》的理解程度，带着问题到书里去寻找画面线索是一种挑战，能考验幼儿对画面前后联系、关键点相互联系的认识，也使画面解读具有针对性，教学内容更加丰满，加深幼儿对图画书的理解。因此在活动的第一个环节，通过回忆前期投票选出的三个问题，现场再次阅读，并提出中心问题，为解答做好充分准备。

（2）适时追问引发画面联系。大班幼儿在参与了多次阅读活动后，对单一画面的解读有了自己的认识，但是对画面间的联系、单页多画面的描述显得薄弱。如教师追问："怎么到了太空自己就飞起来了？你发现了什么秘密？"当幼儿七嘴八舌地讨论时就会发现"自由"对公鸡的重要性，是它继续追梦的动力。因此，教师适时介入追问，能够让幼儿充分观察画面、解读画面从而完整地表达故事情节，为深度阅读奠定良好的基础。

（3）思维导图梳理主角品质。这本书的主角特点鲜明，追求的梦想也很明确。它主动学习新知识，敢于大胆尝试，与大班幼儿的年龄特点有相似之处。通过一个阶段的阅读，幼儿对公鸡的品质有了较深入的理解，在表述上也更加丰富和完整。因此，运用思维导图是一种很好的方式，幼儿边讨论、边发现、边记录，形成了可视化的、可反复增加的提炼方式，使主旨一目了然，主角特征更加凸显。

四、延读活动实践与教师支持：科学活动《我要飞》之"火箭上天"

（一）活动设计

1. 活动目标

（1）运用观察比较法进行实验，帮助幼儿理解气流的大小与纸火箭上升高度的关系。

（2）引导幼儿有条理地表达自己的发现，帮助他们体验探索火箭上天的乐趣。

2. 活动准备

经验准备：幼儿有制作纸火箭并让纸火箭动起来的经验。

物质准备：小雪碧瓶（有盖子/无盖子/有洞/无洞）、幼儿自制纸火箭、猜测板、星球模型若干。

3. 活动重难点

重点：用观察比较的方法进行实验，帮助幼儿理解气流的大小与纸火箭上升高度的关系。

难点：引导幼儿有条理地表达自己在实验中的发现。

（二）片段实录

1. 第一次探索操作：火箭飞起来

教师：今天我们一起来做小小科学家，玩跟气流有关的游戏。纸火箭是能动起来的，那么纸火箭能飞上天吗？

（幼儿尝试做实验）

教师：时间到，请小朋友把实验材料送回原位。刚刚我们猜测的是没有盖子的雪碧瓶能产生气流。请你跟我们分享一下实验结果。

幼儿：我的实验结果是用有盖子的雪碧瓶也能让火箭飞上天。圆形的部分（火箭）放到那上面，然后拿起盖子这样往上一抛，就能飞起来。

教师：来试试你的方法。

幼儿：双手握住有盖子的雪碧瓶，上面放着火箭，一抛，火箭上去掉了下来。

教师：火箭飞上去了，但是刚刚在玩之前提了一个要求，要有气流。这样的方法有气流吗？

幼儿：没有。

教师：非常棒！让火箭飞上了天，可是不是用气流的方法，谢谢你。还有谁使用有气流的方法？

幼儿：我用的是有盖子的雪碧瓶也能让它飞起来。首先，我将火箭套在上面，然后将雪碧瓶在桌子上一蹲。

教师：她是用蹲的方法，可是有气流吗？

幼儿：没有。

教师：没有用气流的方法，但也是好方法，一个是抛，一个是蹲。

幼儿：我是把火箭套在没有盖子的雪碧瓶上，用手指一弹，火箭就飞上去了。

教师：他是用弹的方法，有气流了吗？

幼儿：没有气流。

幼儿：我们要用有气流的方法来做实验。

幼儿：我是用没有盖子的雪碧瓶，将火箭套在瓶子上。

教师：用拍的方法，产生了什么？

幼儿：用拍的方法产生了气流。

教师：对，用到了气流的方法。用拍的方法产生了气流，它就能飞上去了。

幼儿：我也有。我是捏住雪碧瓶也能产生气流，这样也能飞上天。

教师：捏出气流的方法我也来试试。

(教师学幼儿的方法试试)

教师：捏也能产生气流。那么哪种方法产生的气流大一点？

幼儿：拍。

幼儿：捏。

教师：实验结果就是用拍打和捏紧没有盖子的雪碧瓶能产生气体，雪碧瓶就能把纸火箭推上天（见图14）。

图14 火箭飞起来

2. 第二次探索操作：火箭飞起来

教师：既然雪碧瓶的出气口这么重要，那么如果出气口多一点，这边有个出气口，那边有个出气口，是不是能让火箭飞得更高呢？

幼儿：不会的。因为这个气从三个排气口同时流出去，气会变少，火箭就不会飞高。

幼儿：会，因为我觉得它有更多的气流会飞得更高。

教师：他会飞得更高，出气口多。（请幼儿上台）

教师：他不会飞得更高，出气口多。（请幼儿上台）

教师：你们同意谁的观点，就站到谁的后面。8个小朋友认为不会飞得很高；4个小朋友认为会飞得很高。

教师：有意见的话我们就去做实验。

（幼儿做实验）

幼儿：我觉得是三个口子的飞得更高。

（教师请幼儿上来试一试）

幼儿：捏住瓶子，火箭飞得很低。

幼儿：失败了。

教师：这是飞得高吗？

幼儿：这是飞得更低。

幼儿：我觉得是单孔的雪碧瓶飞得更高。

教师：请你上来试一试。

（教师并不急于让幼儿说原因，而是直接用感官操作让他们看到答案。）

幼儿：单手一拍让火箭飞上天了。

幼儿：喔噢！好高！

教师：单手就让火箭飞得那么高了，那么双手呢？

幼儿：由单手变为双手，用双手一拍，火箭就飞得更高了。

幼儿：因为单孔不漏气。

幼儿：因为单孔把气流都集中在一起，一起爆发出来。

教师：三孔就像小朋友说的，它边上的孔都把气流分散掉了，它的气流就变得小，就不能让我们的火箭飞得更高了。我们的结论是用双手拍打的方法可以让火箭飞得更高。

（三）教师支持策略

本班幼儿已非常熟悉图画书《我要飞》，知道公鸡经过多次飞行试验，最终借助火箭成功体验飞行的快乐。幼儿跟着体验了成功的快乐，并提出："我们可以自己做纸火箭吗?""我也想让它发射到天上去。""怎样让火箭动起来呢?"基于他们的兴趣点,教师提供材料,幼儿自制了纸火箭,也自发收集了很多关于"让纸火箭动起来"的辅助材料。

1. 让幼儿带着猜测去验证想法

《3—6岁儿童学习与发展指南》中提出,4—5岁幼儿能根据观察结果提出问题,并大胆猜测答案。教师运用贴猜测板的方法,首先让幼儿思考"无盖和有盖雪碧瓶,哪种能让纸火箭向上飞得更高";其次让幼儿带着自己的猜测去验证自己的想法;最后让幼儿用较为流利的语言表达自己的发现。这对幼儿的科学思维培养有着重要的作用,通过培养幼儿基本的探究能力,幼儿的思维会逐渐变得严谨。整个过程中,教师的语言都是带有启发性的,比如"到底是不是这样""我们有猜测就要有实验"。

幼儿在分享实验结果时,教师让幼儿上前示范他们的实验过程。这个方式不仅让当事幼儿有更深刻的思考,还引发了其他幼儿的思考。在同伴的帮助下,幼儿的学习经验更为深刻。

2. 创设轻松的探究氛围,允许幼儿犯错误

在猜测的时候,幼儿的答案是各不相同的,有的幼儿认为是无盖的雪碧瓶能让纸火箭飞得更高,有的认为有盖子的雪碧瓶飞得更高,但是在贴猜测板的时候,幼儿都贴了没有盖子的雪碧瓶飞得更高。教师并没有因此而反问幼儿,而是把重点放在实际操作中。

教师让幼儿分享实验结果时,并没有因为有幼儿猜测没有盖子的雪碧瓶飞得更高而说幼儿的猜测与操作不匹配,而是采取循循善诱的方法让幼儿意识到他是用有盖子的雪碧瓶没有产生气流的方法。

幼儿在犯错误的时候,教师的态度尤为重要。善于引导幼儿探究的教师在培养幼儿实践操作时,会思考得更全面。幼儿就是在不断试错中寻找到解决问题的方法。

3. 善于调动幼儿的思考与探究

教师在课堂中善于捕捉幼儿的不同观点,请不同观点的幼儿上前,再引发他们对出气口的多少与纸火箭飞得高低的关系思考。比如:"这边有个出气口,那边有个出气口,出气口多一点是不是能让火箭飞得更高呢?""同意谁的观点就

站到谁的后面。"一下子引发了幼儿的思考。幼儿的思维被打开，"因为这个气从三个排气口同时流出去，气会变少，火箭就不会飞高"。引导幼儿思考同伴的不同想法，这对幼儿的实际操作也能起到借鉴作用，有的幼儿因此改变观点，这就是同伴讨论的力量。

在分享实验结果时，有的幼儿的实验结果与猜想不符，教师没有直接否定，而是把问题抛给幼儿："这能使它飞得更高吗？"教师通过反问让幼儿在操作中思考，并自己探寻答案。

五、整体式阅读活动的实践思考

这是基于儿童立场还原图画书的一种新型实践。经过对整体式阅读活动的实践研究，我们发现在选择图画书的前期，教师的理解往往更成人化，局限于图画书的内容，忽略了图画书本身的设计。而站在儿童立场，我们在预读单中不难发现幼儿对图画书的色彩、结构，甚至是书名都充满疑惑。通过推进整体式阅读，使得在亲子、师生互动中的图画书阅读的整体性、全面性更强。

这是基于儿童立场设计教学的一种挑战模式。整体式阅读活动的前期是预读环节，通过反复阅读、记录幼儿的困惑，教师在设计教学活动时更有针对性和策略性。它不同于基础性的图画书教学活动，更侧重的是幼儿在阅、读、讲、说中的思维连贯性、发散性，将教学目标立足于儿童立场，符合当下的教学理念。

这是基于儿童立场的刺激阅读的多元方式。整体式阅读的开展是多层次、多方位的，并且是可以反复阅读、反复设计的，每一次阅读都会给教师、幼儿带来不同的体验，进一步激发幼儿在阅读中的思考，使他们从跟着问题回答到主动解答到提出更有趣的问题，如前后页的关联、颜色深浅的含义等，从而延伸出更多的教学活动。

（上海市青浦区晨星幼儿园　徐雯文　王　丽）

课程故事八：问题驱动式图画书阅读之我见

——大班《米歇尔　一只倒霉的羊》整体式深度阅读的课程故事

一、图画书介绍与解读

《米歇尔　一只倒霉的羊》（见图 15）是一本有趣的图画书，讲述了一只自认为倒霉的羊的幸运经历。由于不知道岩石掉落、闪电击树、冰面破裂、其他羊被屠宰……在他有限的认知里，他一直觉得自己很倒霉，却不知正是借着这些"倒霉"，他一次次躲过了灾难，他是幸运的。

图 15　《米歇尔　一只倒霉的羊》封面

作者用明暗两条线索来叙事：明线的画面清晰明了，有利于幼儿直接观察理解故事，发现米歇尔的倒霉经历，感受故事的有趣诙谐；暗线传达的看似倒霉实则幸运的信息相对较难理解，是需要教师引导的重点，也是深度阅读的一个重要内容，因此怎样由暗线解读引发幼儿的辩证思考和质疑是一个难点。

所谓"祸兮福之所倚，福兮祸之所伏"，眼前看似"倒霉"，也许背后蕴藏着我们所不知道的幸运。因此，对待生活中看似不公平的事情，我们要转变心态，积极应对，相信一切都是最好的安排。

二、预读单设计与解析

(一) 有效支持幼儿开展自主预读

一是给予充分的阅读时间。班级设置图书角，让幼儿能自由自主地选择自己喜爱的图画书，并有充足的时间能细细品味图画书且不被干扰。二是创造充分的阅读机会。教师提前两周将 10 本图画书放置在班级图书角，确保感兴趣的幼儿能在同一时间段内人手一本进行自主预读。三是给予充分的材料支撑，允许幼儿在自主预读后，用自己喜欢的方式表达对图画书的理解、疑惑、喜爱等。教师还应在阅读角投放足够的纸、笔、录音笔等材料，便于幼儿即时记录所思所想。

(二) 对幼儿自主预读的思考与分析

幼儿都非常喜欢这本图画书，对主人公的各种有趣经历充满了好奇，也对书中的画面有着各种各样的疑问和困惑。

比如兮兮的六张记录分别是：

(1) 米歇尔在干什么？

(2) 为什么米歇尔的周边都是长长的黑线？

(3) 为什么只有一只羊？

(4) 为什么这里一只羊都没有？

(5) 为什么这里有块冰，但是都没有羊呢？

(6) 为什么这里只有一只羊？

从该幼儿的问题可知她关注的是为何米歇尔总是一个人，其背后的深层含义其实就是米歇尔的特立独行与不合群。

(三) 形成经验与后续支持

(1) 幼儿自主预读时，教师不做具体引导，重点观察记录（拍照、摄像、查看幼儿的预读记录等）幼儿自主预读图画书的过程。

(2) 分析幼儿自主预读的过程资料，捕捉他们感兴趣、喜欢的、疑问的画面。

(3) 与有需求的幼儿互动，满足个别幼儿自主预读后表达的兴趣与欲望。

三、共读活动实践与教师支持

我们的共读活动更关注幼儿自主预读后的讨论。我们期望通过共读活动倾听幼儿对该图画书的喜好、理解和疑问，并基于他们的问题开展讨论。

（一）回忆与评价

（1）通过翻阅同伴的自主预读记录本，幼儿看到了自己在预读中的记录，开心地回忆起了自己那时的所思所想所感。

（2）"根据自己的投票，分享你对米歇尔的看法。"大屏幕上呈现了大家在图书角对米歇尔的评价投票，在桌上放置了该图画书，支持幼儿根据自己的投票，结合故事内容表达自己对米歇尔的看法，教师根据幼儿的讲述给予画面支持。

幼儿1：我觉得米歇尔是只倒霉的羊，它想吃树莓可是树莓却掉下山崖了。

幼儿2：它是只倒霉的羊，跟好朋友走散了，还踩到了牛粪，连狼都捂住鼻子嫌弃它了，特别好笑。

幼儿3：我觉得米歇尔是一只幸运的羊，其他的羊滑冰都掉进了河里，米歇尔没去滑所以没掉进河里。

（二）小组"自主阅读"与提问

1. 要求

认真完整地看一遍书，选择一幅不明白的画面提出问题；和同伴分享你的问题，每一组选出一个代表性问题；把书翻到代表问题所在的页面；倒计时5分钟结束后，把封面朝上放在自己面前，面对老师坐好。

2. 组内分享的各种问题

为什么米歇尔看着外面的悬崖？

为什么大树都倒了？

为什么米歇尔觉得自己这么倒霉？

为什么其他羊去了货车上，米歇尔却不上去呢？

这辆货车是干什么的？

……

我的思考：从幼儿在小组自主阅读和问题分享过程中的表现可以看出，自主预读切实为幼儿提供了与图画书深度互动的机会，帮助幼儿从中获取到了各种信息。每个幼儿都大胆自信地围绕着图画书提出了多个问题。

3. 四组幼儿选出的四个代表性问题

为什么其他羊都去树下躲雨了，米歇尔却不过去呢？

为什么这里的米歇尔有两只头？

为什么米歇尔想去滑冰又不想滑了呢？

为什么米歇尔的眼睛上会有两条红线？

我的思考：从问题中可以看出，幼儿对该图画书的内容各有所好，有的对某一画面上所表现的细节非常关注；有的能发现画面之间的前后关联，并且能比较客观地评价。教师始终坚持尊重幼儿对该图画书的各种认知和评价，可以从中了解他们的兴趣、疑惑和喜好，为后续开展有针对性的教育活动做充分铺垫。

(三) 现场提问与集体讨论

1. 幼儿代表问题一：为什么其他羊都去树下躲雨了，米歇尔却不过去呢？

幼儿1：因为这棵树下面已经挤满羊了，你看一点缝隙都没有了呀。

幼儿2：米歇尔是想去的，你看他是往树那里走的（上前在白板上指了指米歇尔的方向），但是其他羊早就已经到树下了，挤不下了。

幼儿3：因为米歇尔知道要被雷劈的，所以他没有过去。

教师：还有谁有不一样的看法？

幼儿1：我觉得米歇尔不知道，因为其他羊被雷劈的时候，米歇尔已经走了。

幼儿2：对，他没有看到，因为你看，他要去躲雨的时候他是看着树那里的，没有位置了，他很伤心，觉得自己很倒霉，所以他走了。

幼儿3：我觉得米歇尔很幸运，如果他也到树下躲雨，他也会被雷劈的，那就更倒霉了。

教师：那到底米歇尔知道其他羊被雷劈了吗？

幼儿1：不知道，因为其他羊被雷劈的时候，米歇尔是这样的（白板圈出米歇尔背对其他羊），他不可能看到。

幼儿2：而且这个时候米歇尔还在为自己没有到树下躲雨伤心，他的眼睛和嘴巴都是这样的（模仿米歇尔的神情），如果他看到其他羊被雷劈了，他肯定会觉得自己很幸运，肯定不会是这个表情的。

我的思考：针对这个问题，教师在充分尊重幼儿表达的基础上，时刻关注并引导幼儿通过仔细观察画面的细节来寻找答案，验证自己的猜测，最终达成对该问题的一致看法。读图能力是指幼儿按照画面的顺序，通过观察画面的背景、色彩和人物的动作、神态以及常用符号等，建立图与图之间的内在关联，理解画面内容的一种能力。在幼儿的读图能力未受到重视时，师幼之间的互动往往是教师单纯地结合图画讲述故事，幼儿则观察图画、倾听故事。这种情况下，幼儿对图画的观察不可能深入，他们更注重倾听故事情节的变化。而真正的读图能力是能发现图画中很多细节、暗示和秘密，根据线索做合理的推断。真正的读图，能给幼儿更大的想象空间，激发阅读兴趣，让幼儿快乐阅读。和幼儿一起阅读，让幼儿充分阅读，引导他们以自己的经验为基础理解图书的内容，能更充分地发展幼儿的观察能力、理解能力与推理能力，提高幼儿的思维水平。

2. 幼儿代表问题二：为什么米歇尔的眼睛上会有两条红线？

幼儿1：是因为他看到了他最喜欢吃的树莓了呀，所以他的眼睛一下子就冒红线了。（做了一个干脆利落的射线动作）

幼儿2：米歇尔的眼睛在上面是小小的，他看见树莓了，眼睛就瞪得大大的，还冒出了红光。（指着白板，对比了画面上下米歇尔眼睛大小的变化）

教师：米歇尔的眼睛原来是怎样的？看见树莓后发生了什么变化？一起学一学。

幼儿1：原来小小的，没有精神的，无精打采的样子，感觉睁也睁不开，看到树莓后一下子就睁大了，像会发光一样。（边说边模仿两种眼神变化）

幼儿2：对的，米歇尔看到树莓眼睛一下子瞪大了会发光，看到自己喜欢的东西我们的眼睛就会冒红光。

教师：为什么你们都认为米歇尔最喜欢的就是树莓呢？

幼儿1：你看，这个树莓旁边都是一根根的线，就好像金子一样闪闪发光的。

幼儿2：米歇尔的眼睛是看着这颗树莓的，树莓长得红红的高高的大大的，我都想吃了。

幼儿3：米歇尔眼睛上的红线就像奥特曼的激光一样，很厉害，是因为他看到了最喜欢吃的树莓才会这样的。

幼儿4：我还在这一页找到了答案。米歇尔看到路两边的树莓，眼睛也是射出红线的，其他羊就不会。

幼儿5：对对，而且米歇尔把这两边的树莓都吃完了，这边吃吃，那边吃吃，其他羊都上车走了，他都没发现，一直在认真地吃最喜欢的树莓。

我的思考：除了帮助幼儿捕捉画面中主要的信息，理解画面中各种细节所蕴含的意义外，教师还不断引导幼儿发现画面之间的关系，养成联系前后画面寻找线索和答案的好习惯。

这样的共读讨论既有趣又灵动，看似形散却神不散，在意料之外又在情理之中。我在活动中为幼儿提供了充分表达自己问题的机会，促进了幼儿倾听同伴、和同伴一起解决属于自己真问题的主动性、能动性，创造了以幼儿为中心的学习环境，助推幼儿对自身的学习产生更多的自主意识。幼儿自信大方、丰富多彩的表达表现与共读活动的设计理念息息相关，将自主预读前置，给予幼儿更多的时间和自由与教师和同伴深入互动，能让幼儿有时间反思，有助于培养他们的批判性思维。

（四）再次评价与深入思考

教师（进一步提问）：我们互相讨论和解决了同伴们的问题，现在重新回到这本图画书的封面，你们还有什么疑问吗？

幼儿1：为什么要叫"米歇尔 一只倒霉的羊"，它明明很幸运。

幼儿2：我觉得应该叫"米歇尔 一只幸运的羊"，因为它没有掉下悬崖，没有被雷劈，没有被树压死，没有被狼吃掉，没有被送到屠宰场，都很幸运啊。

教师：那你们说的这些幸运的事情米歇尔知道吗？

幼儿1：米歇尔不知道，因为每一次这些倒霉的事情发生的时候，米歇尔都没有看到，所以它才老是觉得自己很倒霉。

幼儿2：我觉得可以叫"米歇尔 一只倒霉又幸运的羊"，因为米歇尔想做什么都不成功，但是最后它吃到了最喜欢的树莓，还找到了好朋友，它很开心。

教师：你们说的都很有道理，米歇尔身上发生了许多它知道的倒霉的事情和它不知道的幸运的事情，它的故事告诉我们倒霉和幸运不是一成不变的，只要保持好心情，幸运的事情随时都会发生。

我的思考：选择关键页面引导幼儿仔细观察，提出疑问与猜测。教师为幼儿提供了各抒己见的机会，鼓励幼儿畅所欲言，由此可以帮助教师了解幼儿对该图画书的理解程度。事实上，幼儿表达自己想法的过程体现了课堂中师幼关系的转变。教师就像朋友一样支持与接纳幼儿的充分表达，欣赏与理解幼儿各不相同的观点与感受。

通过活动实践，教师深刻地感受到作为教师应当具备读懂儿童的能力和视角，从而更科学地掌握支持儿童阅读的方法。

四、延读活动实践与教师支持

（一）活动价值与设计意图

1. 对活动内容的分析

《布丽奇　一只幸运的羊》（见图 16）与《米歇尔　一只倒霉的羊》都来自"倒霉羊系列哲理绘本"，讲述了乐天派的布丽奇不会像她的同伴被像狼的影子吓得畏手畏脚，她只专注于自己热爱的事情——吃树莓，幸运总会不期而遇。两本图画书既是两个独立的故事，又有着密切的关系。

图 16　《布丽奇　一只幸运的羊》封面

《义务教育语文课程标准（2022 年版）》将整本书阅读纳入拓展型学习任务群。整本书阅读是当前小学语文研究的热点话题，童话是小学低中段整本书阅读重点推荐的题材类型。我们尝试让大班幼儿进行成套或成系列图画书的对比阅读，在自主预读活动中，尝试对比翻阅两本图画书，能够发现故事的主角都是羊，都喜欢吃树莓，从而发现两本书的关联性。

我们的两本图画书对比阅读好比小学的整本书阅读，不仅要求细致观察画面，还要求了解图书的主旨，以落实《上海市幼儿园幼小衔接活动指导意见（修订稿）》提出的阅读兴趣和阅读习惯的培养，与小学整本书阅读之间架起一座桥梁，不仅能开阔幼儿的视野，也能提高幼儿的表达能力与思辨能力。

2. 对幼儿的分析

《3—6岁儿童学习与发展指南》提出：大班幼儿能根据图书画面的线索猜想故事情节的发展；对看过的图书能说出自己的看法；他们还能有序、连贯、清楚地讲述一件事情。《上海市幼儿园幼小衔接活动指导意见（修订稿）》提出：3—8岁是儿童学习早期阅读的关键期。培养幼儿阅读图书的兴趣与习惯，使其具有初步的阅读理解能力是幼儿园教育的重要内容。

该班幼儿阅读经验丰富，幼儿在预读《米歇尔 一只倒霉的羊》与《布丽奇 一只幸运的羊》时发现两本书是有联系的，但经验较零散，对米歇尔与布丽奇为什么都喜欢吃树莓、都遇到狼，为什么没被电到，怎么会相遇的等感兴趣，在对比两本书的画面、观察画面中的细节、联系两本书相关画面等阅读能力方面须提高。

3. 对活动设计的分析

幼儿在预读中普遍对两本图画书中的有趣事件感兴趣，并且发现这些事件之间有着相互关联，却又无法将其中的关联比较全面、完整地进行梳理和表达。

基于这一现状，我们设计了本次延读活动，旨在培养幼儿对两本图画书整体阅读的能力，让他们在画面中寻找充分的证据进行合理的想象，从而深度理解画面细节所蕴含的意义，用有序连贯的语言清晰表达自己的发现，形成进一步的阅读策略。通过故事，体悟面对困难时如何专注做自己的事情，保持乐观的态度。

（二）延读活动：米歇尔与布里奇对比阅读

1. 活动目标

（1）尝试运用比较、排序等方法寻找两本图画书中的关联信息，并能完整自信地表达观点。

（2）在分享和讨论中，学习思辨解决问题的方法，保持积极乐观的心态。

2. 活动重难点

（1）活动重点：运用比较、排序等方法寻找关联信息，学习思辨解决问题的方法。

（2）活动难点：完整自信地表达观点，保持积极乐观的心态。

3. 活动片段

（1）预读回顾

一是幼儿说说自己和同伴在预读两本图画书时，发现并记录的有趣的经历，教师帮助幼儿发现两本图画书之间的关联（见图 17）。

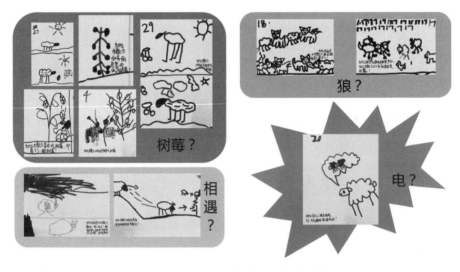

图 17　大 1 班幼儿记录的有趣经历与关联性问题

二是将幼儿在预读阶段提出的问题进行梳理，有助于聚焦解决对比阅读中的共性和典型问题。

我的思考：通过对预读记录的分享、观察、分析，帮助幼儿发现并聚焦两本图画书之间的关联性，激发幼儿参与对比阅读的兴趣。

（2）自主阅读，协商讨论

过渡语：今天我们一起来解决其中的两个问题。

① 滚动播放问题，幼儿随机点击要解决的两个问题。

② 小组商量决定要解读的问题。

③ 围绕问题自主阅读与讨论。

要求：带着问题，一页一页，从左往右，从上往下，将这两本书连起来阅读，仔细寻找答案。

我的思考：一是基于幼儿提出的关于两本图画书的关联性问题，采用随机抽题的形式，让幼儿感受到尊重与公平；二是幼儿小组协商决定要讨论解决的问题，尝试利用联系前后画面、仔细观察画面、比较画面等方式，合作解决问题。

（3）讨论交流，解决问题

预设追问 1：分别在哪里找到了答案？对他们专心吃树莓这件事，你有什么想法或者感受吗？

小结：既要保持一心一意做事的好习惯，也要在过程中注意观察和保护自己的安全。

我的思考：引导幼儿将两本图画书联系起来观察与阅读，既要联系前后画面，也要关注画面细节。从而延伸到小学生的阅读习惯与规则，让幼儿明白既要养成一心一意做事的好习惯，但也要时刻注意观察与保护自己的道理。

预设追问 2：（联系前后画面、关注细节）不幸的是什么？幸运的又是什么？他们自己知道吗？你想对他们说什么？

小结：时刻保持乐观的心态，积极地看待每一件事情，那么你永远都是幸运儿。

我的思考：这两个问题具有一定的共性，都体现了福祸相倚的道理，所以预设的追问是一样的，以此来引导幼儿掌握联系前后画面、对比画面、关注细节等阅读方法，合作解决问题，并学会用辩证的方法看待幸运与倒霉，保持积极乐观的心态。

预设追问 3：米歇尔和布里奇分别是什么时候进树林的？对应的画面是什么？

小结：通过对比两本书的前后画面，我们发现他们确实没有在树林里相遇。

我的思考：全程引导幼儿围绕问题在两本图画书中探究米歇尔和布里奇进入树林的时间点，并通过比较他们进入树林的时间差，达成对两者是否相遇的共识。

预设追问 4：最终他们相遇了，你们能把两本书里他们从迷失在黑夜到相遇的画面排一排、讲一讲吗（见图 18）？

图18　部分幼儿的排序及创编情节分享

　　小结：将两本书对比阅读，会发现情节有交叉、有重叠，会发现主人公在同一空间、同一时间发生相同的事情。这样的阅读也是一件有趣的事。

　　我的思考：鼓励幼儿用对比阅读的方式理解两本书中交叉的故事情节并进行排序和讲述，这样既能提升幼儿的思辨能力和创编表述能力，又能使他们发现对比阅读的乐趣所在。

　　（三）延伸思考

　　过渡语：这两本图画书之间还有一个秘密哦，他们都是法国的维克多创作的"倒霉羊系列哲理绘本"。

　　重点提问：通过对比阅读这两本图画书，你有什么收获？

　　小结：我们进入小学后可能会遇到各种各样的困难，要像这套系列绘本传达的精神那样，时刻保持积极乐观的心态面对哦。

　　我的思考：拓展幼儿对图画书的认识，让他们知道还有系列的图画书，这些图画书之间既独立又彼此关联，进一步激发幼儿再阅读的兴趣。

（上海市青浦区晨星幼儿园　傅文婷）

课程故事九：循序渐进挖掘图画书价值内涵

——由《火焰》开展的整体式阅读活动

一、图画书介绍与解读

《火焰》（见图 19）用富有动感的画面描绘出狐狸妈妈火焰和猎人反复周旋、机智英勇救出孩子斑点的故事，既惊险又温馨，让读者深深感受到了狐狸妈妈火焰为救孩子深入虎穴、不顾一切的伟大母爱。

整个故事可分为三个部分：

发生——安静的森林遭到破坏，狐狸妈妈火焰被迫带着孩子们离开，斑点在半路不幸落入猎人的陷阱。

发展——第一次白天营救，火焰选择孤身前往，在猎狗和猎人的强大攻势下以失败告终，拼尽全力利用羊群才得以死里逃生；第二次夜

图 19 《火焰》封面

晚营救，依旧孤身前往，被猎狗发现后疯狂追捕，她竭尽所能逃跑并机智地利用火车将猎狗消灭。虽再次虎口脱险，但营救还是失败了。

结局——第三次寻求同伴帮助后营救成功，成百上千只狐狸像漫山遍野的熊熊烈火围住了猎人，迫使猎人放回了斑点，重回妈妈温暖的怀抱，火焰一家终于团聚了。

二、预读单设计与解析

（一）设计预读单，开展亲子预读

针对图画书《火焰》，教师专门设计了预读单，主要作用一是引导家长尽可

能尊重和理解孩子的年龄特点和发展差异，基于他们原有阅读经验开展相应的指导；二是有助于围绕着故事主旨和价值内涵，开展有效的亲子预读活动；三是通过一周亲子阅读的记录，引导家长适当放手，为孩子提供充分的反复阅读的机会与时间，家长收集幼儿在阅读活动中的行为表现，辅助观察并记录预读单，学做高质量的陪伴者（见图20）。

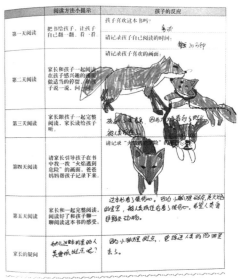

图20　《火焰》预读单

这样的方式，不仅有助于家长提升亲子阅读指导能力，还有助于孩子在亲子阅读中实现对《火焰》的前深度预读，更让家长在此过程中看到了孩子的"力量"，让孩子成为真正的阅读者。

（二）分析预读单，梳理共性和难点问题

在亲子阅读一周后，教师将各班的亲子预读记录单进行了梳理与分析（见表8）。

表8　预读单幼儿问题梳理表

预读单中幼儿的问题	共性、难点问题	教师预设的重点讨论问题
1. P3 小狐狸钻进那个树洞干什么呢？ 2. P4 为什么这些树会倒下来？ 3. P4 火焰为什么带着宝宝逃走？ 4. P4 不知从什么时候起，森林里传来了奇怪的声音，是什么声音呢？ 5. P5 森林里为什么要弄个小陷阱让斑点掉进去？ 6. P6 为什么一只小狐狸掉进陷阱里，狐狸妈妈不去救他，而是往前跑了？ 7. P6 当狐狸妈妈看到自己的孩子被抓住时，心情是怎样的？ 8. P6 为什么猎人要把斑点关进笼子里面？ 9. P8 火焰是怎么来到农场的呢？她认识路吗？ 10. P8 狐狸妈妈进来的时候，为什么狗会叫呢？ 11. P12 为什么火焰跳上了老山羊的背，猎人就不敢开枪了呢？ 12. P13 为什么火焰要跳到老山羊的背上？ 13. P14 为什么她要等天黑了，才去救宝宝？ 14. P14 火焰逃走了，为什么还要回到农场？ 15. P17 狐狸害怕猎狗吗？ 16. P25 前面就是高架桥了，为什么火焰放慢了奔跑的速度，这样猎狗不是追上了吗？ 17. P27 为什么这两只狗追着火焰，后面还有火车，火焰不换一条路逃走呢？ 18. P27 为什么要把猎狗带到火车轨道上去？ 19. P28 为什么猎狗会掉下去？ 20. P29 为什么火焰跑出去了，那两只狗会掉下来呢？ 21. P29 火焰是怎么知道利用火车摆脱猎狗的追击的？ 22. P31 为什么火焰跳上山丘的时候，她没有掉下去呢？ 23. P33 火焰看到自己的宝宝了，为什么又转身跑走了？ 24. P37 猎人不是有枪吗，他们为什么还害怕那么多狐狸？ 25. P36 狐狸妈妈为什么要找一群狐狸来帮忙？ 26. P37 斑点身上的铁链子是谁弄掉的？ 27. 火焰为什么要冒着危险去救斑点？	1. 为什么火焰跳上了老山羊的背，猎人就不敢开枪了呢？ 2. 为什么要把猎狗带到火车轨道上去？ 3. 猎人不是有枪吗，他们为什么还害怕那么多狐狸？ 4. 为什么她要等天黑了，才去救宝宝？ 5. 狐狸害怕猎狗吗？	1. 火焰是个怎样的妈妈？ 2. 火焰已经成功救出了斑点，为什么还要带着孩子们离开它们熟悉的家去别的地方生活呢？

根据对幼儿预读单中呈现的问题的初步梳理可以看出，为期一周的《火焰》亲子阅读活动，为幼儿提供了足够的自主阅读机会和时间，家长在预读单的指引下，确保了孩子与图画书深度互动，帮助他们从图画书中收获了不同的信息；同时发现幼儿在对图画书的解读过程中既有共性问题，也有个性问题。

三、共读活动实践与教师支持

(一) 精准把握图画书价值内涵，促进幼儿深度阅读与理解

教师对阅读材料的内涵和价值的准确把握至关重要。一是教师也要深度阅读，精准把握价值内涵，反复斟酌并预设重难点问题；二是基于幼儿预读经验，聚焦重点话题，使问题更有意义，更紧扣并有助于教学目标的达成和重难点的解决，更能帮助幼儿理解图画书背后的深刻寓意。

综上考量，教师最后聚焦了两个重点讨论内容：

（1）"火焰是个怎样的妈妈?"——渗透于共读活动全过程。

（2）"火焰已经成功救出了斑点，为什么还要带着孩子们离开它们熟悉的家去别的地方生活呢?"——根据课堂中幼儿的深度阅读和讨论程度，适时提出。

幼儿对教师问题 1 "火焰是个怎样的妈妈" 的回答如下：

"我觉得火焰是个勇敢的妈妈，因为她连猎人的枪都不怕，要去救小斑点。"

"我觉得火焰是个聪明的妈妈，她利用火车和轨道成功地甩掉了可恶的猎狗。"

"我觉得火焰是个坚强的妈妈，她一次又一次地救斑点，一直都没有放弃。"

"我觉得火焰是个伟大的妈妈，因为她很爱很爱自己的孩子，不怕危险都要救斑点。"

......

课堂中无论幼儿提出的具有讨论价值的问题是什么，在生生互动解决该问题后，教师都会聚焦 "现在你们觉得火焰是个怎样的妈妈" 这一重点讨论内容，引导幼儿从当下的问题和分享中，对火焰妈妈的品质和作品内涵做深度思考和解析。

由以上幼儿对火焰的评价和辨析可以看出，他们真实地表达了自己的看法，这对幼儿自身的发展具有积极意义。同时，倾听同伴相同或者相悖观点的过程，也是幼儿学习乃至自我调整的重要时机。

(二)支持幼儿大胆提问与表达，发挥幼儿在课堂的主体作用

通过对幼儿自主阅读的预读单的分析，教师对幼儿与该图画书的深度互动情况有了初步的了解，在设计《火焰》共读活动的时候，教师采用讨论式集体阅读活动模式，以彰显幼儿这一阅读主体，鼓励和激发幼儿阐述自己的观点、质疑或补充同伴的观点，接纳多元的观点（见表9）。

表9　《火焰》集体阅读活动方案与听课记录表

语言项目组活动听课记录表				（听课人：　　　　）	
活动名称	火焰		**建议主题**	动物大世界	**侧重领域**	语言
执教者	傅文婷	**班级**	大3班	原创（✓） 改编（　）	**活动时间**	

活动目标：
1. 仔细观察画面，能用完整的语言大胆提问，并联系前后画面寻找线索
2. 大胆猜测并发表观点，进一步理解故事内容，激发对狐狸妈妈的敬爱之情

活动重点：积极提问，并能联系前后画面寻找线索
活动难点：大胆猜测并发表观点，激发对狐狸妈妈的敬爱之情

	环节过程	幼儿深度学习 行为表现	教师的支持 策略
活动导入	**导入**：这是我们最近一直在看的图画书《火焰》 **重点提问**：你们觉得火焰是一个怎样的妈妈 **小结**：原来在你们每个人的心中都有一个独特的火焰妈妈		
自主阅读	**要求**：请你从封面开始一页一页从前往后仔细看，一边看一边想，在你不明白的画面上用书签做好标记，时间到了面对我坐好，我就知道了 **教师巡视指导**：孩子自主阅读的习惯、幼儿感兴趣或存在疑问的画面		
提问与讨论	1. 幼儿提问，集体讨论分享 **重点提问**：你看不懂的画面是什么？在第几页？谁能帮他解决问题？你觉得火焰是个怎样的妈妈 **重点关注**：愿意猜测，并能联系故事前后画面寻找线索，激发幼儿对狐狸妈妈火焰的敬爱之情		

续表

	环节过程	幼儿深度学习行为表现	教师的支持策略
提问与讨论	预设重难点问题： 第一次营救 P8—13：为什么火焰妈妈要蹿到老山羊的背上 第二次营救 P14—31：为什么火焰妈妈要放慢脚步，这样猎狗会追上它？为什么猎狗掉下了铁路，火焰妈妈却跳到了山丘上 第三次营救 P32—39：为什么火焰要叫来一群狐狸？为什么火焰不能一个人去救斑点 **小结**：火焰是一个集智慧、勇敢、才能……于一身的对孩子充满爱的伟大的妈妈。你们观察得真仔细，讨论很热烈也很有道理 2. 小组提问，讨论分享 **要求**：把你的问题和朋友一起讨论分享，教师巡回观察指导幼儿的互动情况 **总结**：这本书里的秘密可真不少，让我们读到了火焰妈妈的……而这一切都源于妈妈伟大的爱		
延读环节	教师提问，激发幼儿继续深度阅读和思考 **导语**：你们通过讨论互助解决了好多问题，我也有个不明白的地方，想请你们帮帮忙 **重点提问**：火焰妈妈已经成功救出了斑点，为什么还要带着孩子们离开这个熟悉的家去别的地方生活呢		

在《火焰》共读活动现场，教师利用自主阅读环节大致了解了 12 位幼儿的各种问题。围绕本次共读活动的目标，教师从当下幼儿的问题中提炼出最有价值和深度的问题开展活动，推动幼儿在课堂上开展讨论。

以下都是幼儿根据同伴的问题给出的答案和诠释。这些回应能很大程度上帮助教师精准判断哪些孩子看懂了故事，了解他们对同一个问题各自持有怎样的独特见解。

幼儿提问："第 37 页，为什么火焰要叫来一群狐狸？为什么火焰不能一个人去救斑点？"

幼儿互动："火焰一个人去救了，你看她都是一个人去救斑点的。"

"对的，她一个人去救过两次了，都失败了呀，这次是第三次去救了。"

　　　　　　"是的，火焰一个人是斗不过两个猎人的，所以她叫来了她的朋
　　　　　友们。"

　　　　　　"人多力量大，我看到猎人的手都举起来投降了，猎人害怕好多
　　　　　好多狐狸。"

教师追问："你们怎么看出来是好多好多狐狸的呢?"

幼儿互动："我是看着图片数出来的，你看，2、4、6、8……一共28只。"

　　　　　　"不对不对，还有更多，你看最左边和最右边的狐狸只有一半，
　　　　　可能后面还有好多好多狐狸呢!"

　　　　　　"是的，我也发现一个猎人是对着我们投降的，一个猎人是背着
　　　　　我们投降的，有可能还有很多很多数不清的狐狸在书的外面呢。"

教师总结："大班的孩子果然不一样，不仅读懂了画面上的故事，连作者藏
　　　　　在画面之外的信息都能发现，真是了不起。"

教师提问："终于营救成功了，现在你觉得火焰是个怎样的妈妈?"

幼儿互动："了不起，很伟大，她一次又一次地失败了，一共救了三次才成
　　　　　功，但是她都没有放弃。"

　　　　　　"是的，火焰很机智，她知道一个人救不了斑点，叫来了数不清
　　　　　的狐狸一起帮忙救，人多力量大。"

　　　　　　"她很爱斑点，不顾危险，终于把斑点救出来了。"

　　这样的讨论生动又有趣，幼儿之间的生生互动和观点阐述，既在情理之中又
在意料之外。有的幼儿能大胆质疑同伴的问题，积极联系故事前后画面呈现证据
并阐述自己的观点;有的幼儿能站在故事角色火焰和猎人的角度，结合自身生活
经验，解决同伴的困惑;有的幼儿能观察发现画面中的细节信息，从画面上的显
性信息大胆推测可能隐藏的隐性线索，为同伴开拓解决问题的新路径。

　　幼儿精彩的表达与深度阅读的理念和本活动的目标息息相关。一周的亲子阅
读，成功帮助我们腾出更多的时间，促进幼儿在共读活动中与同伴、教师深入互
动，深度阅读。这样的尝试，让我们更坚定了在活动时教师要注重为幼儿提供大
胆表述自己问题和观点的机会，支持幼儿认真地和同伴一起解决属于他们的真
问题。

四、延读活动实践与教师支持

（一）语言、美术活动的延续

《火焰》这本书有很强的故事性，幼儿对前后发生的故事情节都非常感兴趣。在共读活动之后，幼儿对后续的故事发展展开了讨论，有的幼儿说火焰会带着她的两个孩子直接离开这片森林，去寻找新的住所；有的说火焰会在森林深处另外找一个安全的地方，这样她和宝宝不用再走很远的路了；还有的幼儿在想或许火焰还会碰到其他的危险。

在幼儿热烈讨论之后，教师鼓励他们把想法画下来，希望能变成《火焰》后续的故事集。幼儿自发地拿出白纸，一边和朋友聊故事情节，一边画画。教师把幼儿的作品呈现出来，激发了他们后续创作的热情，使续编《火焰》变成一件特别开心的事情。

（二）科学探究的延续

《火焰》描述了狐狸火焰三次营救宝宝的故事，书中的火焰被赋予了优秀的精神品质——勇敢、机智、聪明、坚持不懈，等等。但是在很多童话故事中，狐狸也往往被描绘成"狡猾""奸诈""贪婪"的形象。

这时候幼儿又有了新的疑问：究竟大自然中的狐狸是怎样的？班级里展开对真实"狐狸"的探究。探究的问题有很多，幼儿比较好奇的有：

（1）狐狸的习性如何？爱吃什么？

（2）狐狸是群居还是独居？

（3）狐狸的种类有多少？

（4）适合狐狸居住的环境是怎样的？

（5）狐狸真的很聪明吗？

把这些问题通过调查表的形式发给幼儿，他们拿着自己感兴趣的问题回家查找资料，和爸爸妈妈一起寻找答案，最后汇集在班级的"狐狸大调查"版面上。由此，幼儿对狐狸的探究更具体和深入了。

（上海市青浦区晨星幼儿园　傅文婷　吴　敏）

第五章　课题研究的专题求索

专题一　幼小衔接视角下的整体式阅读

——基于儿童"语言发展"经验连续性的入学准备

语言是人类思维及交流的工具，幼儿从幼儿园进入小学，需要适应新的环境、新的人际关系、新的学习和活动方式，在这个过程中，语言发挥着重要的作用，因此在幼小衔接阶段语言入学准备尤为关键。语言入学准备是指学前幼儿进入小学时在语言发展方面应达到的水平和状态，体现的是社会对学前幼儿入学前应获得哪些语言经验与能力的期望。本文从幼儿语言入学准备的核心要素出发，在深度学习和语言 PCK 教育理论的指导下，解读幼儿阅读教学的新架构——整体式阅读与语言入学准备的关联。

一、幼儿语言入学准备的核心经验与素养

根据教育部《关于大力推进幼儿园与小学科学衔接的指导意见》中提出的"减缓衔接坡度""推动双向衔接"等新时代要求，幼儿教育与小学教育要有机对接，以同向共进为目标导向，摈弃幼儿园、小学各自为政的弊端，帮助幼儿做好入学前的准备，发挥幼儿园在入学准备教育阶段的主体作用。为了更好地推动幼儿语言发展，我们需要了解其核心素养，以便有针对性地开展指导。

（一）从《3—6 岁儿童学习与发展指南》看幼儿语言入学准备的核心经验与素养目标

《3—6 岁儿童学习与发展指南》（以下简称《指南》）明确提出语言是交流和思维的工具，幼儿期是语言发展的飞跃期。幼儿语言的发展贯穿于各个领域，也对其他领域的学习与发展有着重要的影响。幼儿在运用语言进行交流的同时，也在发展着人际交往能力、理解他人和判断交往情境的能力、组织自己思想的能力。通过语言获取信息，幼儿的学习逐步超越个体的直接感知。《指南》中将语言领域分为两大块：倾听与表达、阅读与书写准备。

1. 倾听与表达的目标与教育建议

目标1：认真听并能听懂常用语言

教育建议：多给幼儿提供倾听和交谈的机会，如经常和幼儿一起谈论他们感兴趣的话题，或一起看图书、讲故事，引导幼儿学会认真倾听。与幼儿讲话时，要注意结合情境使用丰富的语言，以便幼儿理解。

目标2：愿意讲话并能清楚地表达

教育建议：为幼儿创造说话的机会并体验语言交往的乐趣，引导幼儿清楚地表达。

目标3：具有文明的语言习惯

教育建议：成人注意语言文明，为幼儿做出表率，帮助幼儿养成良好的语言行为习惯。

2. 阅读与书写准备的目标与教育建议

要培养幼儿良好的阅读习惯和兴趣，进一步拓展学习经验。《指南》明确指出："为幼儿提供丰富、适宜的低幼读物，经常和幼儿一起看图书、讲故事，丰富其语言表达能力，培养阅读兴趣和良好的阅读习惯，进一步拓展学习经验。"

目标1：喜欢听故事、看图书

教育建议：为幼儿提供良好的阅读环境和条件，激发幼儿的阅读兴趣，培养阅读习惯。引导幼儿体会标识、文字符号的用途。

目标2：具有初步的阅读理解能力

教育建议：经常和幼儿一起阅读，引导他们以自己的经验为基础理解图书的内容，在阅读中发展幼儿的想象和创造能力。引导幼儿感受文学作品的美。

目标3：具有书面表达的愿望和初步技能

教育建议：让幼儿在写写画画的过程中体验文字符号的功能，培养书写兴趣。在绘画和游戏中做必要的书写准备。

《指南》加大了阅读在儿童语言教育中的比重，凸显了早期阅读在儿童语言发展中的重要地位。

（1）阅读目标定位清晰准确：依据儿童阅读心理发展规律，呈现阶梯式的特点。而且细化了阅读年龄阶段目标，使阅读更具针对性和有效性。

（2）阅读内容涵盖科学全面：依据神经语言学的理论提出要注重视觉符号、

标志的摄入，比较概括。依据阅读心理学的理论提出要注重儿童阅读心理的发展，更加全面、完善和细致。

（3）阅读能力偏重理解创造：阅读理解是幼儿观察图画书的画面、理解语言文字等综合认知能力培养的过程，使幼儿具有口头语言与书面语言对应的能力和书面语言的视觉感知辨别能力。为帮助幼儿学会观察、理解图书画面，《指南》的阅读理解能力目标中有六处提到"画面"：对画面背景的理解；对画面色彩的理解；对画面内容及细节的理解；对画面人物的理解；对画面间关系的理解；对画面主题的理解力以及阅读预测和阅读创造能力；等等。培养儿童的自主阅读能力包括：口头语言与书面语言对应的能力、书面语言的视觉感知辨别的能力、成为流畅阅读者的策略预备能力；发展儿童的阅读创造能力包括：文学欣赏能力、诗歌仿编和故事编构能力、自编自制图画书能力、故事表演能力。

（4）早期儿童书写要求简单明确：早期书写是指儿童在未接受正式的书写教育之前，根据环境中习得的书面语言知识，以涂鸦、图画、像字而非字的符号、接近正确的字等形式进行的书写。《指南》明确指出早期书写的要求主要是培养幼儿涂涂画画的兴趣，养成良好的书写习惯，主要包括早期涂鸦、图夹文、书写姓名等。

（二）从小学1—2年级语文课标看幼儿语言入学准备的核心经验与素养目标

1. 小学语文新课标提出的四个核心素养

（1）文化自信：对中华文化有认同感，对中国文化的生命力有信心，包括文化认同、文化积淀、文化理解、文化参与等。

（2）语言运用：具备良好的语感，能有效交流沟通，对国家通用语言文字有深厚情感等。

（3）思维能力：能在语文学习过程中联想想象、分析比较、归纳判断等，有好奇心、求知欲，养成积极思考的习惯等。

（4）审美创造：能感受、理解、欣赏和评价语言文字作品，具有发现美、创造美的能力等。

2. 新课标与《指南》的语言目标比较

两者既有内在联系，也有不同，体现出教育理念的渐进与发展，详见表1。

表1　《义务教育语文课程标准（2022 年版）》（小学 1—2 年级）与《指南》比较

《义务教育语文课程标准（2022 年版）》小学 1—2 年级部分		《3—6 岁儿童学习与发展指南》语言领域	
学习板块与目标要求		子领域与目标	
识字与写字	喜欢学习汉字，有主动识字、写字的愿望	倾听与表达	认真听并能听懂常用语言 愿意讲话并能清楚地表达 具有文明的语言习惯
阅读与欣赏	喜欢阅读，感受阅读乐趣；结合上下文和生活实际了解课文中词句的意思		
表达与交流	学说普通话，逐步养成说普通话的习惯，有表达交流的自信心	阅读与书写准备	喜欢听故事、看图书 具有初步的阅读理解能力 具有书面表达的愿望和初步技能
梳理与探究	观察字形，体会汉字部件之间的关系，感知汉字与生活的关系		

3. "幼儿园语言"与"小学语文"的异同

通过对《指南》和《义务教育语文课程标准（2022 年版）》（以下简称《语文课标》）的比较，以下从目标、内容和学习途径三个方面分析异同。

（1）不同之处

一是目标不同。《指南》中幼儿园语言领域的目标是：认真听并能听懂常用语言；愿意讲话并能清楚地表达；具有文明的语言习惯；喜欢听故事、看图书；具有初步的阅读理解能力；具有书面表达的愿望和初步技能。简言之，就是聚焦于倾听、表达、阅读和书写四个方面。《语文课标》对小学 1—2 年级阶段的目标表述得十分具体，主要包括识字与写字、阅读、写话、口语交际和综合性学习五个阶段目标。

从对目标的表述中可以看出，幼儿园语言领域的目标主要侧重三个方面：一是倾向于体验性目标，如用"愿意""喜欢"等情感性词语描述；二是注重语言习惯的养成，如认真听、能在成人的提醒下使用恰当的礼貌用语等；三是聚焦口语表达能力，如讲话、日常用语等。阅读和书写准备方面的目标也仅强调兴趣、愿望及初步技能的养成。小学语文的目标在幼儿发展层面涉及情感、习惯、方法、能力，在学科层面包括汉语拼音、汉字认读与书写、阅读、写作、工具书使用等，更加关注语文学科的专业化、系统化。

二是内容及途径的不同。在内容上，幼儿园语言领域包括看图讲述、谈话、文学作品学习、早期阅读、听说游戏等活动类型，强调为幼儿创设自由、宽松的语言环境，为幼儿提供丰富、适宜的低幼读物，培养阅读兴趣和良好的阅读习惯，进一步拓展学习经验等。在学习途径上，《指南》指出，幼儿的语言能力是在交流和运用的过程中发展起来的，应为幼儿创设自由、宽松的语言环境，应通过多种活动扩展幼儿的生活经验，丰富语言的内容。《语文课标》把小学语文教学的内容分为五个方面，即识字与写字、阅读、写话、口语交际和综合性学习，而对与幼儿园衔接紧密的1—2年级来说，识字、写字是重点，其具体要求则是喜欢学习汉字，有主动识字、写字的愿望。在学习途径上，小学语文教师通常采用的是讲授法和练习法，学生在教室静坐听讲，在课堂中学习。通过对二者在内容和学习途径上的比较可以看出，幼儿园语言领域要求教师为幼儿提供一个适宜的环境，运用多种形式培养幼儿对口头表达、阅读的兴趣及初步的能力；而小学语文则是通过系统的语文教育让儿童掌握字词、拼音和背诵，不但注重学习过程的多样化，而且注重对学习结果的评价。

（2）相同之处

一是内容上注重有机整合。《指南》将幼儿园语言领域分为倾听与表达、阅读与书写准备两个方面，而《语文课标》除了识字与写字、阅读、写作、口语交际这些要求外，还提出了综合性学习的要求。从这些要求中可以看出，二者虽然对目标和内容的设置有所区别，但是各个目标和内容都不是单独进行的，都注重内容的整合，注重课程本身内部各要素之间的联系及与其他课程的联系。

二是形式上强调生活情境。《指南》提出要"培养幼儿对生活中常见的简单标记和文字符号的兴趣"，而《语文课标》也指出教师要"结合儿童的生活经验，引导学生利用各种机会主动识字，力求识用结合"。教育源于生活，生活成就教育，无论是幼儿园还是小学，都强调了生活情境对提高语言能力的重要作用。

三是重视阅读理解。《指南》提出要"引导幼儿接触优秀的儿童文学作品，使之感受语言的丰富和优美，并通过多种活动帮助幼儿加深对作品的体验和理解"，而《语文课标》也提到要"重视培养学生广泛的阅读兴趣，鼓励学生自主选择优秀的阅读材料，培养学生感受、理解、欣赏和评价的能力"。由此可以看出，幼儿园和小学都非常关注阅读对于幼儿语言能力发展的重要性，并且在对阅读目标的设定上，也存在很多共性。

四是强化口语交际。《指南》指出"语言能力是在交流和运用的过程中发展起来的"，而《语文课标》也提到"口语交际是听与说双方的互动过程，教学活动主要应在具体的交际情境中进行"。二者都提到语言能力要在交流和与他人互动中才能得到发展，要为幼儿提供可交流和互动的具体情境，从而提高他们的口语交际能力。

(三) 从《幼儿园入学准备教育指导要点》看幼儿语言入学准备关键要素

1.《幼儿园入学准备教育指导要点》解读

教育部 2021 年 3 月印发的《关于大力推进幼儿园与小学科学衔接的指导意见》提出了"深化基础教育课程改革，建立幼儿园与小学科学衔接的长效机制"的思路，并强调要"坚持双向衔接，幼儿园与小学协同合作，科学做好入学准备和入学适应，促进儿童顺利过渡"；"改变衔接意识薄弱，小学和幼儿园教育分离的状况，建立幼小协同合作机制，为儿童搭建从幼儿园到小学过渡的阶梯，推动双向衔接"。

《幼儿园入学准备教育指导要点》（以下简称《指导要点》）是上述文件的附属文件。它以促进幼儿身心全面准备为目标，围绕幼儿入学所需的关键素质，提出身心准备、生活准备、社会准备和学习准备四个方面的内容，每个内容由发展目标、具体表现和教育建议三部分组成。发展目标部分明确了与幼儿入学准备关系最密切的关键方面；具体表现部分提出了对幼儿实现入学准备的合理期望；教育建议部分明确了发展目标的价值，列举了有效帮助幼儿做好入学准备的一些教育途径和方法。

其中，学习准备部分包括好奇好问、学习习惯、学习兴趣、学习能力 4 个发展目标，以及对身边的新事物感兴趣、有好奇心和探究欲等 16 个主要表现，并提出了保护幼儿的好奇心和主动性等 11 条主要教育建议。

2.《指导要点》中幼儿语言入学准备关键要素

语言是人类进化和个体发展过程中形成的一种极为重要的能力，也是一种重要的社会性工具，语言发展的重要性不言而喻。在《指导要点》中，关于语言入学准备的要求包括听说读写能力，在倾听中提取重要信息能力，掌握适宜的阅读理解方法、清晰表达的方法，以及会进行字形识别、握笔与运笔，重视儿童对语文元素的感知，等等。其基本要素和具体表现见表2。

表 2　幼儿园语言入学准备基本要素与具体表现

基本要素	具体表现
（前）阅读的经验	阅读图书的经验（喜欢阅读，对感兴趣的人物和事件有自己的理解和想法，能随着作品的展开产生相应的情感体验）
	与他人讨论故事内容的经验（能较完整地讲述小故事，能简要讲述自己感兴趣的见闻）
	生活中符号、文字的阅读经验（对生活情境中的文字符号感兴趣，愿意用图画、符号等方式记录自己的想法和发现。乐于在阅读的语境中识字）
	阅读其他文学作品，并发表看法的经验（喜欢阅读诗歌、散文等多种形式的文学作品，尝试理解和仿编）
	根据线索续编或创编故事的经验（在理解文学作品内容、结构、主题的基础上进行想象，续编或创编新的情节、结尾或结构片段）
（前）书写的经验	建立书写行为习惯的经验（能够非正式地涂画、模仿与书面文字相关的符号，包括简单的笔画图形等）
	用图画与符号表现的经验
	感知汉字结构的经验（学习认识汉字的笔画和间架结构，初步掌握写字的基本笔画、笔顺规则）
	书写自己名字的经验（能认识并书写自己的名字）
	学习创意书写表达的经验（尝试使用一些新颖的方式表达自己的意思，如用图形或汉字"形似""同音"等特点进行书写）
表达交流的经验	有良好的倾听能力和文明的语言习惯的经验（有礼貌地倾听，并在交流中尝试用表情、动作、目光等辅助表达）
	有疑问时能主动提问的经验（在集体情境中能认真听并能听懂他人说话，有疑问时能主动提问）
	参与讨论并表达的经验（运用恰当的方法进行讨论，并尊重和理解别人的观点）
	说普通话及区域语言的经验
	有条理地组织讲述内容的经验（使用丰富多样的语句，有条理地讲述自己的经历与见闻）
	感受并尝试运用语言美感的经验

在幼小衔接方面，幼儿园的主要任务是帮助儿童养成良好的倾听习惯，提高语言表达能力，形成良好的阅读习惯，掌握正确的书写姿势，保持认读汉字的热情。相关研究显示，在听、说、读、写四种语言能力中，阅读能力既是幼儿学业成就的主要表现，也对幼儿的全面发展和终身发展有重要影响。而幼儿的阅读能力主要是在3—8岁形成的，刚好跨越了学前语言教育和小学低年级语言教育两个阶段，因此幼小语言教育的衔接问题急需解决。

二、整体式阅读助力幼儿语言入学准备的内涵解读

(一) 整体式阅读的内涵

整体式阅读是以深度学习理论为指导，紧扣图画书阅读的本质（学习阅读），同时注重跨越领域边界的学习（通过阅读进行学习），"让学习者学得更主动、更透彻、更深邃"，优化阅读教学流程，构建幼儿园阅读教学新结构。

整体式阅读也是在深度学习理论指导下对幼儿园开展的阅读活动的优化和重构，是"柔活"幼儿园的一日生活和家庭生活，是基于幼儿园集体阅读教育模式的拓展和深化。

(二) 整体式阅读与幼儿语言入学准备的关联性解读

华东师范大学周兢教授指出，幼儿语言入学准备中有三点是最为重要的：一是口头语言的准备，二是阅读图画书的准备，三是书面语言的文字意识的准备。这三点在《指导要点》的"学习准备"中得到多处体现。可以说，我们所倡导的体现深度学习理念的整体式阅读与语言入学准备之间紧密关联，它不仅能够帮助幼儿进行充分有效的阅读准备，同时能够促进幼儿口头语言的运用和书面语言的学习。总之，实施整体式阅读能够帮助幼儿获得阅读核心经验，促进语言领域的各方面发展，实现向小学的顺利过渡。以下对整体式阅读的特质做进一步的分析。

第一，整体式阅读是以各类图画书作为阅读素材，视图画书为一个整体而开展的阅读活动。作为阅读素材的图画书品种丰富，从教学功能的角度分类有文学类、科学类、游戏类、艺术类等，其中文学类又有故事、童谣、散文、诗歌等不同类别，尤其是故事类图画书深受幼儿喜爱，也是他们阅读最多的一类图书。广泛接触品种多样的图画书可以让幼儿感受文学语言的优美及不同语言的风格，如幽默的、欢快的、抒情的、悲伤的；丰富他们的语汇，让他们了解不同的表达方式，如叙

事、说明、对话、讲述；熟悉事件的构成要素及组合，如时间、地点、人物、过程（开始、中间、结局）。阅读优秀的图画书不仅能开阔幼儿的眼界，提升阅读品位，而且在幼儿阶段积累了丰富的语言养料，有益于他们进入小学后进行看图说话、写词造句、布局谋篇等书面语言的学习。作为整体的图画书是指图画书从结构和内容都蕴含着丰富的教育信息，都应成为幼儿阅读学习的对象。为此，在阅读过程中需要引导幼儿深入完整地去感知图画书：从封面到封底、从环衬到扉页、从创作者到出版社、从文字到图画……都是阅读感知的内容。所获得的经验有助于幼儿增进对于图画书特质（构成）的认知与了解，建立起图画、文字、声音之间的联系（图文合奏共同叙事），掌握图画书的阅读方式（图画书从封面开始叙事、从前往后翻页、前后页联系），培养幼儿对于图画书的兴趣，增强阅读的乐趣，也有助于幼儿对图画书内涵主旨的理解以及学习创作表达（根据图画书的内容续编故事、依据图画书的结构用图画与符号创作图画书）。这些活动的开展对幼儿文字、符号意识的增强，对了解书面语言的作用、培养幼儿阅读的兴趣和方法不无裨益。

第二，整体式阅读视图画书阅读为一个连续性的过程，而不是一两次活动就可以完成的，是围绕一本图画书进行的深度学习。一本图画书经过预读、共读、延读三个环节，在家庭、幼儿园，甚至社区生活中阅读，有助于拓展幼儿阅读的时空。这打破了以往课前不让幼儿接触图画书、过于倚重集体学习、一次性完成的阅读教学模式，将阅读拓展至集体教学前，延伸至集体教学后；从幼儿园到家庭，从室内到户外，从静态到动态，幼儿可以在教师、家长的引导下从文本到生活，从生活到文本，围绕图画书反复进行阅读、开展深度学习；同时还建立起图画书与幼儿个人经验的联系，阅读与建构、表演、探究、创编等其他活动的联系，文本与社会生活的联系，促进阅读与实践的融合。开展整体式阅读，避免了幼儿阅读空间局促、活动仓促、形式单一、注重机械接受而忽视运用的弊端。在整体式阅读过程中，阅读方式多元、场景多样，由此幼儿阅读的兴趣和习惯得以持续、巩固。幼儿围绕图画书进行语言的学习，促进了理解力、交往和运用能力的提高，加强了经验的迁移运用，达成了活学活用的目的。

第三，整体式阅读视幼儿为阅读的主人，充分尊重与彰显幼儿的主体地位，保障幼儿自主阅读的时空、独立思考与表达的权利。鼓励幼儿与自己对话、与文本对话、与同伴对话。立足图画书、主动思考、提出问题：幼儿用符号记录自己感兴趣的画面或者看不懂之处，或者当堂直接发问，提出自己的疑惑。聚焦问题、表达观点、思维碰撞：通过生生互动、师生互动进行交流与对话。鼓励幼儿结合自己所见、所闻较为清晰地阐述自己的理由，或带着问题在书中发现细节、寻找证据、寻找答案。鼓励幼儿对图画书内容、同伴的观点进行评价、补充，教师进一步引导幼儿对书中人物的特征以及对书中所传递的主旨和含义、表现手法和文化内涵进行归纳提炼、发表见解。

幼儿口头语言发展的标志是有效运用，既要根据场景的不同学会多种表达方式，比如提问、讨论、说明、陈述、质疑、讲述，又要学会接收对方的信息，比如倾听、接纳，从而达到交流沟通的目的。在整体式阅读教学讨论、争鸣思辨的过程中，这些口头语言的运用都得到充分体现。作为阅读主人的幼儿学习愿望增强，语言表达的积极性、主动性提高十分显著。

从整体式深度阅读的结构和主张来看，它不仅关注幼儿的阅读活动，也关注幼儿在做中学、在体验中学；不仅关注幼儿的整体发展，也要关注他们的个性化发展。通过整体式阅读的实施，幼儿的口头语言、书面语言、阅读能力均能得到不同程度的提高。通过整体式阅读助力幼儿语言的入学准备，让幼儿内心丰盈、思维活跃、善于表达，以从容自信的步伐走向小学，开启新的篇章。

三、整体式阅读助力幼儿语言入学准备的实践策略

整体式阅读主要包括预读活动、共读活动和延读活动三个环节，因此我们从这三个方面进行策略的分享和介绍。

（一）通过亲子预读活动提高幼儿的表达能力

陈鹤琴先生说："积极的鼓励胜于消极的制裁。"在家长的鼓励下，孩子就会大胆表达自己对图画书的理解。在家长的引导下，孩子会将想法较为完整地表达出来。一对一的陪伴是学校教育给予不了的，当孩子对画面的主体分辨不清时，家长会引导孩子观察谁在做什么，孩子在这样的学习氛围中会慢慢表达清楚。能力强的孩子在讨论中会对图画书的主旨表达自己的看法。

（二）通过幼儿自主预读活动提高幼儿学习主动性

以往多数幼儿是在教师预设下理解故事情节，缺乏一定思辨性，主动性激发得不够。相反，有了幼儿自主预读活动，幼儿就有了大量的时间接触图画书，他们解

读图画书的能力就会有不同程度的提高，思维活跃性明显增强。这虽然会对教师提出很大的教学挑战，但是幼儿有了主动学习的权利，课堂上的学习也会由被动转向主动，幼儿会逐渐走向有深度的思考，不再停留在书本表层内容的思考上。

(三) 通过共读活动提升幼儿综合能力发展

幼儿的语言能力是在自由、宽松的交往环境和游戏过程中逐步发展起来的，《3—6 岁儿童学习与发展指南》中也指出应认识到幼儿的学习特点，在游戏中对幼儿进行教育，游戏能为幼儿提供一个想说、能说、敢说的良好氛围，能促使幼儿自我潜能得到释放，充分挖掘和探索外在信息，理解并习得知识经验。共读活动作为一种集教师解读、幼儿自我认识、表达为一体的新型教育形式，它有助于丰富并拓展幼儿的语言表达经验，改善语言入学准备中"小学化"的问题。它的实施过程可以聚焦"自主阅读、提出问题"，让幼儿在宽松、自由的语言环境中提升自主阅读和问题表达能力；可以聚焦"分享问题、思辨对话"，让幼儿在与同伴或者教师的分享与交流中培养思辨表达和耐心倾听的良好习惯；可以聚焦"凝练观点、育人提升"，使幼儿通过绘画与文字释义相结合的方式与教师、同伴分享交流自己在游戏中的疑问、感受和体验，教师根据幼儿的自我评价、自我认识对其进行进一步解读并做出回应。在最后环节，幼儿通过倾听、表达、交流，在图文结合的表现形式中掌握前书写技能，在欣赏、理解同伴"问题"的内容中提升自身的前阅读能力。

(四) 通过延读活动助力幼儿延伸阅读思想

图画书可以引导幼儿从丰富的图像中获得知识，增强幼儿对教材文本的理解，使幼儿的阅读理解更加透彻与独到。而由延读活动则能够实现文本思想的延伸和多版本呈现。教师通过引导幼儿在艺术、科学等多种活动中去解读图画书主旨，有助于达到理想的教学效果。如由《火焰》的"母爱"主题延伸而来的阅读和欣赏《猜猜我有多爱你》《逃家小兔》《我妈妈》，幼儿在阅读中发现"母爱"是多元的，是可以用多种形式来演绎的。

四、延读活动

(一) 延读活动的内涵

延读活动是整体式深度阅读的第三个阶段，主要强调幼儿的个性化的多元表征，这一表征要求关注幼儿的视角，根据幼儿的学习特点和生活习惯来演绎，遵循幼儿从感性到理性、从简单到复杂、从发现问题到思考的学习特点，使多元表征的过程成为幼儿思维提升、对话互动的学习过程，进而提升幼儿的阅读能力、问题解决能力，让幼儿在多维深度推进中丰富和建构主题，激发多元表征。

（二）延读活动与幼儿语言入学准备的关系

延读活动通过三个环节完成幼儿语言入学准备，具体关系见图1。

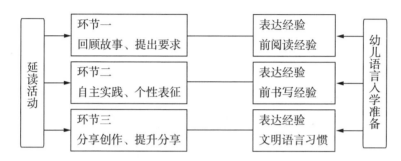

图1　延读活动与幼儿语言入学准备的关系

（三）运用延读活动提升幼儿语言入学准备的作用

1. 延读活动帮助幼儿深化情感体验

图画书的生活体验活动作为阅读的延伸方式之一，是在阅读的基础上，为幼儿选择适宜的场所，让幼儿在更广阔的学习空间中，主动参与、探究社会生活和自然环境，从而更深入地理解书本内容，深化情感体验。在社会体验活动中，教师还可以引导幼儿树立正确的社会意识和价值观念，促进幼儿亲社会、亲自然行为的发展。为增强幼儿的情感体验，须提升其认知经验，强化习惯养成，如由《花园里的美食》延伸的品茶活动（茶文化），幼儿在体验中进一步萌发了热爱中华优秀传统文化的情感；在大班主题《我们的集体》学习中，在阅读完一系列关于同伴关系、集体规则等图画书之后，教师安排实践体验活动，让幼儿共同商讨制定班级规则，为同伴过生日、送生日祝福，参加班级间的活动竞赛等；幼儿在学习了《挑战我能行》中的安全自护内容之后，教师设计了"和爸爸妈妈一起走一走上小学的路，认一认道路上的交通标志，找一找道路上的危险，用图画做好安全记录和提醒，和小朋友们讲一讲如何做好上学时的自我保护"的活动内容；在主题《秋天的礼物》学习中，教师以生活准备为重点，设计了和父母一起参与秋收劳动、坚持参与家务劳动打卡活动、劳动方法分享交流、参加幼儿园举行的劳动竞赛四项活动，帮助幼儿形成自我服务和服务他人的劳动意识，学会基本的生活劳动技能，培养幼儿独立的自我管理能力，为其顺利进入小学奠定坚实基础；在大班最后一个主题《我要上学啦》的学习中，幼儿园邀请小学一年级教师来幼儿园，带领幼儿参观小学的体验活动，帮助幼儿提前了解小学的环境和生活，减少入学后的陌生感，激发幼儿成为一名小学生的愿望，为其进入小学做好心理和情感上的准备。

2. 延读活动立足儿童本位，激发幼儿潜能

整体式阅读需要幼儿用心去体会和感受，需要进行反复的思考与讨论。而延读活动则基于儿童本位，不断延伸书中的内容，挖掘幼儿自身潜力，能够在把握书本内容的基础上，将幼儿感兴趣的重点难点逐一突破，实现阅读能力的全面提升。例如在《武士与龙》的"'武士和龙'还可以怎么合作"的创作中，幼儿体验了合作与和平的意义。幼儿根据"武士和龙"的"特长"，结合自己的生活经验想象到了可以开"温泉店、火锅店、鬼屋、游泳馆、建筑公司"等，并将此经验迁移运用到游戏活动中去。

3. 运用延读活动提升幼儿语言入学准备的路径

延读活动是在预读和共读的基础上形成了具有个性化默会知识后开展的阅读活动，主要侧重迁移应用。根据幼儿年龄和心理特点，延读活动主要指向幼儿的创编表现、操作探索、生活体验三个方向。

创编表现主要是以角色扮演、情景创作为主，大中小班都适合，但是要求有差异：小班角色以 2—3 个为主，中班角色 4—5 个，大班可以 6 个以上。情景创作则鼓励幼儿个性化表征，突出求异和发散思维。

操作探索主要以科学类图画书为主，主要是科学原理的再实践，在实践的过程中展现个性化的发现，进而理解书本内容与实践内容的多变性，梳理和整合自学的方法。

生活体验主要是指文化内涵丰富同时又需要亲自动手实践的活动，比如茶文化、孝文化等主题活动。通过多姿多彩的体验活动，让幼儿感受文化的丰富内涵，进而爱上祖国文化，体验多元文化。

（上海市青浦区教师进修学院　王　鹏）

专题二　主题教研：让幼儿的深度阅读看得见

——整体式深度阅读的幼儿深度阅读行为观察与支持性策略研究

一、选题动因

（一）背景综述

整体式深度阅读是在深度学习理论指导下对幼儿园开展的阅读活动的优化和重构，是"柔活"幼儿园的一日生活和家庭生活，围绕着一本图画书开展的整体性阅读活动，主要通过自主性的预读环节、互动性的集体阅读环节、拓展性的延读环节三个模块来展开，是基于我们幼儿园集体阅读教育模式的拓展和深化，从而达成"表征性的语言和阅读核心素养、逻辑性的高阶思维素养、互动性的社会性发展素养"的协同发展，实现学会阅读、学会学习和学会做人的整体发展。

语言项目组从 2021 年起，以市级课题《深度学习理论指导下的幼儿园图画书阅读教学的实践研究》为抓手，开展了一年的实践研究，形成了整体式深度阅读的活动设计模式：预读活动—共读活动—延读活动，形成了一系列深度阅读的支持性策略。

（二）教研活动主题的思考与确定

基于课题成果辐射、推广、再验证和提升早期阅读园本课程品质，我们进一步充实了语言项目组的教师力量，保证每个班级有一位教师参与到语言项目组的活动中，同步实践项目组的研究成果。同时，为了保障课题成果顺利转化为早期阅读园本特色课程，提升一线教师的观察力、设计力和执行力，丰富教师开展深度阅读的教学策略，优化《幼儿深度阅读行为观察指引》，我们把本次教研主题确定为"整体式深度阅读的幼儿深度阅读行为观察与支持性策略研究"。

二、预期目标

第一，通过观摩和研讨整体式深度阅读的研究案例，引导组内教师梳理有效引发幼儿深度阅读的教育策略，进一步提升深度阅读课程的教学质量。

第二，基于对幼儿深度阅读表现行为的记录，积累实证研究中幼儿深度阅读的行为表现和教师支持策略案例集，为教师提供参考。

三、整体规划

（一）参与人员

语言项目组全体教师。

（二）研究方式

（1）以问卷调查了解教师在深度阅读实践中的困惑点，结合课题研究成果确定教研主题。

（2）以课例研究、园本研修梳理在预读活动、共读活动、延读活动全过程中"幼儿深度阅读的真实表现"，提升教师基于幼儿立场的观察、识别和支持能力。

（3）根据幼儿在深度阅读中的典型行为表现，梳理教师支持策略。

（4）根据幼儿在深度阅读中的典型行为表现，优化《幼儿深度阅读行为观察指引》。

（5）形成基于幼儿视角的整体式深度阅读实践方案。

四、活动方案设计

（一）目标与内容

活动的目标与内容见表3。

表3　活动目标与内容

活动主题	让幼儿的深度阅读看得见——整体式深度阅读的幼儿深度阅读行为观察与支持性策略研究			
活动目标	通过观摩和研讨图画书《火焰》的共读活动，记录和分享幼儿深度阅读的行为表现，梳理出支持幼儿深度阅读的有效策略			
活动时间	2022 年 9 月 29 日	活动地点	晨星幼儿园	学段/学科	学前教育
设计团队	语言项目组核心团队			
参与人员	语言项目组全体教师			

（二）活动准备

1. 资料准备

（1）多媒体材料：主题教研经验回顾PPT、《火焰》大班共读活动方案、电脑、投影仪、激光笔。

（2）"头脑风暴"材料：黑板、纸张、记号笔。

（3）现场教研活动设计方案。

2. 经验准备

（1）教师对"深度阅读"理论的前期学习和理解，对《幼儿深度阅读行为观察指引》的理解和实践。

（2）教师围绕幼儿在深度阅读中的行为表现，已形成了通过教研活动梳理的支持性策略。

3. 流程设计准备

（1）经验链接：重温上次教研共识，抛出问题，引出教研主题。

（2）观摩研究：重点观察幼儿深度阅读行为表现和教师支持策略。

（3）教研活动：开展教师说课和教学反思，小组集中研讨。

（4）教研小结：回顾、梳理和强化支持性策略的共识。

（5）教研预告：下次教研的计划与安排。

五、活动实录

（一）前期回顾

上次的教研活动我们围绕"如何设计一份高质量的预读单"以及"如何分析、使用和梳理预读单"等问题进行了研究，梳理出了多元导读·导向深度、层层递进·多重阅读、把握关键信息·助力共读活动等引领幼儿深度阅读表征的策略，并就预读单的价值达成了共识。本次教研任务是在整体式深度阅读的幼儿深度阅读行为观察与支持性策略研究。

（二）观摩研讨

1. 研讨话题

（1）观摩《火焰》共读活动后，你印象最深刻的深度阅读表现是什么？

（2）教师用怎样的策略支持幼儿的深度阅读？

2. 研讨实录

马福生：小伙伴好，我们的教研活动正式开始啦，请看今天的教研话题：整体式深度阅读的幼儿深度阅读行为观察与支持性策略研究。

（PPT 展示教研题目）

马福生：请带好《幼儿深度阅读行为观察指引》、记录表格和记录设备，一起来观摩傅老师执教的共读活动《火焰》，观摩的过程中请重点记录孩子深度阅读的行为表现和教师的支持策略。

课堂观摩

（PPT 展示《火焰》封面）

师：今天我们又在一起看《火焰》这本书，谁来说说你有什么不明白的地方吗？

幼1：为什么羊群一打枪就散开？

师：哦，你说的是火焰为救孩子冲进羊群的片段，请问是在第几页？

幼1：在10页，你看！你看！我看见猎人拿着枪。（PPT 切换拿猎人枪画面）在第12—13页，羊群散开了。（PPT 切换羊群散开的画面）

幼2：不对，不对，我看到的是猎人手里拿着枪，在追赶狐狸，没有开枪。

师：为什么火焰冲进了羊群，猎人就不敢开枪了呢？

幼3：这些羊可能是猎人养的，他舍不得打死他们。

师：有道理，这可能是猎人自己的羊群，一开枪会吓坏羊群的。

幼4：有可能它是一只母羊，小羊宝宝要喝奶的。

师：萍萍你的想法很独特，请问你是在哪里看出来这是只正在喂奶的母羊呢？

幼5（手指图片）：在这里，它是一只生了宝宝、要喂奶的母羊。（PPT 切换上用红色圈出哺乳部位）

师：孟孟的观察真仔细呀，要是枪打到了这只正在喂奶的母羊，猎人的小羊们就要挨饿咯。

师：蓉蓉，听了小朋友们的回答，你的问题解决了吗？

幼1：我知道了，猎人不敢对着羊群开枪，是害怕伤害到自己的母羊和小羊。

师：是呀，火焰真是太聪明了，能利用羊群来保护自己，不受猎人的伤害。现在你们觉得火焰还是个怎样的妈妈？（PPT 切换到《火焰》封面）

幼2：她是一个勇敢的妈妈，因为她不怕猎人的枪，要把她的宝宝救出来。

师：她是个勇敢的妈妈，为了救出孩子，深入猎人的虎穴。（边说边在黑板上画"+1"）

幼1：她是个聪明的妈妈，因为……

师：聪明的妈妈，能利用敌人的弱点保护自己。（边说边在黑板上画"+1"）

现场教研

马福生：刚才我们围绕着"整体式深度阅读的幼儿深度阅读行为观察与支持性策略"进行了对图画书《火焰》的观摩和记录，接下来请各位老师谈谈你们的观察、发现和思考。

吴　敏：今天的课堂氛围很好，孩子们都很投入。

马福生：你认为深度阅读需要孩子们的积极投入。

吴　敏：我也有个疑惑的地方，蓉蓉小朋友的提问"为什么一开枪羊群就散开了"，这个问题是深度阅读的表现吗？

顾晓慧：吴老师，我觉得这个问题就是深度阅读。当他提出这个问题时，孩子们就开始讨论了，有的认为是开枪，有的认为不是开枪，只是猎人手里拿着枪在追狐狸。还引发了孩子对于同一画面的不同理解，4个小朋友围绕着"为什么火焰冲进了羊群，猎人就不敢开枪了呢"展开了热烈讨论。

马福生：所以你认为"深度讨论""一图多解"是孩子深度阅读的重要表现。一个看似简单的问题怎么就引发了孩子的讨论？这中间傅老师做了哪些支持策略？

顾晓慧：对于有争议的画面，傅老师让孩子重新观察画面，然后理顺了孩子的观点，并巧妙地引入了追问话题，所以产生了深度讨论的效果。

马福生：梳理幼儿观点、适时追问是一种有效的支持策略。

俞　蓉：我这里记录了两个小朋友对于火焰特征的表达：她是一个勇敢的妈妈，因为她不怕猎人的枪，也要把她的宝宝救出来；她是个聪明的妈妈，因为……我觉得基于自己的理解大胆表达自己的观点也是一种深度阅读的表现。

马福生：你认为"表达观点"也是一种深度阅读的重要表现。傅老师用了什么样的策略来支持孩子的观点表达呢？

俞　蓉：这里傅老师采用了思维导图的方式来呈现孩子的观点，既让孩子感受到自己表达被重视，也直观形象地表征了火焰的特点。

马福生：思维导图是一种有效的支持策略。其他老师也来谈谈你们的思考和想法。

杨　琼：马老师，我觉得深度阅读是表现在小朋友对问题的持续思考上。我先来分享一个家庭中的阅读互动片段。

妈妈：宝贝，今天的睡前故事讲到这里，要睡觉咯。

蓉蓉：可是妈妈，老师让我们在预读单里记录问题，我有好多问题要问你。

妈妈：啊？好吧好吧，你来说，我来记录。

蓉蓉：为什么猎人要抓走火焰？为什么火焰妈妈要晚上去救儿子？为什么羊群一打枪就散开？为什么……

妈妈：怎么这么多为什么啊，妈妈都记不下了，你明天去问老师吧。

蓉蓉：可是我还没说完呢。

妈妈：哎呀，时间不早啦，快睡吧，晚安。

蓉蓉：不开心。

杨　琼：从刚才实录的案例我们确实发现蓉蓉的问题没有解决，所以她在本次阅读活动中再次提出问题，引发了同伴的热烈讨论，同伴相互表达自己的观点，解决了蓉蓉小朋友的疑惑。我觉得这就是深度阅读的表现。

马福生：持续思考是一种深度阅读的表现，视角非常独特。

蒋史娅：我也在想为什么会出现持续思考这个现象，因为今天的阅读是要孩子们通过观察画面提出自己不明白的问题，所以小朋友有机会提出自己的问题，并通过同伴的分享解决了自己的疑问。

马福生：傅老师今天的支持策略是什么？

蒋史娅："带着任务去阅读"的支持策略。

马福生："带着任务去阅读"，今天带着什么任务去阅读呢？

蒋史娅：孩子在阅读的时候要"提出自己不明白的地方"的任务。

马福生：自主阅读环节我们还用过什么样的策略，大家回忆一下。

齐声说：带着问题去阅读。

马福生：带着"任务"去阅读，带着"问题"去阅读，两者的区别在哪里？

蒋史娅："带着问题去阅读"是解决老师的问题，"带着任务去阅读"是孩子提出自己的问题，视角不同，主体的角色转换了，孩子的学习更加主动。

马福生：基于儿童立场，彰显儿童主体，"带着任务去阅读"是我们开展深度阅读的行之有效的策略。

马福生：我看张老师在研讨过程中一直在记笔记和思考，你有什么样的疑惑和想法，说来听听。

张晓芳：我真的有一个疑惑，在我教《火焰》的时候，有的孩子从头到尾都不提问，不提问的孩子就没有深度阅读了吗？

马福生：这是一个好问题，不提问的孩子会不会有深度阅读呢？大家怎样理解？

傅文婷：每一个孩子都是独立的个体，我们应当尊重孩子发展的差异，每个孩子的阅读水平和能力自然也是不一样的。一个孩子如果没有提问，我们也可以从孩子参与的投入程度和回答同伴问题的质量来看看孩子的深度阅读情况。

马福生：好问题，巧回应，对于不提问的孩子，我们首先要包容和接纳，另外可以从主动阅读的情绪投入和思维导图的表征来观察孩子的深度阅读行为表现。我也留一个问题供大家思考。会提问是深度阅读行为表现之一，在孩子的提问当中是不是所有的问题都是"真问题"？我们怎样来辨别，怎样来支持？

马福生：今天我们围绕着"幼儿深度阅读行为表现和教师的支持策略"进行了研讨和分享，并用思维导图的方式呈现了我们的研讨成果，非常好。今天的教研活动暂告一段落。老师们，今天的活动，我们有什么样的思考和启发呢？请大家用一句话来分享自己的收获。

共话成长

张晓芳：世界上没有两片相同的树叶。尊重孩子的每一个问题。

俞　蓉：对！尊重孩子的每一个问题，每个问题的背后都呈现了孩子的深度思考。

吴　敏：支持孩子，给孩子沉静的时间和空间，走进孩子的世界。

顾晓慧：转变视角，顺应孩子的发展，师幼成长就在这个过程中自然而然地发生着！

蒋史娅：静听孩子，欣赏孩子。

杨　琼：和孩子一起阅读，一起进步。

朱　欢：我会陪孩子一起读的，也会耐心回答你的每一个问题。

傅老师：我们爱阅读，我们爱思考，我们共成长。

马福生：对阅读、对教研的探索一直在路上，一个人可以走得更快，一个团队可以走得更远，让我们行稳致远、精诚合作、勇攀高峰！

六、反思与分享

（一）证据呈现

共读活动中幼儿行为表现与教师支持策略的关系如图 2 所示。

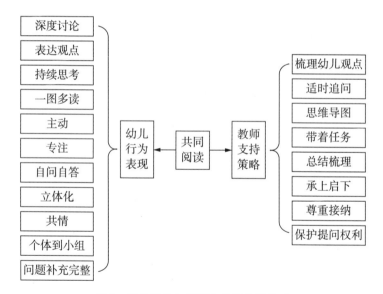

图2　幼儿行为与教师支持策略的关系

（二）收获与共识

基于儿童立场、凸显儿童主体，从幼儿学的角度来梳理孩子的深度阅读行为表现和教师的支持策略是一种行之有效的园本研修方式。我们根据现场教学的特点分成了主动阅读、思维导图和提问与回应三个小组，采用定点定人观察与全面观察相结合的方法，保证了教研效益的最大化。教研与科研的高度融合研修模式能引领教育走向深度改变。这些都能够切实有效地转化教师的教育行为，能为"立德树人"任务的落实和核心素养的养成提供研修保障。

（三）问题与分析

本次教研活动中教师围绕"幼儿深度阅读行为表现和教师指导策略"梳理出许多有价值的点，这些都能指导我们进行深度教研。因此我们要对梳理出的行为表现和支持策略进行分类和提炼，进而形成不同视角的观察点以供再次教研。

（四）完善与推进

在后续的研究中，我们将围绕"如果是你，你会用什么样的策略支持孩子的深度阅读""会提问是深度阅读行为表现之一，在孩子的提问当中是不是所有的问题都是'真问题'？我们怎样辨别和支持"等有价值的话题开展专题教研。

（青浦区晨星幼儿园语言项目组①）

---

① 成员包括：马福生、傅文婷、朱雁蓉、黄皎、徐雯文、顾小红、孟惠风、吴敏、顾晓慧、俞蓉、杨琼、杨金花、张晓芳、朱欢、曹怡、王雪帆。

专题三　沙龙活动：幼小衔接视角下的整体式阅读的思与行

——基于幼儿"语言发展"经验连续性的入学准备

语言是人类思维及交流的工具，幼儿从幼儿园进入小学，需要适应新的环境、新的人际关系、新的学习和活动方式。在这个过程中，语言发挥着重要的作用，因此在幼小衔接阶段语言入学准备尤为关键。谈到语言入学准备，大家肯定会关心两个话题：一是什么是语言入学准备；二是我们如何实践语言入学准备。我们团队围绕这个话题展开了研究。

语言入学准备是指学前儿童进入小学时在语言发展方面应达到的水平和状态，体现的是社会对学前儿童入学前应获得哪些语言学习经验与能力的期望。在深度学习和语言 PCK 教育理论的指导下，我们团队针对语言入学准备提出了幼儿阅读教学的新模型——整体式阅读。

整体式的内涵是什么？实践模型是怎样的？它和语言入学准备的关系是怎样的？

一、张红玢园长讲解

(一) 整体式阅读的内涵

整体式阅读，是基于我们幼儿园集体阅读教育模式的拓展和深化，是"柔活"幼儿园的一日生活和家庭生活，围绕一本图画书开展的发生深度学习的阅读活动。它与深度学习之间有着这样的联系：

基于深度学习"联系与建构"的特征，关注图画书的内容与形式、图画书与幼儿经验之间的关系，通过阅读建构起情感、态度、知识等之间的联系；

基于深度学习"理解与评判"的特征，彰显幼儿主体地位，鼓励幼儿表达阅读感受、阐述自己观点，同时倾听同伴意见，质疑、补充、接纳对方；

基于深度学习"迁移和运用"的特征，强调幼儿个性化的表征、创作、体验和对阅读经验的运用。

(二)整体式阅读的实践操作

整体式阅读的实践过程由三个部分组成：自主性的预读、互动性的共读、拓展性的延读（见图3）。

图3 整体式阅读的实践模型

预读：幼儿课前进行多种形式的自主阅读，并完成记录（预读单）。幼儿自主与图画书反复接触，通过翻阅、读图，对图画书形成自己的理解与印象。幼儿学会记录自己的问题，教师据此了解幼儿的阅读经验。

共读：教师和幼儿一起围绕图画书展开对话、讨论，幼儿学会倾听、发表自己的见解。

延读：教师引导幼儿以探究型（探究活动）、体验型（创编续编故事、绘本剧表演）、建构型（制作图书、场景搭建）方式表现表达阅读体会，幼儿学会联系生活经验进行迁移运用。

(三)整体式阅读支持幼儿语言发展的重点

1. 整体式阅读视图画书为一个整体而开展阅读活动

图画书是一个整体，需要引导幼儿完整地感知：从封面到封底、从环衬到扉页、从创作者到出版社、从文字到图画……幼儿边听边看建立起对图画、文字、声音之间的联系，掌握图画书的阅读方式，培养阅读的兴趣，习得丰富的语汇。

2. 整体式阅读视图画书阅读为一个连续的过程，是围绕一本图画书进行的深度学习

开展整体式阅读，不是一两次活动就可以完成的，幼儿在教师、家长的引导

下从文本到生活，从生活到文本，围绕图画书反复进行阅读、开展深度学习，促进更深入地思考、更频繁地交流。

3. 整体式阅读视幼儿为阅读的主人

我们要充分尊重与彰显幼儿的主体地位，保障幼儿自主阅读的时空、独立思考与表达的权利。当作为阅读的主人时，幼儿的学习愿望会增强，语言表达的积极性和主动性会显著提高。

这就是我们开展以深度学习为导向的"整体式阅读"，希望通过这种模式促进幼儿语言、思维、社会性发展，助力幼儿语言入学准备。

二、研讨实录

马福生：刚才张园长从宏观的角度做了介绍，让我们对"整体式阅读"有了更加全面的理解。接下来请我们的实践团队来分享他们的实践故事。

傅文婷：说到整体式阅读，大家可能对预读比较陌生，预读究竟是如何开展的呢？我想问问各位老师，你们在开展阅读集体教学活动前，有没有试过让幼儿先行阅读要集体教学的图画书？

其实，这就是整体式阅读中的预读活动。我想以《米歇尔 一只倒霉的羊》为例来分享大班幼儿自主预读的小故事（探索与实践）。

首先，我提前两周在图书角放置了 10 本《米歇尔 一只倒霉的羊》，并为幼儿提供了空白的预读记录手册、纸、笔、录音器等材料。然后对幼儿说了一句话："这是一本有趣的书，抽空可以去看看。"给予他们充足的图画书、时间和空间来开展自主预读，以确保感兴趣的幼儿能在同一时间人手一本，能够细细品味该图画书且不被干扰。在此时间和空间中，他们想停就停，想跳页就跳页，想反复读就反复读，用自己喜欢的方式在预读手册上记录对图画书的理解、疑惑、喜爱等，即时记录所思所想。

这是预读两周后我班幼儿的预读手册，从一片空白到现在琳琅满目。通过手册可以分析幼儿自主预读的过程资料，捕捉他们感兴趣的、喜欢的、疑问的内容。细细翻阅后，我发现他们都非常喜欢这本图画书，对主人公的各种有趣经历充满了好奇心，也对书中的画面有着各种各样的疑问。

让我们翻开兮兮的预读手册看看。这上面都是兮兮在教师帮助下做的记录。

这是刚开始尝试预读时兮兮的部分记录，主要记录喜欢的、感兴趣的画面，并简单陈述自己的理由。随着预读的深入，兮兮逐渐对角色的特点有所思考：① 米歇尔在干什么？② 为什么米歇尔周边都是长长的黑线？③ 为什么只有一只羊？④ 为什么这里一只羊都没有？⑤ 为什么这里有块冰，却没有羊呢？⑥ 为什么这里只有一只羊？从她的问题中我发现她更关注的是为何米歇尔总是一个人，读到的其实就是米歇尔的特立独行与不合群。兮兮对图画书的解读也从"我"看到了什么、读到了什么、喜欢什么渐渐发展为为什么、怎么会等。

幼儿在自主预读中不受他人干扰，完全遵循自己的意愿阅读，借助预读手册等呈现了他们对该图画书的感受、见解、疑问。这不仅有助于教师发现幼儿的能力、阅读习惯、阅读理解水平，也给教师提供了具有针对性的支持，更让我们看到了幼儿前阅读经验、前书写经验、表达交流经验的提升与变化。

王　琼：听了傅老师关于大班幼儿自主预读的介绍，我也来谈谈我开展的小中班亲子预读，以图画书《蚂蚁和西瓜》为例。

为了提升亲子陪伴阅读质量，我们也设计了亲子预读单。留一周时间给家长进行亲子阅读，并给了家长阅读方法小提示：要求关注幼儿的反应。

第一天，幼儿自主阅读，激发幼儿阅读兴趣。

第二天，记录幼儿喜欢的画面。小班幼儿讲述，家长记录，中班的幼儿可以自己记录。幼儿的想法和个性是多样化的，我们希望通过对作品的阅读反映幼儿的情感。

第三天，亲子完整阅读，要让幼儿了解整个故事的内容，体会故事的连贯和吸引力，这对培养幼儿的逻辑思维能力有很大的帮助。

第四天，对图画书高潮部分解读。小小的蚂蚁在面对大大的西瓜时，如何搬才最有效？引导幼儿不断发现好玩有趣的细节。

第五天，家长可以和孩子聊聊自己的感受，交流对作品的理解和看法，享受阅读乐趣的同时增进亲子关系。

最后，家长把亲子预读中的困惑记录下来。

在利用预读单开展亲子阅读指导的实践中，教师要引导家长重点关注幼儿的阅读特点、习惯、意愿和需求。

我们希望通过使用预读单，给家长有效的亲子阅读指导。教师也可以根据预读单的分析，为每一位家长提供个性化的指导建议，逐步提高亲子阅读指导的质量。

马福生： 从傅老师、王老师的分享中，我们知道在幼儿园教学中有两种预读方式：一种是亲子预读，一种是自主预读。从预读的过程和结果来看，我们清晰地看到了"孩子记录自己喜欢的画面的前书写；围绕着一本书的持续阅读和倾听；围绕着自己感兴趣的问题进行表达"，这些都是语言入学准备的关键要素。

大家有没有一种感觉，通过长时间的阅读，幼儿其实对故事内容已经非常熟悉了，那么我们的阅读活动应该完成了吧？那为什么后面还有共读活动和延读活动模块呢？共读活动要做什么，指向哪里呢？

"共读活动"是幼儿在多维互动中开启交流对话、激发思考质疑的一种集体教学活动，既是对预读活动成果的输出，又是对延读活动的输入，更重要的是，它是深度学习发生的集大成者。共读活动主要由三个环节构成：

第一，细节关注策略：在梳理整合中深入主旨。

对于学龄前的幼儿来说，读图能力是最核心的能力，在阅读图画的过程中匹配文字，进而深刻理解作品是走向深度阅读的必经之路。那么怎样才能更好地实现这一目的？我们采用的是"带着任务去阅读"的方法，任务就是幼儿对于"自己喜欢的或者看不懂的画面"进行提问，然后同伴和老师围绕问题进行答疑和循证，在互动的过程中深入理解图画书要传递的核心思想。

图4 幼儿对"火焰"性格品质的描述

比如关于母爱的图画书《火焰》，讲的是狐狸妈妈"火焰"带着两个宝宝在搬家的路上，一个宝宝"斑点"掉进陷阱被猎人抓住，火焰要救宝宝，却被猎人放出的猎狗追赶。为宝宝担心的火焰急中生智，聪明地甩掉追赶她的猎狗，还带着一批帮手回到猎人家……作者用富有动感的画面描绘出既惊险又温馨的故事。我们从幼儿的提问出发，在讨论和分享中解决幼儿的疑惑，建立起对火焰个性化、立体化的解读，进而深刻理解书本表达的主旨（见图4）。

第二，循证究因策略：在冲突对照中走向深刻。

共读活动的主体架构是由幼儿的问题出发，围绕着幼儿的问题进行互动的，因此解答同伴的疑惑并找到画面的依据的循证过程是深度阅读的集中体现。

比如《武士与龙》讲述的是发生在武士与龙之间的有趣故事。有趣之处在于，武士与龙最初千方百计地从书里找出了很多打败对方的方法，后来又千方百计地从书里找出一起开烤肉餐厅的办法。书的主旨是要和平共处，在合作中发挥优势，寻求更大的利益。我们根据预读单的反馈设计了从两张存在着强烈矛盾冲突的画面开始，联系前后，找到武士与龙化敌为友、合作共赢的原因的共读流程。通过思维导图，幼儿在观察和表达中进一步理解了"从比武到开餐厅"情节转变的各种条件，深刻理解了"和平与战争"的内涵。

第三，观点辩论策略：在讨论思辨中重塑思维。

幼儿园的辩论活动，是指在一定的竞争压力下，辩论的双方或多方运用一定的方法，围绕一个话题相互对立的观点进行解释说明、论证反驳的语言活动。这种语言活动可以帮助幼儿学会表达自己观点、提高倾听能力、积累反驳对立观点的方法，培养幼儿坚持己见、表达观点的能力。这种活动还对培养幼儿的独立思考能力和批判性思维能力有着深远的意义。以《小房子》为例，围绕话题"乡下好还是城市好"展开辩论：家长和孩子，按照喜好分成两组；家长或者孩子分别阐述自己的观点；可以反驳观点，并说说自己的理由。最后得出结论：各有各的好，也各有缺点。并引出新话题：怎样让城市、乡村都更美好？

以上是我们引领幼儿深度阅读，提升他们的问题意识、高阶思维，进而达成育人目标的策略。那么我们怎样把预读活动、共读活动形成的关键经验与幼儿的生活对接，做到学以致用、举一反三呢？这当然不能忽略延读活动的重要价值。接下来，东方幼儿园的闵祎老师、贝贝幼儿园的李悦老师和赵巷幼儿园的蒋婷婷老师分别分享他们的延读活动探究故事。

闵老师好，听说你在科学类延读活动设计方面非常有创意和想法，请你来谈一谈，好吗？

闵　祎：刚才傅老师、王老师和马老师分享了关于预读和共读活动的宝贵经验，这些做法我们园所也在积极实践。

今天，我想以图画书《一粒种子的旅行》为例，重点与大家探讨在科学类延读活动中，如何促进幼儿语言发展中的前书写能力。

当然，在延读活动之前，我们也开展了对于这本书的预读和共读。该书讲述了种子的各种传播方式，有通过风力传播，也有借助小动物传播。其中非常有意思的是老鹳草和凤仙花的种子传播方式，它们通过弹射的方式，将种子弹射出去。这种种子特有的弹射机制引起了幼儿浓厚的兴趣，他们也想要设计和制作一款种子弹射器，于是就产生了这次科学类的延读活动。

活动初期是在个别化中进行的，教师和幼儿共同收集各种可能用到的生活中的材料供探索。同时，教师也有意识地提供纸和笔，让幼儿记录下自己的创意和设计思路。

起初，幼儿的记录非常简单和个性化，图画和符号只有幼儿自己能理解。这在组建实验小组时造成了一定的沟通障碍，幼儿都希望吸引小伙伴加入自己的实验小组。随着这个愿望越来越强烈，他们想要别人能看懂自己的记录，于是开始寻求更清晰的记录和表达方式。一名女孩率先创新地运用了画制作流程图的记录方式。

这种方式迅速地被其他幼儿接受和模仿。

还有个别幼儿将细节放大了，比如有幼儿把弹簧画出来了。

还有幼儿想到了利用点读笔的录音功能记录下自己的创意。

在幼小衔接阶段，培养幼儿的前书写能力至关重要。《3—6岁儿童学习与发展指南》中明确指出，5—6岁的幼儿应具备书面表达的初步愿望和技能，包括使用图画和符号来表达思想。

马福生：闵老师介绍的基于儿童立场的记录方式给我们留下了深刻的印象，进一步丰富了"前书写"的表征经验。那么关于延读活动还有什么呈现方式呢？我们来听听李悦老师的研究心得。

李　悦：刚才有几位老师讲到整体式阅读中的预读、共读活动的设计，我想和大家分享一下整体式阅读活动延读部分有关艺术类活动设计与组织的一些做法。

为什么美术活动能激发幼儿幼小衔接语言或者前书写等能力呢？我想用一个关键词——"美术语言"来和大家开始我的分享。

讲到美术语言，大家可能会想到点、线、面、明暗、色彩、空间、肌理、材质等关键术语。但从大量的实践研究来看，就幼儿园阶段的孩子来说——能用来表达对美术作品理解的所有语言都可以称为"美术语言"。

以大班美术活动——"有趣的猴子"为例，和大家分享一下如何利用图画书激发幼儿的美术语言的一些小方法。"有趣的猴子"选自图画书《猴子捞月》（见图5），相信大家对这个故事并不陌生，不多做赘述。

下面谈谈运用图画书插画助力幼儿美术语言表达的五点思考：

捕捉幼儿的兴趣点——引出对象，激发兴趣；

分析作品的关键点——解析画面，挖掘语言；

图5 《猴子捞月》封面

解决创作的疑问点——技术分解，提炼方法；

给予表现的支撑点——求异求新，彰显个性；

把握活动的拓展点——互动评价，梳理反思。

具体如何实施这五点？教师如何在美术活动中培养幼儿语言能力？我们在互动的过程中梳理了一些提问的小技巧，在提问中共同探寻语言发展的踪迹。

第一，欣赏环节——捕捉兴趣点和分析作品关键点。

教师要带领幼儿一同解析审美对象的特点，帮助幼儿用"叙事性"语言表达"所见""所闻"。教师可以尝试提问"有什么""在干什么"以及"这幅画美在哪里"等问题，目的是引出色彩、空间、明暗等一些较为显性的美术元素，让幼儿在自由表达中达到"整体赏析"的目的（见图6）。

图6 《猴子捞月》插图

第二，创作环节——解决创作疑问点和给予表现支撑点。

这一环节主要解决"怎么做"和"还可以怎么做"的开放性问题，帮助幼儿掌握基本美术技法以及如何体现创意思维（见图7）。教师可以尝试提问"有什么特别的地方""用什么办法变出来的"，鼓励幼儿用自己的方法梳理语言、提炼语言。活动中，我们很惊喜地听到他们用"爬山坡""钻山洞""滑滑梯"等词语形容撕纸的过程，形象生动的比喻让方法变得更有童趣。

图7 画猴子的一种美术技法

教师还可以提问"猜猜它们可能在干什么""你想画一只怎样的猴子"，引导幼儿求新求异（见图8）。

图8 《猴子捞月》插图

第三，评价环节——把握活动拓展点。

我们可以尝试提问："你喜欢哪一幅画？为什么？"帮助幼儿反思，在反思中促进审美语言的积累，同时为培养幼儿批判性思维做铺垫。因此，美术活动中也蕴藏着儿童语言发展的契机。

马福生："美术语言"进一步拓展了我们对语言发展的认知，闵老师和李老师介绍的延读活动都是偏集体类的教学活动，那么在其他活动中可以设计延读活动吗？

蒋婷婷：当然可以，其实延读活动不仅可以发生在集体活动中，还可以发生在幼儿的一日活动中，比如游戏、生活甚至园内外实践活动。我来介绍一下我们在园内外实践中开展的延读活动。

我们在开展园内外实践前进行过一次阅读活动，幼儿对图画书中的各类陶器产生了兴趣，当幼儿走进崧泽博物馆后，我们发现他们在关注陶器的同时，逐步将关注点移到了讲解员身上。我们顺势开展了小小讲解员的活动，这是和幼儿的表达交流经验相契合的。

一开始幼儿觉得做讲解员很简单，所以没有任何准备就上台了，但介绍时往往只有简简单单一句话，有的不知道说什么。这时他们发现，即使参观了还是讲不出。讲解是要有充分准备的。我们通过讨论，得出要了解所讲解的展品的一些信息，比如外形特征、挖掘时间、地点、作用等，于是开始搜寻相关信息。

在第二次讲解的时候，幼儿比第一次有信心了，也更大胆一些，讲的内容也多了。但是小观众还是提了意见，认为讲解员讲的时间还是太短了，可以再讲多一点，还要多一些和观众的互动。

这时小讲解员很委屈，他们觉得明明准备好了，怎么讲着讲着就记不清了。我们和幼儿一起聊了聊，主要有几个方面：一是因为讲解稿是父母代劳的，语言组织是成人的思维，有的话幼儿都没理解，只是靠背，并不适合记忆；二是讲的时候还没有理清顺序，不知道应该先讲什么后讲什么。

这时有一个幼儿分享了她的经验：运用"信息卡"，就是将梳理的内容画出来，按照顺序分为四块内容。用好这个信息卡，可以增强幼儿的表达能力，还能提供讲述线索。这种方式也是图画书阅读的经验拓展。同时，我们还增设了互动问题，设计了海报，以同伴合作的方式进行展示，就这样，我们的讲解员正式产生了。他们落落大方，用自己清晰的语言讲述自己的展品。

马福生："聚是一团火，散是满天星"，这是我们团队一年多来运用整体式阅读来提升幼儿语言入学准备的所做、所思、所感、所悟。在这个过程中我们不仅关注幼儿的语言发展，还关注思维发展，最重要的是发展过程中达成"立德树人"的育人目标。这是我们团队的一种有益尝试，关于语言入学准备，我们的同行也有很多有效的做法，期待我们在更多的平台上共学、共享、共进步，在幼小衔接和语言入学准备的道路上做实、做强、做精彩！

（上海市"全面建设高质量幼儿园"成果孵化工作坊团队①）

---

① 工作坊团队成员包括：马福生、王鹏、张红玢、傅文婷、李悦、蒋婷婷、王琼、闵祎。

专题四　提纲挈领整体式阅读的高效学习策略

——《花园里的美食》幼儿教学实践

一、教研背景

在遵循原有阅读教学模式的基础上，我们提出"整体式学习是以从'领会'到'探究'为导向的图画书阅读教学"，即整体式阅读。整体式阅读是通过从"领会"到"探究"的教学实践路径，将图画书、问题导向、阅读教学过程、幼儿发展视为整体，让阅读图书与阅读生活、问题输入与输出互相促进，以实现幼儿快乐阅读、充分阅读、自主阅读，实现幼儿"学做人"的自我发展。

二、实践内容

（一）基于从"领会"到"探究"整体式阅读理论的图画书阅读教学模式

从"领会"到"探究"的整体式阅读，是教师在了解幼儿已有经验的基础上，根据幼儿的问题导向、阅读特点、发展需求，有目的、有计划地对幼儿进行有关阅读内容、阅读方式方法、阅读理解和阅读表达方面的引导，以促进幼儿阅读素养及主动学习能力形成的教育行为。其实践过程由三个部分组成：预读、共读、延读（见图9）。

图 9　小班整体式阅读过程

预读——幼儿课前多种形式的自主阅读，并完成预读单，是幼儿个体与图画书的反复接触，通过翻阅、读图，对图画书形成自己的理解与印象，并提出问题，即领会—探究的过程。教师通过观察，并在师生互动、亲子互动中了解幼儿的阅读问题和阅读经验（见图10）。

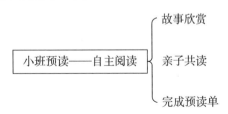

图 10　小班预读内容

　　共读——教师指导幼儿对图画书从细节到整体深入全面阅读，鼓励幼儿猜测、质疑、想象，发表自己的见解，即领会—探究—领会—探究……的循环渐进过程。教师通过观察，并在师生互动、生生互动中帮助幼儿解读问题，提升幼儿阅读能力（见图11）。

图 11　小班共读内容

　　延读——教师引导幼儿以建设型（制作图书、场景搭建）、表现型（创编续编故事、绘本剧表演）、探究型（探究活动）项目学习方式表达阅读体会、表现生活经验，解决真实问题，即探究—领会的过程。教师通过观察，并在师生互动、生生互动中拓展幼儿的阅读能力和生活经验（见图12）。

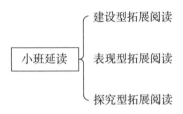

图 12　小班延读内容

　　从"领会"到"探究"的"整体式阅读"模式的开展，有助于提升幼儿园图画书阅读教学质量，促进幼儿快乐阅读、充分阅读、自主阅读能力的形成和高阶思维发展以及生活经验的获取。

（二）基于从"领会"到"探究"的整体式阅读理论的图画书阅读教学策略

1. 预读的教学策略——前置性"预读"，提高"先学后教"的课堂效率

"生本教育"是以幼儿为本的教育，它的教学原则是先学后教，以学定教。"先学后教"是教师让幼儿先阅读图画书，确定课堂教学的起点。我们把幼儿先学的内容称为"预读"，是教师向幼儿讲授新图画书内容之前，让幼儿根据自己的理解能力和生活经验所进行的尝试性阅读。幼儿通过前置性预读图画书，对新知识有初步感受、浅层理解并提出问题。教师更有针对性地收集幼儿的学习信息，了解幼儿的阅读情况，根据问题导向设计集体教学活动，提高图画书教学的有效性。前置性"预读"属于整体式图画书阅读教学的起始部分。我们以小班预读《花园里的美食》为例，探索科学的教学策略（见表4）。

表4　小班预读的教学策略

预读的形式	1. 明确预读单内容 2. 亲子共读 3. 完成预读单
预读的策略	1. 创设多次阅读环境，激发幼儿不断阅读图画书的兴趣 2. 预读单的设计法则 （1）家长把书给孩子，让孩子自己翻一翻、看一看 （2）家长跟孩子一起完整阅读，家长读给孩子听 （3）家长跟孩子再次阅读，在孩子感兴趣的画面做适当的停留，跟孩子说一说、问一问 （4）家长跟孩子一起在主人公的画面停留，说一说、问一问 3. 教师将收集的预读单进行统计，找出共性的喜好或困惑等
预读单	以图画书《花园里的美食》为例（见表5）
图画书	

表5 《花园里的美食》预读单

	阅读方法小提示	孩子的反应
第一次阅读	家长把书给孩子，让孩子自己翻一翻、看一看	孩子喜欢这本书吗？（选择打钩） 喜欢　　一般　　不喜欢
		请记录孩子自主阅读的时间
第二次阅读	家长跟孩子一起完整阅读，家长读给孩子听	
第三次阅读	家长跟孩子再次阅读，在孩子感兴趣的画面做适当的停留，和孩子说一说、问一问	请记录孩子喜欢的画面
第四次阅读	家长跟孩子一起在植物的画面停留，说一说、问一问	书中有哪些可以吃的植物？ （家长画一画，孩子涂颜色）
第五次阅读	带孩子去花园等场所认一认还有哪些花草树木，聊一聊还有哪些植物可以吃	孩子说了什么？
		孩子有哪些行为？
家长的疑问		

设计完预读单，我们发放给班上家长，回收预读单后，我们做了统计分析（见表6）。

表6　《花园里的美食》预读单汇总情况（共27份）

	阅读方法小提示	孩子的反应
第一次阅读	家长把书给孩子，让孩子自己翻一翻、看一看	孩子喜欢这本书吗？（选择打钩） 喜欢21　　一般4　　不喜欢2 请记录孩子自主阅读的时间
第二次阅读	家长跟孩子一起完整阅读，家长读给孩子听	
第三次阅读	家长跟孩子再次阅读，在孩子感兴趣的画面做适当的停留，和孩子说一说、问一问	请记录孩子喜欢的画面 仙人掌7 甘蔗5 向日葵14 玫瑰花3 葵花籽1 金银花1 裁缝2 花园4 送礼物2 花匠1
第四次阅读	家长跟孩子一起在植物的画面停留，说一说、问一问	书中有哪些可以吃的植物？ （家长画一画，孩子涂颜色） 仙人掌18 藕7 向日葵17 玫瑰花13 荷花1 甘蔗9 金银花2 葵花籽5 莲子26

	阅读方法小提示	孩子的反应
第五次阅读	带孩子去花园等场所,认一认还有哪些花草树木,聊一聊还有哪些植物可以吃	孩子说了什么? "这是什么花?开花的时间?还有什么可以吃?" "这是不是可以吃?可以怎么烧?想到芒果、石榴、苹果……可以吃。" "为什么这个不能吃?" "为什么草不能吃?" "玫瑰花、仙人掌……可以吃。" "西兰花也可以吃。" "油菜花可以做成炒菜的油。" "海草变成海苔。" "好漂亮的花花啊!小草的颜色怎么这么绿?仙人掌可以吃吗?刺会扎嘴巴怎么办?" "为什么草不能吃?" "为什么莲藕长在池塘里?" "粉色的樱花好漂亮。" "不大理解花也是可以吃的。" (看到豆角问)"这个可以吃吗?吃青菜长得高。"
		孩子有哪些行为? 摸一摸、闻一闻、问一问 想给花拍照。比较注重看花,看了花就主动问"可以吃吗?为什么可以吃"。找一些植物,问"这是什么?可以吃吗"。孩子比较好奇,爱提问,爱思考 看小黄花 喜欢吃荠菜馄饨 到竹林中找竹笋 喜欢给植物浇水 喜欢让妈妈把花戴头上 喜欢在草坪上打滚

我们的思考:对预读单进行统计,梳理对每个问题的回应,以数据清楚地归纳出幼儿最喜欢的植物、最喜欢的画面、在花园里说了什么和做了什么动作等,这才是真正意义上幼儿的经验和想要了解的,也就是我们的问题导向。根据这些反馈,我们基于问题导向进行共读环节的设计。因为有了预读单的准备,所以在

共读环节的集体活动中，指导语会更加细致，更具可操作性。

2. 共读的教学策略——应答式阅读，提高幼儿的阅读习惯和能力

不同于以前共读的教学模式，晨星幼儿园基于幼儿发展和经验特点，将教学模式进行了改版升级，将小班的情境阅读调整为在情境阅读中的应答式集体阅读。优化共读环节的教学策略能提升幼儿园图画书阅读教学质量，促进幼儿快乐阅读、充分阅读、自主阅读能力的形成和高阶思维发展（具体策略见表7）。

表7　小班应答式阅读教学策略

应答式阅读共读的环节	自主阅读→提问应答→完整欣赏
应答式阅读共读的策略	教师根据阅读材料的内容或主题，通过角色扮演、阅读背景的创设等方式引导幼儿进入故事情境之中，帮助幼儿结合自己的生活实际对阅读材料进行体验、感受、理解和想象，并进行应答
应答式阅读课例研究	《花园里的美食》（见表8）

表8　《花园里的美食》教案

活动目标	1. 观察画面细节，知道花园里植物与美食的联系，愿意用一句话清楚地表达前后画面的联系 2. 愿意与同伴交流喜欢的画面和亲子阅读的心情，体验阅读分享的乐趣
活动重点	知道花园里植物与美食的联系，愿意用一句话清楚地表达前后画面的联系
活动环节	一、导入环节 1. （出示封面）"这本书我们都很熟悉吧？对了，《花园里的美食》，我们和爸爸妈妈一起在家里看过这本书，现在请你们回忆一下，阅读这本书的时候你的心情是怎样的？" 2. 小结："原来和家人一起阅读是一件开心的事情，在阅读中度过的时光，真是太美好了。" 问题驱动（问题来源于前期亲子共读） 二、分享阅读 1. "接下来请你想一想，你最喜欢书中的哪一幅图？翻到这一页，说一说你为什么喜欢这一页，也可以和旁边的朋友说一说。" 2. 小结："原来每个小朋友都有自己喜欢的画面，而且能讲出自己喜欢的理由，真的很棒！" 问题驱动（问题来源于前期幼儿自主阅读）

活动环节	三、重点阅读 1. "最近我也在阅读这本书，有几个画面有点看不懂，想请你们一起来帮帮忙，你们愿意吗？" 2. 重点阅读 图一：玫瑰花页面 关键问题："图上小朋友在做什么？玫瑰花可以做成哪些美食？" 小结："原来玫瑰花不仅好看，还能做成美味的食物呢，听起来真诱人。我也真想去尝一尝呀！" 图二：葵花子页面 关键问题："图上的小朋友在吃什么美食？瓜子来自哪个植物？你是从哪里看出来的？向日葵的花看起来是怎样的？" 小结："原来向日葵不仅有美丽的花朵，还有美味的果实。" 图三：仙人掌页面 关键问题： 1. "图上的植物你们认识吗？它的名字是什么？看起来是怎样的？" 2. "满身都是尖尖的刺的仙人掌可以吃吗？你是从哪里看出来的？" 3. "仙人掌除了可以炒炒拌拌吃，还可以怎样吃呢？我们来看一段视频。" 小结："看起来有尖刺的植物也可以做成意想不到的食物，小厨师的本领真大。" 四、延伸 完整欣赏故事

我们的思考：在小班年龄段，我们通常都会引导幼儿观察画面上有谁，他在干什么……这是以往研究"引导性阅读"最基本的方法。针对《花园里的美食》共读活动，教师基于幼儿的经验和问题来加以设计。小班的应答式阅读，就是幼儿与经验和问题的一应一答。除了能说得出画面上物品的名称以及联系到生活中另一种物品的名称外，我们还让幼儿积极主动地进行描述，或者表述其关系，或者表述其生活经验。这便是在引导式阅读之上的应答式阅读，其不同处更多在于幼儿的经验呼应和对问题的回答。

3. 延读的教学策略——建设型、表现型、探究性拓展阅读有助于表达阅读体会、生活经验，解决真实问题

课堂教学之后，图画书一般被投放进阅读区域让幼儿自己阅读，教师不再组织相关的活动。但这并不能起到延读的理想效果，对此，晨星幼儿园开展了专门性活动、区域性活动和渗透性阅读活动，即建设型、表现型、探究型拓展活动，注重一日活动中的环境浸润、个别化学习和特色活动的开展。丰富多样的活动形

式及内容有利于激发幼儿阅读的兴趣,培养幼儿的阅读行为。教师引导幼儿在真实的生活中表达阅读体会,表现生活经验,解决真实问题(见表9)。

表9　延读的教学策略

延读的形式	教学策略
建设型拓展活动	围绕图画书中的场景或者故事情节,鼓励幼儿进行搭建活动
表现型拓展活动	围绕图画书中的故事情节或者创意故事,鼓励幼儿进行剧本表演
探究型拓展活动	围绕图画书中的关键内容或者核心内容进行表现表达、个性制作、自主探究

以小班《花园里的美食》延读策略为例:

(1)让幼儿在情境下完整欣赏故事。

(2)组织品尝会:

① 今天老师带来了书本中提到的用鲜花制作的茶和饼,我们一起来尝尝吧。

② 你喜欢花茶和花饼吗?味道怎样?

我们的思考:从整个延读环节可以看出,幼儿特别高兴和投入。延读环节,就像茶话会一样,幼儿在品尝每一种美食的时候,都很骄傲地说这是书里的某一种用什么花做的美食。这对于幼儿来说,是读完图画书,又回到生活,把生活与书本相结合,真正将书本经验与生活经验建立联系,这便是阅读回归生活的体验过程。

三、实践成效

预读单中的问题记录帮助教师了解幼儿的兴趣点和问题点。本课例中预读单的解读——画面选择部分,67%的幼儿喜欢探索仙人掌,62%的幼儿喜欢探索向日葵,48%的幼儿喜欢探索玫瑰花。教师鼓励幼儿以录音或绘画的形式及时将想法记录下来,以便教师了解幼儿对画面的困惑,掌握哪些是同类问题,哪些问题出乎意料,哪些问题是稍微提示下就能找到答案的。

对真实问题梳理后的再探究促使幼儿全情融入互动学习。本课例中选择向日葵、仙人掌和玫瑰花的画面,其价值点在哪里?如何激发幼儿应答?幼儿提出:"仙人掌身上有刺怎么能吃?刺扎到嘴巴怎么办?"这是关键性问题,也是共性问题。生活中仙人掌真的可以吃吗？我们通过检索，发现有很多用仙人掌做美食的视频。幼儿对玫瑰花比较熟悉。如何将看到的东西变得更有意义？玫瑰饼、玫瑰茶是可以让幼儿真正体验制作过程的美食。本课教学设计，都来源于幼儿的真实语言和行为，通过将其提炼作为情境探究的资源。只有这样才能引起幼儿的共鸣，使课堂教学与幼儿互动情境交融。

四、总结思考

第一，巧用预读单，促进从领会到探究的功效。

预读单设计的问题场景，是给幼儿探索身边人、事、物、景的机会，只要我们认真评阅预读单，不经意间便能捕捉到幼儿言语和行为表达表现的闪光点。自主阅读的过程正是教师对问题筛选、提炼的过程。这是幼儿领会学习内容、积累前期经验、开启探究之路的前奏，也是教师以幼儿为主体、以问题为导向设计教学计划的基础。

第二，以驱动性问题为导向，融合多领域经验。

整体式阅读从"领会"到"探究"的过程，必经"提问"之路。教学以驱动性问题为主线，把教学内容巧妙地隐含在每个问题中，引导幼儿去发现、去思考、去解决问题，最终在问题的解决中培养幼儿的创新意识、接纳行为和互动探究的能力。

（上海市青浦区晨星幼儿园　潘凤燕）

专题五　让德育之花在幼儿园环境中绚丽绽放

——爱国情感激发的环境创设探究

晨星幼儿园是以早期阅读为特色的幼儿园，经过 25 年的发展形成了以图画书为载体的阅读主题课程。本次环境创设主题活动是借助图画书融合艺术的系列活动。我们从环创主题、目标、契机、过程等方面进行阐述。

一、环创主题

庆祝中华人民共和国成立 70 周年。

二、环创目标

第一，了解 10 月 1 日是国庆节，是全国人民的节日。

第二，利用多元美术形式表征新中国成立 70 周年相关元素，激发幼儿爱国情感，并为"我是中国人"而自豪。

第三，利用长征系列图画书，在阅读交流中了解军队保家卫国的成长历程，体会军人的使命感。

三、环创契机

新中国迎来 70 岁生日之际，天安门广场前举行了盛大的阅兵仪式，解放军的飒爽英姿深深印入了幼儿的脑海中。在与他们聊天中，"神气""帅""威武""了不起"等赞美之词频现，从中可以感到他们对解放军的仰慕之情。"解放军会开飞机、开大炮、开坦克，手里拿着冲锋枪，是打敌人的英雄。"他们还知道军人的职责是"保家卫国"。孩子们如此爱戴解放军，我们就以他们喜欢的国庆阅兵式为切入点，开展了一系列国庆 70 周年环创美术活动。

这次环创美术活动的内容是用陶泥制作阅兵式中的飞机方阵和坦克方阵。当他们摆弄着这些"重型武器"时，他们发现：阅兵式怎么没有主角——解放军？于是在教师的启发下，幼儿在纸上画起了解放军步兵方阵。这时一个幼儿的提问引起了大家的注意："为什么中国有解放军？"幼儿七嘴八舌地回答："解放军是要打仗的，要保护中国，要保护大家的。""解放军打敌人，他们有枪、有飞机、有大炮、有导弹，会把敌人打死，很了不起的！"听了他们的议论我在想，幼儿对解放军的认知已较丰富，从兵种、着装到武器配备都能说出许多，但对解放军的历史知之甚少。

正值 10 月，大班活动的主题是"我是中国人"，我就抓住机会，利用国庆阅兵式引起幼儿对解放军的崇敬心理，把 70 周年国庆和中国人民解放军军史与陶艺、绘画、小制作有机融合，对幼儿进行一次爱国主义教育，并将幼儿美术作品作为环创的重要素材。

四、环创过程

本次环创活动的开展过程如图 13 所示。

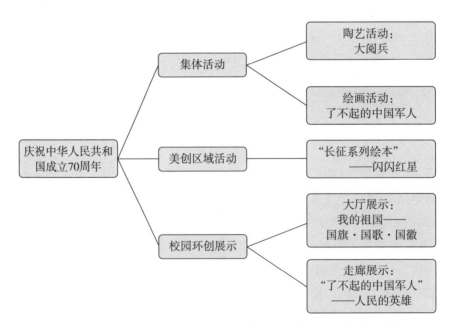

图 13　"庆祝中华人民共和国成立 70 周年"主题环创活动开展过程

五、系列活动

（一）集体活动

活动一：陶艺活动——"大阅兵"

活动目标：

（1）通过观看国庆阅兵式，为自己是一个中国人而自豪，激发要为祖国争光的情感。

（2）尝试用轻敲的方法制作长方体，并进行组合，完成坦克和飞机的制作。

活动二：绘画活动——"了不起的中国军人"

活动目标：

（1）通过引导观察，让幼儿尝试画不同姿态的中国军人。

（2）初步了解解放军风采，为自己是一个中国人而自豪，激发为祖国争光的情感。

片段一：了解解放战争时期的解放军

【关键指导语】

"1949年10月1日是中华人民共和国的成立日。每年的10月1日是祖国妈妈的生日。"

"1949年是很久以前了，70年之前，中国是什么样的呢？"（出示图片）

"那时的中国很穷，人们没衣穿，没饭吃，就连居住的房子都是破旧的，还有敌人来欺负中国的老百姓，所以人们生活得很艰苦。"

"是谁把我们从穷苦的生活中拯救出来，让我们过上幸福的日子的呢？"

（播放解放战争短片，让幼儿讨论）

"短片中有谁？他们在做什么事情？看到解放军流血、牺牲的场面，你的心情怎样？如果没有解放军在前线奋勇打仗，会有我们今天幸福的日子吗？"

教师小结："没有解放军，没有他们的流血牺牲，就没有我们现在幸福的生活。"

【提示：运用图片，帮助幼儿了解新中国成立前人民穷苦的生活；运用短片引导幼儿初步了解军人为了大家未来幸福安定的生活前赴后继、流血牺牲的英勇事迹，使幼儿意识到现在衣食无忧的生活来之不易（见表10）。】

表 10　活动前后幼儿经验对比

活动前幼儿拥有的经验	活动后幼儿获得的新经验
● 解放军打坏人、保家卫国 ● 解放军拥有飞机、坦克、导弹等武器 ● 解放军军服帅气，身姿挺拔，解放军了不起	● 新中国成立前中国贫穷落后，战争中尘土飞扬，炮弹轰鸣，解放军前赴后继，作战英勇，不怕牺牲 ● 解放军有的拿枪，有的身后还背着刀，他们的衣服是破旧的，脸上有灰土，有的负伤流血，有的英勇牺牲 ● 幼儿知道了现在衣食无忧的生活是怎么来的

片段二：了不起的解放军

【关键指导语】

"解放军叔叔真了不起，我们一起跟着解放军学敬军礼，你的军礼敬对了吗？比比谁更神气。"

（教师出示图片，观察敬军礼的姿势）

"敬礼使用哪只手？手举到什么地方？"（引导幼儿观察手指手背的精准动作等）

"解放军什么情况下需要敬礼？除了敬礼之外，解放军还会做什么事情呢？"

（出示图片，观察不同兵种的不同动作；幼儿画解放军，教师巡回指导。）

【提示：从军姿到兵种，教师运用图片帮助幼儿观察解放军的军姿，了解不同兵种，同时，引导幼儿细致观察解放军服饰特点，在讨论中找出本次绘画人物的顺序。最后，引导幼儿在实践操作中提升自己的体验（见表 11）。】

表 11　活动前后幼儿经验对比

活动前幼儿拥有的经验	活动后幼儿获得的新经验
● 知道陆军、空军、海军 ● 动作姿态：笔直站立，两手放在身体两侧，知道解放军军礼，但姿势不正确 ● 军服：绿色，衣服与常人穿着无异	● 幼儿作品中出现了侦察兵、炊事兵、卫生兵、哨兵等兵种 ● 动作姿态：敬礼姿势、手持望远镜观察姿势、吹军号姿势等 ● 军服：蓝灰色，有领子，有口袋，有行军带，腰上束皮带，有的解放军皮带上有枪盒

片段三：延伸活动

大家一起做一做与自己画的解放军同样的动作。阅读区域提供"长征系列绘本"，幼儿了解更久远的解放军历史。

【提示：互相欣赏作品，通过做一做与自己画的解放军同样的动作，感受解放军英武神气的姿态，进一步加深幼儿的体验，激发其民族自豪感。】

（二）美创区域活动

1. 区域活动："长征系列绘本"

（1）活动目标

① 幼儿自主阅读图画书，了解发生在长征途中红军的感人故事（翻雪山、过草地等），感受红军吃苦耐劳、勤劳勇敢的奉献精神，并尝试为人物添画背景。

② 通过观察发现长征途中红军服装与现代军装的区别，描绘长征途中的红军形象。

（2）材料投入

"长征系列绘本"（《大郭、小郭、行军锅》《小太阳》《红军柳》《远去的马蹄声》《迎春花开》等）、KT板、各色颜料、各类纸、剪刀、胶水、陶泥、制陶工具。

2. 区域活动实录

实录一：朱朱和筠筠选了《小太阳》，坐下开始看书。朱朱已经认字了，在她朗读下两人看完了全书。书中主人公——穿红毛衣的小卫生兵在寒冷大雪山救治红军的事迹使她们深受感动。正好她们画的也是卫生兵，于是两人商量后，认为应该把人物放到雪山上。她们找到了教师，咨询制作雪山需要什么材料。教师建议她们，雪山又高又大，而且坚硬，可选质地硬且可以直立的材料。两人在美创室内寻找一番，最终找到KT板。画好雪山后，教师帮她们裁剪。两人又找到了白色水粉颜料，但是水粉颜料不能在KT板上上色。于是教师推荐了白色和灰色丙烯颜料，两人用大刷子很快就刷出了两座大雪山。最终她们把自己画的卫生兵摆放到大雪山旁——红军过雪山的场景制作完成了。

实录二：《远去的马蹄声》是红军在长征途中爬雪山过草地的真实事件，贺捷生将军以自己的亲身经历讲述了这段长征传奇。区域活动时，小鸣和城城两个男孩子翻看图画书多遍。教师问道："这本书里的红军打仗了吗？"小鸣："没有打仗啊。"教师："你们看到红军在做什么？"城城："他们一直在走啊走，保护一个刚刚出生的小孩子。"教师："红军一直在走，走了很长很长的路，这叫'长征'。红军除了要打敌人，还要时刻保护身边每一个人。你们最喜欢哪页？"两人将书翻到了过草地那页。"老师，我们要做块大草地。"他们商定了制作草地使用撕纸粘贴的方法（中班时已做过），然后进行了分工：小鸣找材料，城城找合作伙伴，教师被安排了裁剪 KT 板的任务。大家一起完成了两块大草地的制作。

（三）校园环创展示

（1）大厅展示：我的祖国——国旗·国歌·国徽（见图 14）。

图 14　大厅环创展示

（2）走廊展示（走廊全长 30 米），见图 15 至图 17。

图 15　环创主题：长征系列图画书——了不起的中国军人

图16　环创主题：人民的英雄　　　　图17　环创主题：小小阅兵式

六、小结

（一）主题引领彰显特色——德育渗透的有效途径

儿童时期是人生"三观"形成的启蒙阶段，而"三观"教育又应与其认知能力相适应，也就是与幼儿阶段相符合。美术活动中如何渗透德育并进行环境展示是我一直想要突破的难题。通过本课例的摸索与实践，首先，我认识到美术活动绝不能游离于幼儿园主题活动之外，应在阶段主题活动和美术活动之间选择合适的结合点。本课例时值国庆，大班主题是"我是中国人"，将国庆、阅兵、解放军等方面的知识和爱国主义教育有机融合到美术活动中去，没有说教，只有"潺潺流水"，因而取得了"水到渠成"的良好效果。其次，美术活动要与我园办园特色——幼儿早期图画书阅读相结合。图画书不仅能给幼儿提供好的故事情节，蕴含丰富的教育意义，还具有很强的艺术属性。从这一点上说，图画书应该可以成为美术活动的一个重要载体，让幼儿在图画书的帮助下学习知识、培养情感，增强艺术感知能力和表现能力。图画书也是幼儿园公共环境创设的素材，它能拉近幼儿园与家长、幼儿的距离，形成良好的环境互动。

（二）成果展示与分享——保持幼儿学习兴趣的有效手段

在幼儿园美术活动中，教师要千方百计调动幼儿运用美术创作的手段来表达自己对各种事物的认知，并在此过程中提高幼儿的美术表现能力和技能。本次环创活动，通过一系列的活动环节，幼儿对解放军的认识有了"质"的变化。他们的作品前后也发生了很大的变化，这种变化反映了美术活动所起的作用，也是幼儿获得成长的最好体现。如何用好这些幼儿的作品，也是我重点思考的问题。

当全部主题作品组合呈现在幼儿园大厅和约 30 米长的走廊上时，大家不约而同地聚集在此。每天上下学时，走廊里驻足观看的家长络绎不绝，时而可以看见幼儿向父母介绍自己的作品，自豪感、成就感溢于言表；时而听见家长询问创作经过，向孩子讲述英雄人物的故事。"真的是你画的吗？好棒啊！""你画得真好，解放军真神奇！""解放军、八路军、红军，哇！你已经知道那么多了啊！"……家长们纷纷竖起大拇指，为孩子们的精彩作品点赞。

(三) 幼儿好奇心——教育的契机

我国幼儿教育先驱陈鹤琴先生曾说："儿童凡对于一切新的东西就生出好奇心。一好奇，就要与新的东西相接近。一接近，那就晓得这个东西的性质了。假使儿童与新的境地相接触愈多，他的知识愈广。虽然由好奇心所得的知识，一时不发生效力，但后来于实用上很关紧要的。"这段话道出了幼儿学习的基本规律：感知新东西—产生好奇心—接近新东西（学习过程）—略晓其性质（学习结果）—积累—运用。因此，创设情境和善于发现幼儿的好奇心是幼儿园教师必备的教学基本功。

情境可分课内创设和课外情境课内利用两种。本课例就属于后者。

发现幼儿好奇心，就是要求教师根据情况，在幼儿的互动中捕捉他们的关注点，了解他们知道什么、喜欢什么、还想知道什么等，这中间既有新学习的起点，也有新学习的内容。教师要善于利用幼儿对新事物的好奇心，因势利导，在活动中植入各种教学要素（如情感、知识、技能等），让幼儿在潜移默化中实现"一接近，那就晓得这个东西的性质了"。本课例中，幼儿的关注点是解放军，他们的认识起点是当前所见的解放军。通过情境拓展（视频、图画书），幼儿知道了解放军的前世今生，解放军与我们现实生活的关系，从而进一步激发了对解放军的崇敬之情。

(上海市青浦区晨星幼儿园　曹　怡)

专题六　一课三研，助推教师专业成长

一、活动概述

根据《幼儿园教育指导纲要》的精神，教师要密切结合幼儿的生活对幼儿展开教育，在教育中要选择幼儿感兴趣的事物对幼儿进行施教，让幼儿能够在玩中学，在玩中得到成长。

图画书《一粒种子改变世界》讲述的是"杂交水稻之父"袁隆平的故事。袁隆平可以说是大家耳熟能详的老科学家了。书中从袁隆平的童年兴趣开始，讲述了他为增加粮食产量，不怕失败，潜心研究杂交水稻的故事。

幼儿在户外实践收割稻子的过程中发现：秋天稻田里金黄一片，水稻都成熟了。这美丽的景象令他们记忆深刻。后续他们通过仔细阅读图画书《一粒种子改变世界》，对袁隆平爷爷为了培育水稻坚持不懈、刻苦钻研的精神产生了赞美之情，也对水稻种植产生了浓厚的兴趣。

本次活动我以《一粒种子改变世界》为引导，阅读欣赏书中春天插秧——欣赏图片，种植水稻——尝试制作，收割水稻——展示作品，欣赏交流——禾下乘凉梦等画面和情节，引导幼儿合作运用水粉作画表现水稻的形象，了解书本中袁爷爷种植水稻的艰辛和坚持不懈的精神，表达对袁爷爷的感佩之心，知道要珍惜粮食。

二、活动进程

（一）第一次活动

幼儿在第二环节观察欣赏书中图片"鹤立鸡群"，感受水稻的基本特征。

教师：袁隆平爷爷为什么称它"鹤立鸡群"呢？

幼儿：因为它长得很高。

幼儿：它是里面最高的。

教师："鹤立鸡群"真是又高又大。

教师：它的稻穗长得怎么样？

幼儿：稻穗是黄黄的。

教师：稻谷长得多吗？

幼儿：很多。

教师：稻穗上的稻谷长得可真多呀！它们颗颗饱满，把稻秆压得都弯下了腰。

反思发现： 幼儿通过观察图片"鹤立鸡群"，了解了水稻的一些基本特征，如："鹤立鸡群"长势非常好，有颗颗饱满的稻谷，稻谷排列整齐，稻谷非常多，压得稻秆都弯下了腰。但是，幼儿在讨论"鹤立鸡群"的过程中表达很简单，各有侧重，讲述不完整，多是教师引导幼儿表达或者是帮助幼儿回答，幼儿没有真正掌握"鹤立鸡群"的水稻特征，导致在后续作画时不能凸显水稻的上述特征。

（二）第二次活动

经过第一次活动，发现幼儿对"鹤立鸡群"的理解和表达都不十分清楚，为后续创作带来一些问题。因此，我们对第二环节进行了调整。

教师：袁隆平爷爷为什么称它"鹤立鸡群"呢？

幼儿：因为它像一只公鸡，好像在鸡棚里，旁边都像一只只小鸡。

教师：这株水稻长得怎么样？

幼儿：它长得很高也很大。

幼儿：它长得比其他的都高。

教师：鹤立鸡群真是又高又大。

教师：它的稻穗长得怎样？

幼儿：稻穗都往下掉了。

教师：为什么稻穗会往下掉呢？

幼儿：因为上面的稻谷很重。

教师：稻谷什么情况下会很重呢？

幼儿：稻谷很多很多，太重了。

教师：稻谷长得颗颗饱满，重得把稻秆都弯下了腰。

第二环节调整：欣赏书中图片"鹤立鸡群"，了解"鹤立鸡群"水稻的基本特征。当教师抓住了幼儿的回答，一个接一个问题深入，提升回应或进行追问，幼儿对"鹤立鸡群"有了更深入的理解。

反思发现：幼儿反复阅读图画书、观察图画书，感受重点画面的特征，认识"鹤立鸡群"不同于其他水稻，并了解水稻的一些基本特征。在教师的引导提问和追问下，幼儿对"鹤立鸡群"有了更深刻的了解。

(三) 第三次活动

第三环节调整：经过第二次活动，我们发现幼儿对"尝试制作"——种植水稻的方法不是特别了解。幼儿呈现画面显得手忙脚乱，对创作没有一个很好的布局，存在一些问题。因此，我们对第三环节进行了调整。

活动前准备一段视频，内容是幼儿绘画创作水稻的简单过程。活动中，在幼儿尝试制作前，播放视频，让幼儿说说制作的一些简单方法和创作步骤。

(播放视频：先画上长长的、弯弯的稻秆，用棉签蘸上颜料点画成稻谷；或用彩泥搓成一个个小圆，用手指按压上去，一个个稻谷"长"出来了。)

教师：刚才我们发现了画面中的奥妙，这幅画非常奇妙，你们想不想也来制作一幅奇妙的画呢？

教师：我们先来看看这幅画，想一想，这幅画第一步画了什么，第二步又画了什么，第三步又做了什么？

(教师播放制作视频)

幼儿：画了稻秆。

教师：小朋友用毛笔蘸点颜料从下往上画了细细长长的稻秆。小朋友画了很多根稻秆，有的往前，有的往后，有的在两边，好像在捉迷藏。

教师：接着又画了什么呢？

幼儿：一粒一粒的。

教师：一粒一粒的是稻谷。他是怎么画的呢？

教师：是不是用到了棉签？棉签上蘸点颜料，在稻秆旁边点点点，稻谷就长出来了。

教师：小朋友用棉签点的时候，是怎么点的？

幼儿：一个一个点的，点了很多。

教师：一个挨着一个，像排队一样，排列得真整齐。最后，可以拿一点超轻黏土，做成稻谷的样子，装饰它。

反思发现：教师首先播放制作视频，幼儿根据视频中小朋友的制作，说说绘画的步骤顺序。幼儿自主、大胆进行创作，教师巡回指导，关注幼儿能否画出长长的弯弯的稻秆并运用棉签和彩泥表现稻穗上的稻谷。

三、活动感悟

（一）以幼儿为中心

在艺术活动"风吹稻花香"中，教师充分尊重幼儿的主体地位，让幼儿在自由、宽松的氛围中进行创作和表达。教师不再是知识的传授者，而是幼儿学习的引导者、支持者和合作者。这种以幼儿为中心的教育理念，有助于培养幼儿的自主学习能力和创新精神。

（二）要关注个体差异

每个幼儿都是独一无二的个体，他们有不同的兴趣爱好、认知水平和发展速度。在教学过程中，教师要关注到幼儿的个体差异，采用分层教学、个别指导等方式，满足不同幼儿的学习需求。这种关注个体差异的教育理念，有助于促进每个幼儿的全面发展。在活动中，我观察到悦悦性格内向，不敢大胆创作，作画显得很拘谨。我轻声鼓励她："悦悦，你觉得稻谷是怎样的呢？可以按照你心里想的去表达创作哦。"当悦悦用深黄和浅黄的彩泥去制作稻谷时，我及时肯定，让悦悦逐渐自信，能够更勇敢地表达自己的想法。而对绘画能力较强的小姚，我则提出更高的要求，引导她尝试用不同的材料表现稻谷，以满足她更高的创作需求。通过这样的方式，每个幼儿都能在自己的基础上得到发展，展现独特的艺术风格。

（三）要重视过程评价

在艺术活动"风吹稻花香"中，教师不再仅仅关注幼儿作品的最终效果，而是更加重视幼儿在创作过程中的表现和进步。比如，当看到小欣在创作时遇到困难，想要放弃，我会及时鼓励她："小欣，老师看到你前面制作的稻谷很特别，再坚持一下，说不定会有更惊喜的效果。"而当小孙在尝试用毛笔画稻秆的时候，尽管他已经尽了最大的努力，可是他总觉得画面效果不完美，我依然称赞他的勇敢尝试："小孙，你的稻秆画得很有想法，稻秆长长弯弯的，继续加油，下次一定会更好。"教师应注重发现每个幼儿在创作过程中的努力、思考和进步，让幼儿每一次尝试都被重视和认可，从而更积极地投入到美术创作中。这种重视过程评价的教育理念，有助于激发幼儿的学习积极性和自信心。

综上所述，"风吹稻花香"这一活动充分展现了教育理念更新的重要性与积极影响。我们应持续推动这样的教育变革，为幼儿创造更优质、更个性化、更具激励性的教育环境，让每个孩子都能在教育的春风中茁壮成长，绽放出属于自己的独特光彩。

附：集体活动自主反思记录表

活动名称	风吹稻花香		建议主题	在秋天里	侧重领域	艺术
执教者	朱 萍	班级	中班	原创（∨）改编（ ）	观摩时间	
活动目标： 1. 愿意尝试使用多种材料表现郁郁葱葱、颗粒饱满的不同造型的水稻 2. 在看看、说说、做做中，体验与同伴一起创作的乐趣						
活动重点：愿意尝试使用多种材料表现郁郁葱葱、颗粒饱满的不同造型的水稻 活动难点：在看看、说说、做做中，体验与同伴一起创作的乐趣						
环节	步骤内容				幼儿的学习 行为表现	教师的 支持策略
第一环节	重点提问：最近我们一直在看《一粒种子改变世界》，这本书里讲了什么故事呢 小结：这本书说的是袁隆平爷爷种植研究水稻的故事					

续表

环节	步骤内容	幼儿的学习 行为表现	教师的 支持策略
第二环节	**重点提问**：观察水稻"鹤立鸡群"，袁隆平爷爷为什么称它"鹤立鸡群"呢？这株水稻长得怎样？为什么稻秆是弯弯的？它的果实长得怎样 **小结**：秋收的季节到了，水稻成熟了，它们颗颗饱满、沉甸甸的稻穗让稻秆弯下了腰		
第三环节	1. 播放视频：从下往上长出一根长长的、弯弯的稻秆，用棉签蘸上颜料点画做稻谷；用彩泥搓成一个个小圆点，一个个稻谷长出来了 2. 介绍材料：橙色黄色水粉颜料、橙色黄色彩泥、棉签、毛笔 3. 幼儿尝试制作，教师指导 （1）幼儿用毛笔画弯弯的稻秆 （2）教师鼓励幼儿运用不同的材料表现稻穗 **重点关注**：幼儿自主、大胆进行创作。教师巡回指导，关注幼儿能否画出长长的弯弯的稻秆并运用棉签和彩泥表现稻穗上的稻谷 **小结**：秋天到了，稻谷成熟了，稻田一片金黄，远看真像是铺了一层金黄的地毯		
第四环节	将幼儿的作品展示在架子上，相互欣赏交流 **关键提问**：说说你觉得哪一株水稻像"鹤立鸡群"？喜欢它什么 **小结**：在袁隆平爷爷坚持不懈的带领下，我们的水稻越长越好，产量越来越多，现在全世界的人都能吃到香香甜甜的大米饭		
我的思考			

（上海市青浦区晨星幼儿园　朱　萍）

专题七 "感" 实践 · "悟" 成长

我发现本班幼儿存在挑食和浪费食物的现象，对此，我们除了在一日生活中指导外，还借助图画书《一粒种子改变世界》开展了班级和亲子共读活动。通过袁隆平爷爷了不起的水稻研究故事，幼儿初步了解了粮食的珍贵与来之不易，但对稻谷变成米饭的变化过程认识很抽象。为进一步帮助幼儿懂得珍惜粮食的道理，满足小班幼儿喜欢直观具体的事物的特征，本活动以亲身体验、动手操作来激发幼儿运用多种感官感知稻谷的特性。

《3—6岁儿童学习与发展指南》中指出，幼儿要"常常动手动脑探索物体和材料，并乐在其中"。基于此，教师为幼儿创设了直接操作体验的机会，通过不同的感官感知和探索稻谷的特性，初步了解稻谷变成米的过程，知道粮食来之不易，学会珍惜粮食。结合本班幼儿的特点，我们以三种方式促进幼儿认识：一是以谈话导入，在看、闻、摸中，感知并讲述稻谷的特性；二是动手操作，在观看分享中了解稻谷脱壳的过程；三是丰富对米制品的认识，萌发珍惜粮食的情感。

当全身心地投入到这一连串精彩纷呈、寓教于乐的"稻谷的秘密"教学环节中，我深深感受到了与幼儿互动交流的愉悦与挑战并存。在与幼儿的互动中，我敏锐地捕捉到了他们对知识的渴求和对未知世界的好奇心。孩子们眼中闪烁的光芒，无不激发着我去更好地引导他们、激发他们内在的探索欲望。这让我更加坚信，作为教育工作者，我们的职责远不止于传授知识，更在于点燃孩子们心中的求知欲，引领他们勇敢地探索这个五彩斑斓、充满奥秘的世界。这次难忘的经历不仅加深了我对幼儿认知发展特点的理解，更在潜移默化中锻炼了我的教学技巧，使我的专业素养得到了进一步的提升。

一、以幼儿发展优先，激发幼儿主体意识

(一) 及时关注幼儿发展需求，实现因材施教

1. 素材来源于生活，即回归生活

鉴于本班幼儿挑食与浪费食物的现象时有发生，我在教学活动中特意强化了

珍惜食物的教育。我精心设计了集体活动"稻谷的秘密",在亲身体验粮食的生产、加工和品味过程中,真切感受到每一粒粮食的珍贵与不易。这不仅促使他们学会珍惜粮食,更养成了不挑食、不浪费的好习惯。

2. 材料贴近生活,即体验生活

我认识到,对小班幼儿而言,直观、具体、生活化的教学材料是关键。这有助于他们理解和掌握知识,激发学习兴趣,提高效果。为此,我使用水稻、米制品等实物,通过让幼儿观察、嗅闻、触摸,获得全方位感受体验。这种多元感官的教学方式,更易使幼儿理解和记忆,激发其学习兴趣。

(二)尊重幼儿现有发展水平,驱动学习兴趣

1. 环节设置致力于认知,即发展目标

本次活动,小班幼儿跟着大班的哥哥姐姐去了稻田,收割了许多水稻。我以这样的导入环节来唤起他们的好奇心,从而引导他们深入探索,在摸一摸、闻一闻、看一看的感知中激发他们的学习热情。活动现场,幼儿个个争先恐后地要摸一摸、闻一闻和看一看,边摸边闻的时候,他们的表达欲望得以激发,他们情不自禁地自言自语道:"哇,好香呀!""稻谷硬硬的,那为什么我吃的米粒是软软的呀?""稻谷的衣服是黄色的,里面是白色的吗?"在一系列的表述和疑问中,我们进入了实践操作剥一剥的环节,由于米粒很小,所以幼儿都专注于将米粒剥出来,花费了不少的时间。在这一过程中,幼儿深刻体会到获得白米粒是多么不容易。基于这样的情感,又通过视频进行了升华,从而帮助幼儿理解稻谷生长的过程,探索稻谷生长之谜,最终丰富知识体系。

2. 教学策略多元化,即年龄特点

我始终秉持严谨的态度,确保活动设计能够精确贴合幼儿的成长轨迹,旨在唤醒他们对世界的好奇心,并循序渐进地引导他们深入探索周围世界的奥秘。为了全面激发幼儿的学习热情,我精心规划了多元化的教学策略:运用五官感知方法,鼓励幼儿自由表达自己的感受;引入实践操作环节,使幼儿能够亲身体验,感受认知稻谷的特性;巧妙地结合直观生动的视频素材,帮助幼儿以直观的方式理解稻谷的生长过程。这些方法的有效融合,使幼儿能够基于已有的知识基础,自然而然地开启对稻谷生长之谜的探索之旅。这样的学习历程不仅丰富了幼儿的知识,而且较好地激发了他们的学习热忱和内在动力,使学习成为他们快乐的

源泉。

(三) 尊重幼儿的个体差异，满足个体成长

1. 能力差异多样化，即认知水平

本班幼儿存在很大差异，特别是在小动作发展方面。本次活动中幼儿体验剥米时，有一部分幼儿由于小肌肉精细动作发展比较薄弱，导致剥不出米粒或者剥得相对较慢。面对这样的个体差异，我及时调整了教学策略，鼓励动手能力强的幼儿与需要帮助的幼儿结伴，形成互助小组。这样的安排不仅促进了幼儿之间的友谊，还让那些精细动作发展较弱的幼儿在同伴的帮助下，逐渐掌握了剥米的技巧，体验到了成功的喜悦。同时，我也给他们更多的耐心和鼓励，让他们知道，每个人的成长速度是不同的，重要的是持续努力和尝试。

2. 情绪差异层次化，即个性发展

每个幼儿都是独一无二的，他们的情绪表达方式各不相同，有的活泼开朗，有的则内向敏感。在本次活动中，我特别注意观察幼儿的情绪变化，并据此调整互动方式，确保每个人都能感受到被尊重和接纳。对于那些情绪较为敏感的幼儿，我采取了更加温和细腻的交流方式，用温柔的话语和安抚的动作缓解他们的紧张情绪，鼓励他们勇敢尝试，逐步建立自信。而对于那些活泼好动的幼儿，我则给予了更多的自由和探索空间，让他们在探索稻谷的奥秘中尽情释放天性，同时引导他们学会尊重他人，保持秩序。

此外，我还特别注重通过情绪教育来培养幼儿的同理心和社会交往能力。在活动中，我设计了分享环节，鼓励幼儿讲述自己剥米过程中的感受，无论是成功还是失败，都让他们有机会表达内心的想法。通过这样的分享，他们不仅学会了倾听，还逐渐懂得了理解和包容，他们的个性在尊重与理解中得到了健康发展。

二、培育正确价值观，塑造情感价值

(一) 情感价值塑造，即珍惜粮食

在活动中，我们旨在引领幼儿深入体验农民耕种的艰辛历程，让他们感受到每一粒粮食背后的汗水与不易。通过这样的亲身体验，希望能激发幼儿内心深处对粮食的敬畏之情，让他们认识到粮食的珍贵。进而，我们鼓励他们将这份感悟转化为实际行动，从日常生活中做起，珍惜每一粒粮食，不浪费、不挥霍，逐渐

培养起节约粮食、珍惜资源的良好习惯。这样的活动有助于幼儿的成长与发展，有助于塑造积极的生活态度和正确的价值观。

（二）正确价值观的建立，即社会交往

在活动中，我们细致地融入了诸多环节，旨在通过具体而微的行动，潜移默化地培养幼儿的责任感。我们鼓励他们主动伸出援手，帮助身边有需要的人，在同学剥不出米粒的时候，鼓励能力强的幼儿帮助他们。这不仅促进了幼儿间的相互关怀与协作，更在他们幼小心灵中播下了同情与助人的种子。

三、建立有效的家园共育，达成共长共育

（一）亲子阅读共同体，即活动铺垫

《一粒种子改变世界》这个故事，不仅通过生动的情节向幼儿传达了珍惜粮食的重要性，还让他们理解了感恩大自然的必要性。家长可以与孩子一起探讨粮食的来源，让孩子了解到每一粒粮食都是大自然的馈赠，都是农民辛勤劳动的成果。这样的讨论有助于增强幼儿对粮食的珍惜，也为本次活动做了情感的铺垫，更好地实现教学目标。

（二）家庭种植活动，即活动延续

为了深化亲子关系，我们诚挚地倡议家长携手孩子，一起种植植物，这也是阅读活动的延续。幼儿有机会亲自照料这些生命之绿，从播种到灌溉，从除草到施肥，每一环节都蕴含着辛勤的汗水与无尽的期待。这样的经历不仅能让幼儿亲身体验到劳动的喜悦，更能深刻领悟到每一份成果的来之不易，学会珍惜与感恩。

四、开启自我反思，持续提升自我

（一）内化亮点的策略，即积累经验

本活动设计紧密贴合幼儿日常生活实际，让幼儿在亲身体验与动手操作中感知稻谷的独特魅力，体验由稻谷蜕变米饭的奇妙历程。这一设计不仅提升了活动的趣味性，还大大增强了其实用性，使幼儿在实践中学习，在学习中成长。我们采用多元化的教学手段，包括以谈话方式自然引入主题，在操作中亲身尝试，以及观看生动视频等，这些丰富多彩的教学方法充分激发了幼儿的好奇心与探索

欲。幼儿在好奇心的驱使下，积极投身于各项活动中，最终顺利达成了既定的教学目标。本活动在传授知识的同时，更加注重对幼儿情感的培育。我们引导幼儿深入了解粮食的珍贵与来之不易，从而在他们心中种下珍惜粮食的种子。这一环节不仅体现了教育的人文关怀，更在幼儿心中播撒下了关爱与感恩的阳光。

（二）分析不足的原因，即后续调整

活动中，部分幼儿对于稻谷特性的阐述略显笼统，不够精确，这需要教师以更加细腻和专业的视角做进一步的引导和细致的纠正。当进入观看视频环节时，部分幼儿的注意力有所游离，未能专注于视频。因此，教师在播放视频之前，应当巧妙地做一些铺垫和温馨提示，以吸引幼儿的注意力，从而提升他们观看视频时的投入程度和理解深度。

针对未来阅读活动的调整，我提出以下几点建议：

首先，在活动正式拉开帷幕之前，教师可以巧妙地安排一段时间，引领幼儿对稻谷进行一番初步的观察与细致的描述，这样不仅能够加深幼儿对稻谷的直观认识，还能为后续的活动内容奠定坚实的基础。

其次，在观看视频环节，教师不妨先为幼儿勾勒出视频的大致内容和主旨，激发他们的好奇心与探索欲，引导他们带着问题、带着思考去观看，这样的观看体验必将更加深刻，学习效果也将显著提升。

再次，教师在活动过程中，应当时刻关注幼儿的反应与表现，灵活调整教学策略与方法，以适应不同幼儿的学习需求，确保活动能够顺利推进，并成功达成既定的教育目标。

最后，教师应积极鼓励幼儿多提问题、多参与交流，这样不仅能够激发他们的思维活力，还能有效提升他们的语言表达能力和社交能力，让他们在轻松愉快的氛围中茁壮成长。

（上海市青浦区晨星幼儿园　陆丹欢）

参 考 文 献

［1］中华人民共和国教育部. 3—6 岁儿童学习与发展指南［EB/OL］.（2012-10-15）. http：// www. moe. gov. cn/srcsite/A06/s3327/201210/t20121009 _ 143254. html

［2］教育部基础教育司. 幼儿园教育指导纲要（试行）解读［M］. 南京：江苏凤凰教育出版社，2017.

［3］刘月霞，郭华. 深度学习：走向核心素养（理论普及读本）［M］. 北京：教育科学出版社，2018.

［4］（加拿大）佩里·诺德曼，梅维丝·雷默. 儿童文学的乐趣［M］. 陈中美，译. 上海：少年儿童出版社，2008.

［5］王小英. 幼儿深度学习的理论与实践探索研究·理论篇［M］. 北京：清华大学出版社，2021.

［6］（美）贾尼斯·斯特拉瑟，莉萨·穆夫森·布雷森. 小脑袋，大问题——促进幼儿深度学习的高水平提问［M］. 孟晨，译. 北京：中国轻工业出版社，2019.

［7］周兢. 学前儿童语言学习与发展核心经验［M］. 南京：南京师范大学出版社，2014.

［8］何玲，黎加厚. 促进学生深度学习［J］. 现代教学，2005（05）.

［9］高东辉，于洪波. 美国"深度学习"研究 40 年：回顾与镜鉴［J］. 外国教育研究，2019，46（01）.

［10］郭华. 深度学习及其意义［J］. 课程·教材·教法，2016，36（11）.

［11］马云鹏. "深度学习"的本质及教育价值［J］. 湖北教育（教育教学），2021（05）.

［12］钱旭升. 论深度学习的发生机制［J］. 课程·教材·教法，2018，38（09）.

［13］董晓晓，周东岱，黄雪娇，等. 深度学习视域下教学设计路径研究［J］. 教育科学研究，2021（04）.

［14］王小英，刘思源. 幼儿深度学习的基本特质与逻辑架构［J］. 学前教育研究，2020（01）.

［15］田波琼，杨晓萍. 幼儿深度学习的内涵、特征及支持策略［J］. 今日教育（幼教金刊），2017（Z1）.

［16］田兴江，李传英，涂玲. 在绘本教学中促进幼儿深度学习的策略［J］. 学前教育研究，2021（02）.

［17］舒婷婷，王春燕. 深度学习视角下幼儿园教学活动的审思［J］. 基础教育课程，2021（08）.

［18］黄静. 在体验活动中促进幼儿的深度学习［J］. 学前教育研究，2021（04）.

［19］罗丽芳. 阅读活动中巧用信息技术促进幼儿深度学习［J］. 新课程，2020（39）.

［20］张颖黎. 自制图书：促进幼儿深度学习的有效途径［J］. 幼儿教育研究，2021（01）.

［21］柯珊. 项目活动中幼儿深度学习的实施策略和应用［C］//福建省商贸协会. 华南教育信息化研究经验交流会 2021 论文汇编（三）. 深圳市第三幼儿园.

［22］姜晓，胥兴春. 幼儿语言教学活动中的深度学习策略探讨——基于美国故事讲述法［J］. 今日教育（幼教金刊），2020（04）.

［23］唐莎. 支持幼儿深度学习的语言区材料投放［J］. 今日教育（幼教金刊），2020（04）.

［24］毕迎春. 大班幼儿图画书阅读指导的问题及对策研究［D］. 山东：山东师范大学，2015.

［25］徐虹. 基于符码分析学说的幼儿园图画书阅读教学策略探析［J］. 江苏教育研究，2016（Z1）.

［26］边春丽. 儿童视角下的图画书阅读教学［J］. 教育观察，2019，8（12）.

［27］姜艺，郑薏苡. 基于图画书特质的幼儿园图画书阅读教学策略［J］. 学前教育研究，2011（05）.

［28］刘宝根，李林慧. 早期阅读概念与图画书阅读教学［J］. 学前教育研究，2013（07）.

后　记

　　随着本书的完成，我们悬着的心终于落地，这本书既是我们团队历经 5 年研究的一个成果，又是我们晨星幼儿园早期阅读课程的回顾总结。晨星幼儿园从 1995 年开始就涉足早期阅读的研究，从家庭中的早期阅读开始，近 30 年的研究中，我们出版了《幼儿阅读指导手册》《我的舞台我做主》两本代表性著作，同时形成了体系完善的早期阅读园本特色课程，在市区两级层面产生了良好的影响。这是我们第三本著作，她是基于早期阅读园本特色课程的优化应运而生的。从实践来看，本书全面提升了我园课程实施的质量，在区域学前教育领域起到了推广辐射作用。

　　回顾整个过程，我们的研究不是一蹴而就的，从开题的信心满满到研究初期的迷茫，甚至一度怀疑深度学习是否真的能和图画书阅读教学结合，再到拨云见日、厚积薄发，我们最终找到了以高阶思维贯穿，实现图画书阅读的深度理解和迁移运用的光明大道，探索了整体式深度阅读的实践路径，架构了一套基于深度学习理论的幼儿园图画书阅读教学模式。研究成果接踵而至，在幼儿发展、教师专业成长和区域示范等方面展现出了深远的变革性影响，具体表现如下：

　　一是幼儿阅读能力的飞跃。深度学习理论指导下的幼儿园图画书阅读教学不再是单纯的理解和记忆故事情节，而是以幼儿为中心开展的持续阅读活动，幼儿在家长、教师支持下主动阅读、个性化阅读进而主动建构阅读，这种深度阅读不仅能提高幼儿语言表达能力，更能培养幼儿批判性思维和逻辑推理能力，为语言和阅读学习奠定坚实的基础。

　　二是幼儿思维模式的转变。深度学习理论指导下的幼儿园图画书阅读教学主张幼儿在阅读过程中提出自己关心的问题，与同伴对话，在对话中形成全面审视、勇于探索、敢于质疑、追求循证的思辨思维。这种思维模式的转变将伴随他们的成长，成为他们面向未来挑战的核心能力。

三是情感与社会性的全面发展。深度学习理论指导下的幼儿园图画书阅读教学强调幼儿与图书、多媒体、同伴、成人的多维互动，因此阅读的过程是与多种客体互动、对话、交流的过程。这一过程不仅丰富了幼儿的情感体验，还让他们学会了如何表达自己、理解他人，进而增强了他们的同理心，为未来的人际交往和社会融入奠定了良好的基础。

四是教师专业成长的深层建构。本研究成果在促进幼儿发展的同时，教师同步得到提升。通过深度学习理论指导下的幼儿园图画书阅读教学的实践，教师不仅掌握了丰富的新的教学方法和实践策略，而且更加关注幼儿立场，以幼儿学为中心的教学活动设计不断涌现，形成教学相长的良性循环。

五是教育改革的示范效应。经过近5年的实践与研究，相关研究成果分别在"陈鹤琴教育思想研究会""高质量幼儿园孵化工作坊""先进教研组评选和展示""课程教学季""学科研修基地""教师规培基地"等市区级平台进行展示或者交流，产生了良好的影响，兄弟区县及区域内姐妹园积极借鉴我们的研究成果进行园本化探索。本研究成果在幼儿园中的成功应用，为图画书阅读教学的改革提供了宝贵的经验和启示，它再次证明了深度学习理论在幼儿教育中的可行性和有效性，推动了教育观念的更新和教育方式的转变。

回顾研究，我们首先要感谢研究团队。这是一支敬业、执着和包容的团队，我们常常为了"研究课例的展示或者研讨"反复打磨，也会因为举办教研沙龙连续放弃周末和工作日晚上的休息时间，有时甚至会因为一个研究话题不断争执，但是从来没有一个团队成员抱怨，因为大家都把团队放在了首要的位置，希望贡献自己的智慧和力量，哪怕是很微小的一份，也会因为研究的深入推进而自豪。没有他们的辛勤付出和无私帮助，这本书的完成将难以想象。

其次，还要特别感谢参与研究的家长和孩子。看着家长和孩子在亲子预读中的真实阅读、创意记录和问题反馈，我们时常被感动，感动于家长的真实践，感动于家长真心反馈和提出建设性意见。是他们的真诚让我们不断调整预读设计以服务教学实践，是他们的尽心让我们更加坚信深度学习理论在幼儿园图画书阅读教学的效益，是他们的用心让我们的合作育人之花绽放得更美。

最后，我们要感谢所有为本书写作和出版付出辛勤努力的专家、领导和朋友们。是他们的无私支持和帮助，让这本书得以顺利问世。也希望本书能够为我们的幼教同行提供有益的参考和启示，共同推动幼儿园的高质量发展。

展望未来，我们深知深度学习理论指导下的幼儿园图画书阅读教学研究仍有许多待解的问题和挑战。我们坚信，只要保持对早期阅读的热情和执着，不断求索研究和创新实践，就能让早期阅读向下扎根、向上生长、枝繁叶茂。

（上海市青浦区晨星幼儿园　张红玢　马福生）